21世纪职业教育规划教材·会展策划与管理系列

会展项目管理

（第二版）

主　　编　施　谊
副 主 编　罗泽润　吴　佩　施　晴
参编人员　李　胜　冉　彬　黄海力
　　　　　仲　毅　徐涛涛　王　贞
　　　　　都　薇

内 容 简 介

本书紧密结合会展行业的特点,注重科学性、实践性、可操作性以及适度的超前性,较为系统地介绍了会展活动的项目化管理、会展项目的识别与启动、会展项目的可行性分析、会展项目人力资源管理、会展项目计划管理、会展项目财务管理、会展项目现场管理、会展项目的法律与风险管理、会展项目评估与影响研究等会展项目管理过程中所涉及的基本内容。书中有关实务环节的讲解,主要以现实中的典型案例为切入点,具有较强的可操作性,并结合每一案例进行深入的分析和讨论。

本书可用作高等院校会展经济与管理、市场营销、工商管理等经管类相关专业的本科、专科生的教材,也可作为与会展行业相关的企业和会展管理相关专业考试培训的参考教材,以及会展从业人员提升业务水平的辅助学习资料。

图书在版编目(CIP)数据

会展项目管理 / 施谊主编. -- 2版. -- 北京：北京大学出版社, 2025.5. -- (21世纪职业教育规划教材). ISBN 978-7-301-35927-3

Ⅰ. G245

中国国家版本馆CIP数据核字第202599TW11号

书　　　名	会展项目管理（第二版）
	HUIZHAN XIANGMU GUANLI（DI-ER BAN）
著作责任者	施　谊　主编
责 任 编 辑	吴坤娟
标 准 书 号	ISBN 978-7-301-35927-3
出 版 发 行	北京大学出版社
地　　　址	北京市海淀区成府路205号　100871
网　　　址	http://www.pup.cn　新浪微博：@北京大学出版社
电 子 邮 箱	编辑部 zyjy@pup.cn　总编室 zpup@pup.cn
电　　　话	邮购部 010-62752015　发行部 010-62750672　编辑部 010-62756923
印 刷 者	山东百润本色印刷有限公司
经 销 者	新华书店
	787毫米×1092毫米　16开本　13.5印张　353千字
	2015年4月第1版
	2025年5月第2版　2025年5月第1次印刷
定　　　价	49.00元

未经许可,不得以任何方式复制或抄袭本书之部分或全部内容。
版权所有,侵权必究
举报电话：010-62752024　电子邮箱：fd@pup.cn
图书如有印装质量问题,请与出版部联系,电话：010-62756370

第二版前言

本书第一版自2015年初出版以来已经十年,感谢所有阅读本书的读者,您的支持和反馈是我们不断改进本书的动力,此次再版也是对编写组全体成员极大的鞭策和鼓励。此次再版主要基于以下两点考虑:一是随着我国会展产业的蓬勃发展,第一版中的部分内容须进行更新,以便能够更好地适应会展产业发展的需要;二是在教学实践中,第一版存在的不完善之处需要进行修订。这次再版的总体思路是提炼和精炼。

近年来,我国会展产业之所以发展迅速,既有政府经济政策的支持,也有市场自身的发展动力,会展产业已经成为构建现代市场体系和开放型经济体系的重要平台,在我国经济社会发展中的作用日益凸显。"十四五"时期是我国经济高质量发展的关键时期,也是文化产业转型升级的关键时期。党的十九届五中全会对文化建设从战略和全局上作了规划和设计,《中共中央关于制定国民经济和社会发展第十四个五年规划和二〇三五年远景目标的建议》明确提出,到2035年,"健全现代文化产业体系""实施文化产业数字化战略"。文化产业是文化建设的重要方面,实施文化产业数字化战略,有利于转方式、扩消费、增就业、促转型,而会展是文化产业的有机构成,是现代文化市场的重要形态。随着会展产业的不断发展,会展企业的管理者更加重视会展项目管理,使用项目化管理方法规范活动流程,以确保和改善会展活动的效率和质量。现在,会展项目管理已成为一个重要的行业核心能力,它也是会展企业在发展中取得成功的重要因素,不仅可以帮助会展企业规范会展策划、组织、执行流程,还能够提高会展效率和质量。会展项目管理已成为一种强大的推动行业发展的力量。通过高效、有序地进行会展项目管理,会展企业可以更好地提升会展价值。

本书在继续保持第一版特点的基础上进行了调整和充实,立足于会展项目管理的行业需要和项目管理科学主流体系,尊重美国项目管理学会制定的项目管理知识体系(PMBOK)的权威性和完整性而修订:

1.根据编者多年教学的心得和读者的反馈,有针对性地做修订,使部分章节内容更新、完善,将案例更新为近几年的更有参考价值的案例。

2.本书虽以"会展项目"为题,但大部分内容以"展览会"为例,部分章节单独增加对"会议"的项目管理,以国际会议关键工作时间表为基准,将各个板块的工作分段嵌入各章节,丰富会展项目管理的内涵。

3.目录的体例上,将原来按模块表述修改为按章节编写,由模块管理转为流程管理。

本书由上海应用技术大学施谊副教授担任主编,负责全书的整体策划和最后统稿工作。全书共分9章,具体分工是:第1、5、6章由施谊、施晴编写,第2、3、8章由吴佩编写,第4、7、9章由罗泽润编写。感谢李胜、冉彬、黄海力、仲毅、徐涛涛、王贞、都薇老师对本书编写的辛勤付出,感谢浦悦、马韵笳、陆坤恺、苏心怡同学对本书的案例收集、资料整理和编排等所做的大量工作。我们期盼本书有助于读者增加对会展项目管理的基本原理和技能的了解,切实提高会展项目运作的决策和操作能力,掌握会展项目管理的最佳实践,并将其应用于实际工作中。

本书在修订过程中得到了中信旅游集团旗下信致会展(北京)有限公司董事总经理张士京先生、副总经理兼中国南区总经理张良先生的大力支持,他们提供了大量实用的修改意见。同时,修订过程中也得到了北京大学出版社的大力支持,在此一并表示衷心感谢。本书参考并引用了国内外有关研究成果和文献,其中大部分已在参考文献中列明,但可能存在个别疏漏,在此谨向这些文献的作者致以诚挚的谢意。

由于作者水平有限而且时间紧迫,书中不足之处在所难免,恳请广大读者和业内人士不吝赐教,以使本书得以不断完善。

编 者

2024 年 12 月于上海

教师教学资源

本书配有教学课件、教学大纲、题库,如任课老师需要,可扫描右边二维码,关注北京大学出版社微信公众号"北大出版社创新大学堂"(zyjy-pku)索取。

- 课件申请
- 样书申请
- 教学服务
- 编读往来

目 录

第一章 会展活动的项目化管理 ………………………………………………… (1)
   第一节 项目与项目管理 ……………………………………………………… (3)
   第二节 会展项目的特征 ……………………………………………………… (5)
   第三节 会展项目的分类 ……………………………………………………… (6)
   第四节 会展项目管理的过程 ………………………………………………… (10)
   第五节 会展项目的利益相关者 ……………………………………………… (11)
   第六节 会展项目管理涉及的知识领域 ……………………………………… (13)
   总结与实践 …………………………………………………………………… (17)

第二章 会展项目的识别与启动 ………………………………………………… (21)
   第一节 会展项目策划的基本工作流程 ……………………………………… (22)
   第二节 会展项目策划书的写作 ……………………………………………… (27)
   第三节 会展项目的立项与报批 ……………………………………………… (35)
   总结与实践 …………………………………………………………………… (39)

第三章 会展项目的可行性分析 ………………………………………………… (43)
   第一节 会展项目的可行性分析的内容与工作流程 ………………………… (44)
   第二节 会展项目的市场环境分析 …………………………………………… (46)
   第三节 会展项目竞争力和执行方案分析 …………………………………… (51)
   第四节 会展项目可行性研究报告的编写 …………………………………… (59)
   总结与实践 …………………………………………………………………… (62)

第四章 会展项目的人力资源管理 ……………………………………………… (65)
   第一节 会展项目人力资源管理概述 ………………………………………… (67)
   第二节 会展项目组织 ………………………………………………………… (69)
   第三节 会展项目团队建设 …………………………………………………… (72)
   第四节 会展项目经理 ………………………………………………………… (75)
   第五节 会展项目沟通和冲突管理 …………………………………………… (77)
   第六节 会展项目志愿者的管理 ……………………………………………… (81)
   总结与实践 …………………………………………………………………… (83)

第五章 会展项目计划管理 ……………………………………………………… (85)
   第一节 会展项目计划概述 …………………………………………………… (86)
   第二节 会展项目范围计划管理 ……………………………………………… (88)
   第三节 会展项目进度计划管理 ……………………………………………… (94)

第四节　会展项目资源计划管理 …………………………………………… (100)
　　总结与实践 ……………………………………………………………………… (106)
第六章　会展项目的财务管理 ……………………………………………………… (111)
　　第一节　会展项目财务管理概述 …………………………………………… (113)
　　第二节　会展项目财务预测 ………………………………………………… (116)
　　第三节　会展项目财务预算管理 …………………………………………… (122)
　　第四节　会展项目的资金筹集 ……………………………………………… (127)
　　总结与实践 ……………………………………………………………………… (133)
第七章　会展项目现场管理 ………………………………………………………… (137)
　　第一节　会展场地布置与管理 ……………………………………………… (139)
　　第二节　开幕式环节管理 …………………………………………………… (154)
　　第三节　会展现场后勤管理 ………………………………………………… (156)
　　第四节　会展现场人员管理 ………………………………………………… (159)
　　第五节　会展现场突发事件管理 …………………………………………… (166)
　　总结与实践 ……………………………………………………………………… (169)
第八章　会展项目的法律与风险管理 ……………………………………………… (171)
　　第一节　会展项目涉及的法律问题 ………………………………………… (173)
　　第二节　会展项目合同管理 ………………………………………………… (177)
　　第三节　会展项目的风险管理 ……………………………………………… (180)
　　总结与实践 ……………………………………………………………………… (188)
第九章　会展项目评估与影响研究 ………………………………………………… (191)
　　第一节　会展项目评估 ……………………………………………………… (192)
　　第二节　会展项目评估的方法、内容与过程 ……………………………… (196)
　　第三节　会展项目评估报告及应用 ………………………………………… (204)
　　总结与实践 ……………………………………………………………………… (207)
参考文献 ……………………………………………………………………………… (209)

第一章
会展活动的项目化管理

教学目标和要求

1. 掌握项目的概念和要素。
2. 理解项目成功的决定因素,培养学生精益求精的大国工匠精神。
3. 理解项目管理的概念与特征,培养学生树立服务国家的理念。
4. 掌握会展项目的特征。
5. 理解会展项目的分类。
6. 掌握会展项目管理的过程。
7. 了解会展项目的利益相关者,培养学生的团队合作精神。
8. 了解会展项目管理涉及的知识领域。

教学重点和难点

1. 重点是会展项目的特征、分类,会展项目管理的过程。
2. 难点是会展项目的分类和会展项目管理的过程。

【开篇案例】

"春煦巴黎花样人生"
——非常艺廊·雅居春季嘉年华

以"春煦巴黎花样人生"为主题的非常艺廊·雅居春季嘉年华,探索会展经济的新路子,在五一假期期间为花都商家搭建一个可以共享的平台。在这个平台,既有各种精彩的文艺节目,大大丰富人们的业余生活,为各位商家建立亲民的形象,提高商家的美誉度;又可以聚集人气,形成旺盛的买场,刺激人们消费,促进销售。

第一部分:活动概述

拟由雅居乐集团主办,广州市艺廊装饰有限公司协办,广州市Y广告有限公司承办的"春煦巴黎花样人生"——非常艺廊·雅居春季嘉年华活动,将于202×年五一假期期间在雅居乐花样巴黎举行。本次活动设置两大区域:商品展示区和休闲娱乐表演区。商品展示区用于商家进行商品展示、商品交易,休闲娱乐表演区用于举办各种娱乐活动。本次活动在SJ广场设置免费中巴专线,吸引人们到现场参与活动。

第二部分:活动主题为"春煦巴黎花样人生"

主题解析:

1. 暗含"巴黎"与"花样",巧妙地点明活动地点;
2. "春煦"二字,点明活动时间为春季;
3. 能够表达出参展商参与活动的喜悦心情;
4. 格调高雅、抒情、生动,易于传播,影响深远。

第三部分:活动目的

1. 营造优雅生活品位;
2. 满足人们日常生活的需求;
3. 传播雅居乐最新动态信息;
4. 树立艺廊装饰良好的企业形象。

第四部分:活动地点:雅居乐花样巴黎

第五部分:合作与活动方式

大型嘉年华会,融商品展示与休闲娱乐于一体的大型会展活动。

确定主办单位为雅居乐集团、协办单位为广州市艺廊装饰有限公司,承办单位为广州市Y广告有限公司,联合协办单位为各参展商,诸如家居类——装饰装修、建材、家具销售、窗帘布艺、园林绿化等公司;家电类——家电广场、空调、音响、电脑等公司;生活类——通信、饮水、学校、车辆、服饰、保险公司等。

第六部分:推广与招商方案

协调各方关系,总体方案确定以后,由广州市艺廊装饰有限公司全面负责活动的招商工作,广州市Y广告有限公司提供协作。

第七部分:活动内容及安排表(略)

第八部分:活动现场布置(略)

第九部分:可行性分析(略)

第十部分:活动经费预算(略)

第一章 会展活动的项目化管理

案例解析:

会展经济,是通过举办各种形式的展览、展销,带来直接或间接经济效益和社会效益的一种经济现象和经济行为。会展经济是市场经济发展到一定阶段的产物,也是市场经济竞争中对信息交流的迫切要求。以各种名义举办的会展如房博会、汽车展已大步走进我们的日常生活,会展经济已被视为城市经济增长的"助推器"。

春暖花开,万物复苏,又是一年播种希望的日子,对于企业来说,也是振作精神、一展宏图大志的好时节。五一假期即将来临,人们休闲购物的黄金潮又将再一次涌动,对于大型会展活动的期待与关注的热情将再一次升温。因此,五一假期既是举办各类促销活动的黄金时间,也是商家占领市场、扩大份额的最佳时机,可以说是各位商家不可错过的机遇。

举办的以"春煦巴黎花样人生"为主题的非常艺廊·雅启春季嘉年华,就是在探索会展经济的新路子,即为花都商家搭建一个可以共享的平台。在这个平台,既有各种精彩的文艺节目,大大丰富人们的业余生活,为各位商家建立一个亲民的形象,提高商家的美誉度,又可以聚集人气,形成旺盛的买场,刺激人们消费,促进销售。

第一节 项目与项目管理

1. 项目的概念

美国项目管理协会(Project Management Institute,PMI)在项目管理知识指南(Project Management Body of Knowledge,PMBOK)中定义,项目是为完成某一独特的产品、服务或结果所做的一次性努力。

项目也有很多别的名称,如研究工作中的"课题""攻关",社会事务中的"专案",建设事业中的"工程",军事和防务中的"行动"和"演习",战役中的"战斗",组织中的"任务"等。

你理解的项目是什么?比如安排一场演出活动,开发一种新产品,设计并开发一个计算机系统,建造一幢楼房,成功申办/举办一届奥运会,一次抢险救灾任务,修建一项水利工程,一段高速公路、一段铁路、一座桥梁,举办春节期间的一场庙会活动等,都属于项目。

2. 项目的要素

我们可以根据项目的定义来看组成项目的各种要素。

(1)项目是复杂的一次性流程。项目是为特定或既定的目标服务的,需要组织成员之间进行大量的协调工作,项目成员可能来自不同的部门、其他组织或者同一个职能领域,因此具有复杂性。项目是要完成既定的目标,仅存在于目标完成之前,一旦目标完成,项目便终止,因此是一次性的。

(2)项目受预算、时间和资源的限制。项目要求项目成员在有限的时间进度内,以有限的财务和人力资源来完成任务。

(3) 项目开发是为了实现一个或一组特定的目标。项目的可交付成果定义了项目和项目团队的特点,目标必须明确,项目工作围绕着实现既定目标展开。

(4) 项目是以客户为中心的。任何项目的根本目标都是为了满足客户的需求。

3. 项目成功的决定因素

项目成功的定义必须综合考虑限定项目的要素,必须满足客户、管理层和供应商在时间、费用和性能上的不同要求(如图 1.1 所示)。

任何项目都需要解决一些限制和风险。我们可以从时间、费用和性能三个标准来衡量,从而确保项目的成功。项目成功的第一个约束是项目必须在规定的进度计划内完成或者提前完成,项目成功的第二个约束是有限的预算,第三个约束则是所有的项目开发都必须遵循既定的技术规范,实现一定的功效(如图 1.2 所示)。

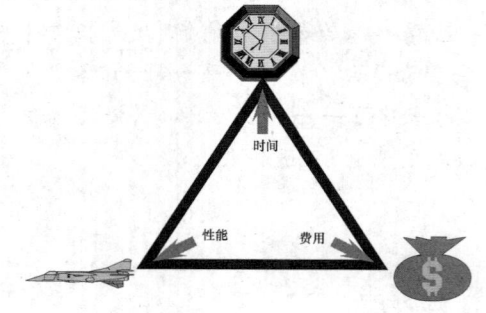

图 1.1 项目成功的三要素

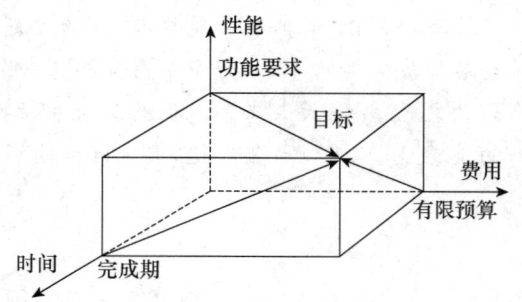

图 1.2 项目成功的三要素约束模型

 资料链接 1-1

中国 55 个参展项目获日内瓦国际发明展金奖

4. 项目管理的概念与特征

项目管理就是将知识、技能、工具与技术应用于项目活动,以满足项目的要求。项目管理通过合理运用与整合特定项目所需的项目管理过程得以实现。项目管理使组织能够有效且高效地开展项目。项目管理具有系统性、过程性、创新性、特殊性、复杂性、普遍性、目的性的特点。

项目管理与其他管理活动相比具有以下显著特征:

(1) 项目经理是项目管理的核心。

(2) 项目管理对象是一次性的。

资料链接 1-2

广交会首设跨境电商综试区和海外仓展示区,"品质家居"主题展受关注

第二节　会展项目的特征

会展业是现代都市以完善的基础设施和健全的都市服务体系为支撑,通过举办各种不同形式的会议或者展览活动,吸引大批与会、参展人员及一般游客前来进行经贸洽谈、文化交流或者旅游观光,以此带动城市相关产业发展的一项综合性经济产业。会展项目是以会展活动为管理对象的新型项目形式,具有自身的项目特色,与其他项目存在着明显的差异。概括而言,会展项目的特征主要体现在以下几个方面:

1. 客户导向性

客户导向性即会展项目是以提供令客户满意的服务为目标的。会展业属于第三产业,也是一种有着自身特点的服务业。从服务业的本质出发,要求会展从业人员围绕人来开展工作,以人的需求为导向,最终实现客户满意。因此,从目标上看,会展企业引进项目管理的运作方式可以使企业最大限度地实现会展目标,服务好参展商及观众。

2. 项目连带性

实施一个会展项目往往会涉及服务、交通、通信、建筑、装饰等诸多部门,能直接或者间接地带动一系列相关产业的发展。因此,以城市为依托的会展项目的开展,往往关联性地连带整个城市的治理与建设,从而提高城市综合竞争力。

3. 客户广泛性

客户广泛性即会展项目以客户群体而非个体为服务对象。会展项目的服务对象是以参展商和观展商为主的客户群,会展项目的构思与启动要以充分调研客户需求为基础。一个成功的会展项目往往把会议、展览和文化、旅游等活动有机结合起来,一方面吸引大量的参展商参展,丰富展会内容,另一方面也增强对观众的吸引力,扩大观展规模。

资料链接 1-3

第 25 届中国建博会（广州）开幕

4. 效益整合性

会展项目的投资收益是整合性的。这种整合性体现为：一方面，会展项目取得经济效益的同时，也取得了巨大的社会效益；另一方面，项目的连带性决定了项目收益由多方构成，具有整合性的特点，是高收益、高利润的项目。

第三节　会展项目的分类

会展活动是指在一定的地点和一定的日期或期限里，通过展示达到产品、服务、信息交流的一种活动形式。它包括各种类型的会议、展览（包括交易会、博览会）、体育赛事、节庆等。会展项目就是以各种会展活动为管理对象的新型项目形式。从不同的角度出发，会展项目可以分成不同的类型，而不同类型的会展项目又有不同的特征。

1. 展览项目的分类

（1）按展览项目目的来分类，可以分为展示类展览项目和交易类展览项目。

（2）按展览项目性质来分类，可以分为贸易类展览项目、消费类展览项目和科技类展览项目。

贸易类展览项目是为制造业、商业等行业举办的展览活动，参展商和参观者主体都是商人，参展商可以是行业内的制造商、贸易商、批发商、经销商、代理商等相关单位，参观者主要是经过筛选邀请来的采购商，一般的观众被排除在外，展览的最终目的为交易。

如中国国际进口博览会（以下简称进博会），作为全球首个以进口为主题的大型国家级博览盛会，是国际交流交往史和商品贸易史上的一大创举，也是上海这座国际性大都市打造世界开放型城市、建设卓越全球城市的重要历史推手，充分彰显了我国支持经济全球化，推动贸易开放化、多元化的信心和决心。进博会的举办和国际知名度的不断提升，不仅有助于上海打造引领全球贸易发展潮流的目的地、风向标，而且可以彰显我国的国际影响力和竞争力，带动国家核心竞争力和核心城市功能的不断提升，实现会展经济与国家发展、区域融合及城市功能升级的紧密结合。

第一章 会展活动的项目化管理

资料链接 1-4

共创开放繁荣的美好未来——
在第五届中国国际进口博览会
开幕式上的致辞

消费类展览项目是为社会大众举办的展览活动,这类展览项目多具有地方特色,展出内容以消费品为主,通过大众媒介(比如电视、电台、报刊、网络等)吸引观众,观众主要是消费者,一般来说,消费者需要购买门票入场,这类项目非常重视观众的数量。

科技类展览项目主要是以科技和技术成果为展出内容,该类展览项目科技含量高、专业性较强,适合专业参展商和专业观众参展和参观。

(3)按展览项目内容来分类,可以分为综合类展览项目和专业类展览项目。

综合类展览项目是指包括全行业或数个行业的展览会,也被称作横向性展览项目,比如重工业展、轻工业展。

专业类展览项目是指展示某一行业甚至某一项产品的展览项目,比如钟表展、汽车展等。

资料链接 1-5

"中国第一展"亮出"中国智造"
新形象

2. 会议项目的分类

会展活动中重要的一类就是会议,会议复杂多样,种类繁多。不同的会议在形式和目的上有天壤之别,特点和办会要求也不尽相同。会议的分类方法有很多,区分会议类别的目的是更好地对会议进行组织和管理,在更大程度上发挥会议的作用。

2.1 按主办单位划分

按主办单位的不同,会议可分为政府部门组织的会议、企事业单位组织的会议、科研院所组织的会议、教学单位组织的会议、专业协会组织的会议。

2.2 按会议性质划分

(1)法定性或制度规定性会议,如职代会、股东大会等。

(2) 决策性会议,如常委会、理事会、行政会、董事会等。

(3) 工作性会议,如动员大会、工作布置会、经验交流会、现场办公会、总结会、联席会、座谈会、协调会、务虚会等。

(4) 专业性会议,如研讨会、论坛、答辩会、专题会、鉴定会等。

(5) 告知性会议,如表彰会、纪念会、庆祝会、庆功会、命名会等。

(6) 商务性会议,如招商会、订货会、贸易洽谈会、观摩会、广告推介会、促销会等。

(7) 联谊性会议,如接见、会见、茶话会、团拜会、恳谈会、宴会等。

(8) 信息性会议,如新闻发布会、记者招待会、报告会、咨询会等。

2.3 按会议规模划分

(1) 特大型会议,人数在 10 000 人以上,如重大节日庆典、大型表彰会议等。

(2) 大型会议,出席人数在 1 000～10 000 人之间。

(3) 中型会议,出席人数在 100～1 000 人之间。

(4) 小型会议,出席人数少则几人,多则几十人,但不超过 100 人。

2.4 按会议是否涉外划分

(1) 国际会议,即政治、经济、文化等领域的各种涉外会议。

(2) 全国会议,即在国内开展的政治、经济、文化等领域的专题会议。

2.5 按会议周期划分

(1) 定期会议,即有固定周期、定时召开的会议。一般来说,国际会议的周期以一年居多,称为年会,但也有三年、两年不等,会期也基本固定,如联合国大会的开幕时间就定于每年 9 月。

(2) 不定期会议,这类会议的周期和会期根据实际情况确定,有客观需要或条件成熟时举行,必要时也可以举行临时会议,如紧急会议和特别会议。

2.6 按会议阶段划分

(1) 预备会议,也称筹备会议,是指在正式会议之前,为保证会议的顺利进行而召开的准备会议,主要商议正式会议的有关事宜。

(2) 正式会议,按照流程开展的会议。

2.7 按是否形成决议划分

(1) 正式会议,指与会各方为解决共同关心的问题,并旨在形成具有法律效力的共同文件,依据事先约定的有关规则和程序而举行的会议。

(2) 非正式会议,是相对于正式会议而言的,一般以协商、交流、宣传为目的,不形成正式的决定或决议,或者无确定的议事规则。

2.8 按主题内容划分

(1) 国际政治会议,这类会议的内容十分广泛,各国共同关注的政治、外交、军事、社会等方面的重大问题都可以形成会议的议题,一般出席会议的代表规格较高,影响也较大。

(2) 国际经济会议,是指为讨论或解决有关世界经济问题、协调国际经济关系、促进经济合作而召开的会议,可以由政府组织主办,也可以由企业或民间组织主办。

(3) 国际学术会议,是指围绕自然科学或人文社会科学研究领域中的特定话题而举行的探讨性和交流性的会议。这类会议主题明确,主要活动为报告、演讲、讨论。除了事务性安排外,一般不会就讨论的议题做出具有约束力的决定或决策。根据我国科技部等相关部门的规定,出席这类会议的人员至少来自三个以上(含三个)国家或地区。

2.9　按与会者范围划分

(1) 全球性会议,指参加会议的人员来自世界各地,如联合国大会、世界贸易组织成员大会、世界妇女大会等。

(2) 洲际性会议,指世界两个或多个大洲若干国家参加的多边会议,如"欧亚论坛""中非合作论坛"等。

(3) 区域性会议,指同一个洲或同一个地区的若干国家参加的多边会议,如"东北亚合作论坛"等。

(4) 双边会议,指两个国家参加的会议,包括双方的会见和会谈。双边国际会议也可以形成机制,定期举行。

2.10　按议题的专业性与规格划分

(1) 例行性会议,指按照会议规则举行的,以例行性议题和议程为主的国际性会议。如联合国大会的一般性辩论,就属于例行性会议。

(2) 专题性会议,指在例行性会议之外,就某个专门性问题进行研究、讨论、决定的国际性会议。世界人权大会以及世界妇女大会等国际会议都属于由联合国有关机构召开的专题性会议。

(3) 特别会议,指会议议题特别重要,会议规格较高的国际会议。如联合国安理会为制止某些国家或地区的战争冲突曾举行过多次特别会议。

2.11　按会议的举办手段划分

(1) 常规会议,一般指参会人员坐在同一个会场中,按照既定程序开会。

(2) 电话会议,指通过电话线路,将一个会场的声音信号传送到其他会场,让多个会场的人同时听到,大大节约了时间和成本。

(3) 电视会议,指通过电视台或者有线电视信号将会场的声音和画面传到不同的会场中,让异地会场的参会人有身临其境的感觉。

(4) 网络会议,指利用网络技术进行会议信号的传递,由于网络具有交互性,与会各方均可以通过网络进行发言、参与讨论。

会议项目主要是指以重要城市为中心而举办的综合性的国际会议及大型论坛活动等,如 APEC 会议、博鳌亚洲论坛等。这类会议项目具有以下特征:

(1) 重复性强。

会议洽谈型项目一般是定期举办的会议项目,重复性强,尤其是一些大型的国际会议,每年定期举行,但每届的举办地一般安排在不同的国家、不同的城市,在同一城市举办的可能性较小。

(2) 服务全面。

会议和展览不同,其服务范围更加全面。一次大型的会议,从音响、通信、信息系统、场地布置到会间服务,都要全面到位。比如餐饮服务,一般的展览型项目要求比较简单,只提供基本餐饮,而会议洽谈型项目通常要提供包括早餐、中餐、晚餐等全方位的服务,开会期间一般还有茶歇服务。

（3）参与人数少。

会议洽谈型项目与前几种展览项目不同，对与会人员有一定的人数限制。一般的展览会都有上十万的人流量，而会议洽谈型项目有上千人就算很大规模了。同时，高规格的会议对与会人员有较高的专业与其他要求。

资料链接 1-6

博鳌亚洲论坛背景

第四节　会展项目管理的过程

项目生命周期是指项目发展的阶段，生命周期表现了进行项目管理的逻辑性，因此非常重要。生命周期有助于我们制订执行项目的计划，有助于决定何时投入资源以及如何评价项目的进展等。

1. 会展项目生命周期

每个阶段项目通常都规定了一系列的工作任务，设定这些工作任务使得管理控制能达到既定的水平。对项目过程进行排序，我们就可以确认一个项目的生命周期，大多数项目生命周期具有以下特点：

（1）对成本和工作人员的需求量最初比较少，在向后发展的过程中需求量越来越多，当项目结束时需求量又会急剧减少。

（2）在项目开始的时候，项目成功的概率是最低的，而风险和不确定性是最高的。随着项目逐步地向前推进，项目成功的概率也越来越高。

（3）在项目起始阶段，项目设计人员的能力对项目产品的最终特征和最终成本的影响力是最大的，随着项目的进行，这种影响力逐渐减弱。这主要是由于随着项目的逐步发展，投入的成本在不断地增加，而出现的错误也在不断地被纠正。

（4）通过认识项目生命周期，通常我们会确定一个会展项目的每个阶段所需做的技术性工作（如宣传资料的印刷是在筹展阶段还是在扩展阶段），每个阶段所涉及的人员（如宣传策划人员、拓展人员、展会现场服务人员）。

2. 会展项目管理过程

会展项目管理过程是指会展项目生命周期中产生某种结果的行动序列，基本管理过程可归纳为如下五个阶段（如图 1.3 所示）。

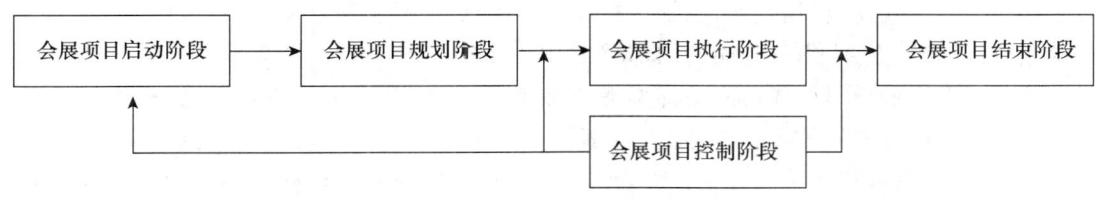

图 1.3 项目管理过程

（1）会展项目启动阶段。确认一个项目或者一个阶段应当开始并付诸行动。

（2）会展项目规划阶段。为实现启动阶段提出的目标而制订计划。

（3）会展项目执行阶段。实施计划所需执行的各项工作，包括对人员和其他资源进行组织和协调。

（4）会展项目控制阶段。监控、测量项目的进程并在必要时采取纠正措施，以确保启动阶段所提出的目标得以实现。

（5）会展项目结束阶段。通过对项目或项目阶段成果的正式接受，使从启动阶段开始的这一周期有条不紊地结束。

每个会展项目都要经历以上五个阶段的管理过程。这些并非独立的一次性事件，而是按一定的顺序发生、工作强度有所变化并互有重叠的活动。会展项目各阶段需完成的工作如表1.1所示：

表 1.1 会展项目各阶段需完成的工作

会展项目启动阶段	会展项目规划阶段	会展项目执行阶段	会展项目结束阶段
1. 会展项目调研 （1）参展市场调研 （2）观展市场调研 2. 会展项目构思 （1）确定会展项目主题 （2）构思相关项目内容 （3）实施项目可行性研究 3. 会展项目立项 国际、国内相关立项规定	1. 制订会展项目计划 （1）明确会展项目目标 （2）确定会展项目范围 （3）估算会展项目时间 （4）编制会展项目预算 2. 实施项目分解计划 （1）招展项目设计 （2）观展项目设计 （3）服务项目设计	1. 会展项目控制 （1）项目任务监控 （2）项目成本控制 2. 会展项目调整 （1）会展项目人员调整 （2）会展项目预算调整 （3）会展项目目标调整	1. 会展项目结束总结 2. 会展项目效益评估 3. 会展项目信息反馈

一个会展项目阶段的结束通常以对关键的工作成果和项目实施情况的回顾为标志，做这样的回顾有两个目的：一是决定该项目是否进入下一个阶段，二是尽可能以较小的代价查明和纠正错误。这些阶段末的回顾，通常被称为阶段之口、进阶之门或关键点。

第五节 会展项目的利益相关者

1. 会展项目利益相关者的界定

根据广义的企业利益相关者的定义，凡是和企业产生利益关系，与企业发生双向影响的个人和团体，都是企业的利益相关者。会展项目的利益相关者则有个人和团体，即会展公司、参展商、参展观众、场馆企业,向外围扩展后则还有政府、会展行业协会、酒店餐饮及交通旅游业、会展相关企业、组展公司的内部员工、媒体、举办城市、社会公众等。

任何一个会展项目的成功实施都离不开组展公司、参展商、参展观众、中介机构等组织。图1.4可以使我们对会展项目的利益相关者有一个更加清晰的界定。一个会展项目的成功举办,离不开与其密切相关的五个方面,首先离不开市场供给和市场需求对其举办会展的推动,当确定举办该会展项目时,又离不开会展中介机构的引导与产业支持系统的支持,以及城市基础的保障。

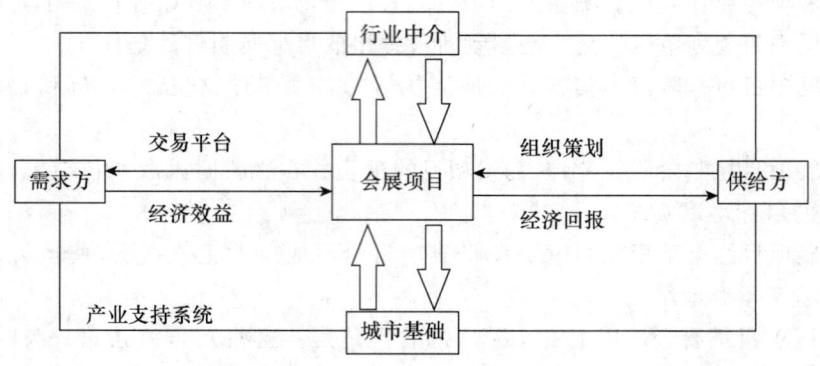

图1.4　会展项目构成

对会展项目构成的分项研究发现,市场需求方的组成要素包括参展商、参展观众和与会者(对各类会展有需求的参与人员)。市场供给方的组成要素包括参展商、组展商、会展相关企业(展览运输企业、展示设计与搭建企业)、酒店餐饮企业、会展场馆及物业管理企业、休闲娱乐企业等。城市基础的组成要素则包括城市经济、城市文化、信息、科技、旅游资源和城市形象等。产业支持系统的组成要素包括硬件(市交通等公用设施、酒店餐厅等服务设施、会展场馆等专业设施)、软件(行业管理体制、公共服务水平、政策法规、人力资源状况等)。行业中介则由行业协会和专业代理机构等组成。参展商在市场供给方和市场需求方中同时出现,这主要是因为参展商是一个特殊的主体,自然也是一个特殊的利益相关者,相对于会展组织机构来说,参展商是会展产品的消费者,租用会展场馆以及指定的会展服务都是由参展商来消费的,因而他是市场需求方;而就参展商的性质来讲,参展商又是会展产品的重要供给方,所以参展商既是市场需求方又是市场供给方。

2. 会展项目利益相关者的分类

在我国,会展项目的主要利益相关者可以划分为四类(如表1.2所示),即核心层利益相关者、次核心利益相关者、支持性利益相关者和边缘性利益相关者。核心层利益相关者包括政府、会展企业、参展商、参展观众,次核心利益相关者包括场馆企业,支持性利益相关者包括会展相关企业(展台设计企业、运输和搭建企业)、会展行业协会,边缘性利益相关者包括社会公众和酒店餐饮企业、交通旅游企业。

表 1.2　会展项目利益相关者分类表

利益相关者类别	具体利益相关者
核心层利益相关者	政府、会展企业、参展商、参展观众
次核心利益相关者	场馆企业
支持性利益相关者	会展业相关企业（展台设计企业、运输和搭建企业）、会展行业协会
边缘性利益相关者	社会公众、酒店餐饮企业、交通旅游企业

第六节　会展项目管理涉及的知识领域

会展项目管理涉及九大知识领域：范围管理、时间管理、成本管理、质量管理、人力资源管理、沟通管理、风险管理、采购管理及整体管理。

1. 会展项目范围管理

进行范围管理是为了保证会展项目成功地完成所要求的全部工作。这一领域主要包括以下内容：

（1）项目启动：对项目或项目的阶段授权。
（2）范围计划：制定一个书面的范围陈述，作为未来项目决策的基础。
（3）范围定义：把项目应提交的成果进一步分解成更小、更易管理的组成部分。
（4）范围确认：正式地认可项目满足了范围要求。
（5）范围变更控制：控制项目范围的变更。

2. 会展项目时间管理

进行时间管理是为了保证会展项目按时完成。这一领域主要包括以下内容：

（1）活动定义：识别出为产生项目提交成果而必须执行的特定活动。
（2）活动排序：识别并记录活动之间的相互依赖关系。
（3）活动时间估计：估计完成每一项活动所需要的工作时间。
（4）制定时间表：分析活动顺序、活动时间的估计和资源需求，建立项目时间表。
（5）时间表控制：控制项目时间表的变更。

3. 会展项目成本管理

进行成本管理是为了保证会展项目在批准的预算内完成。这一领域主要包括以下内容：

（1）资源计划：确定为执行项目活动所需要的资源的种类（人员、设备、材料）和数量。
（2）成本估算：对于为了完成项目活动所需资源的成本进行估计。
（3）成本预算：把估算的总成本分配到每一个工作活动中。
（4）成本控制：控制项目预算的变更。

4. 会展项目质量管理

进行质量管理是为了保证会展项目的完成能够使需求得到满足。这一领域主要包括以下内容：

(1) 质量计划：找出与项目相关的质量标准，并决定如何满足标准的要求。
(2) 质量保证：对项目绩效做经常性的评价，以保证达到质量标准。
(3) 质量控制：检视特定的项目结果，以判定是否满足相关的质量标准，并找出方法来消除不能满足要求的原因。

5. 会展项目人力资源管理

进行人力资源管理是为了尽可能有效地使用会展项目中涉及的人力资源。这一领域主要包括以下内容：

(1) 组织的计划：识别、记录、指派项目的角色、责任和报告关系。
(2) 人员获得：使项目所需的人力资源得到任命并开始项目工作。
(3) 团队建设：开发个人的和团队的技能以提高项目的绩效。

6. 会展项目沟通管理

进行沟通管理是为了保证适当、及时地产生、收集、发布、储存和最终处理会展项目信息。这一领域主要包括以下内容：

(1) 沟通计划：确定项目相关者的信息和沟通的需求，包括谁需要什么信息，什么时间需要，以及得到信息的方式。
(2) 信息发布：及时地把所需的信息提供给相关者使用。
(3) 绩效报告：收集、分发绩效信息，包括状态报告、进度衡量和预测。
(4) 管理上的结束：产生、收集、分发信息，使项目或项目阶段正式地结束。

7. 会展项目风险管理

风险管理是对会展项目的风险进行识别、分析和响应的系统化的方法，包括使有利的事件发生的可能性和利益最大化，使不利的事件发生的可能性和损失最小化。这一领域主要包括以下内容：

(1) 风险管理计划：决定如何处理并计划项目的风险管理活动。
(2) 风险识别：确定哪些风险可能会影响项目，并记录风险的特征。
(3) 风险定性分析：对风险和条件进行定性分析，根据其对项目目标的作用排定优先级。
(4) 风险量化分析：度量风险产生的可能性和后果，并评估它们对项目目标的影响。
(5) 风险响应计划：对于影响项目目标的风险，制定应对过程和方法以增加机会和减少威胁。
(6) 风险监视和控制：监视已知的风险，识别新的风险，执行风险减低计划，在整个项目生命周期中评价它们的有效性。

8. 会展项目采购管理

采购管理是指为了达到会展项目范围的要求，从外部企业获得所需货物和服务的过程。这一领域主要包括以下内容：

(1) 采购计划：确定采购的内容和时间。
(2) 邀请计划：记录产品需求，识别潜在来源。
(3) 邀请：根据需求获取报价、投标、建议书等。

(4)来源选择：从潜在的销售商中进行选择。
(5)合同管理：管理与销售商的关系。
(6)合同结束：合同的完成和结算，包括解决任何遗留问题。

9. 会展项目整体管理

进行整体管理是为了保证会展项目中不同的因素能适当协调。这一领域主要包括以下内容：
(1)制订项目计划：集成、协调全部项目计划内容，形成一致的、联系紧密的文件。
(2)执行项目计划：通过执行其中的活动来执行项目计划。
(3)集成的变更控制：在整个项目中协调变更。

资料链接 1-7

会展项目管理者要具备4个知识体系和10种能力

会展项目作为一个整体，需要各方面的资源协调一致，这就需要特别熟悉项目管理三角形的概念。所谓项目管理三角形，是指项目管理中范围、时间、成本三个因素之间互相影响的关系。确定项目管理三角形的范围时，除了要考虑对项目直接成果的要求，还要考虑与之相关的人力资源管理、质量管理、沟通管理、风险管理等方面的工作要求。项目管理三角形中的成本，主要来自所需资源的成本，自然也包括人力资源成本，这些资源通过不同的方式获得，可以对应不同的成本，对资源的需求与工作范围、工作时间都有直接的联系。

会展项目管理三角形强调的就是这三个方面的这种相互影响的紧密关系。为了缩短会展项目时间，就需要增加会展项目成本(资源)或减少项目范围；为了节约会展项目成本(资源)，可以减少会展项目范围或延长项目时间；如果需求变化导致会展项目范围增加，就需要增加会展项目成本(资源)或延长会展项目时间。因此，会展项目计划的制订过程是一个多次反复的过程，根据各方面的不同要求，不断调整计划以协调它们之间的关系。在会展项目执行过程中，当会展项目的某一因素发生变更时，往往会直接影响其他因素，所以应同时考虑一项变更给其他因素造成的影响，会展项目的控制过程就是要保证项目各方面因素从整体上能够相互协调。

早在20世纪80年代，国外学术界就展开了对项目成功标准的研究，传统项目成功的"铁三角"标准满足项目的进度、预算以及质量的要求，而忽视了顾客的重要性；过分重视方法和工具的应用；项目经理的工作职责定义太狭窄。我们应该以动态发展的眼光来评价项目成功，从整个项目的生命周期和每个管理层次的角度充分考虑是否实现了利益相关者的目标。会展业集政治、经济、科技、文化交流于一身,会展项目管理的主要目的是满足项目的要求与期望(会展项目的发展目标),满足项目利益相关者(组展商、参展商、专业观众等)各方不同的要求和期望,满足项目尚未识别的要求和期望(项目成员利益、非专业观众需求、社会需求等)。随着市场竞争的加剧,会展项目管理需要考虑更多的变化因素以及众多的项目利益相关者,面向顾客的成功标准,如顾客接受程度、顾客满意度水平、顾客保持率、顾客衡量的性价比、顾客回头率等,越来越体现出其重要地位。

  美国市场营销大师菲利普·科特勒指出,企业的整个经营活动要以顾客满意度为指针,要从顾客角度,用顾客的观点而非企业自身利益的观点来分析考虑顾客的需求。会展是一项综合性的服务业务过程,顾客满意对会展业的生存壮大来讲至关重要,应以参展商、观展商等的顾客满意为中心,强调顾客满意可增加再次合作的可能性,重新定义项目经理在会展项目中的职责和作用。会展项目的生命周期必须加以延伸,增加运行和维护阶段,以保证展后跟踪服务到位,提高顾客的满意度,体现以人为本的管理理念。良好的会展产品或服务质量才能最大限度地使顾客满意,才可能使顾客持续参加并成为忠诚顾客。会展是一种长期、动态的服务性产品,在实际会展项目运作操作中,我们要更好地以项目管理思路作为会展运营的基础,通过不断借鉴各方面的管理经验和工具,提升会展项目运作的水平和能力,提高顾客对会展的满意程度,这是需要会展业不断努力的过程,也是会展业不断发展壮大的基石。

总结与实践

1. 本章小结

项目是人们为完成某一独特的产品、服务或结果所作的一次性努力。

项目成功的三要素包括时间、费用和性能。

项目管理就是将各种知识、技能、手段、技术应用到项目中,以满足或超过项目干系人的要求和期望,它是指导项目从开始、执行,直至终止的过程。项目管理具有系统性、过程性、创新性、特殊性、复杂性、普遍性、目的性的特点。

会展项目的特征主要体现在顾客导向性、项目连带性、客户广泛性、效益整合性。

会展项目就是以各种会展活动为管理对象的新型项目形式。从不同的角度出发,会展项目可以分成不同的类型,不同类型的会展项目又有不同的特征。

会展项目管理过程是指会展项目生命周期中产生某种结果的行动序列,基本的管理过程可归纳为如下五个阶段:会展项目启动阶段、会展项目规划阶段、会展项目执行阶段、会展项目控制阶段、会展项目结束阶段。

我国会展业的主要利益相关者划分为四类,即核心层利益相关者、次核心层利益相关者、支持性利益相关者和边缘性利益相关者。核心层利益相关者包括政府、会展企业、参展商、参展观众,次核心利益相关者包括场馆企业,支持性利益相关者包括会展相关企业(展台设计企业、运输和搭建企业)、会展行业协会,边缘性利益相关者包括社会公众和酒店餐饮、交通旅游业。

会展项目管理涉及知识九大领域:范围管理、时间管理、成本管理、质量管理、人力资源管理、沟通管理、风险管理、采购管理及整体管理。

2. 复习与思考

(1) 你理解的项目是什么?请举例。
(2) 会展项目的特征是什么?包括哪些内容?
(3) 会展项目如何分类?
(4) 会展项目的管理过程是什么?
(5) 会展项目的利益相关者包括哪些?
(6) 会展项目管理涉及哪些相关知识领域?

3. 案例分析

第31届华交会7月12日开幕 老牌展会再现"一位难求"

2023年7月12日至7月15日,第31届华东进出口商品交易会(以下简称"华交会")在上海新国际博览中心举办。自1991年创办以来,华交会作为国内聚焦纺织服装和轻工产品行业最大的进出口贸易展会,已成长为仅次于中国进出口商品交易会的具有重要国际影响力和吸引力的外贸盛会。

从主办方获悉,本届华交会是疫情后全面恢复线下办展,对于促进外贸企业争取海外订单,开拓多元化市场,进一步推动外贸稳规模、优结构,实现全年的外贸增长目标,意义重大。本届展会规模也已恢复到疫情前水平,再现"一位难求"场景。

- **3 200余家企业参展**

据悉,本届华交会展览规模为10.52万平方米,使用上海新国际博览中心9个馆,展位数共计5 234个,参展企业3 299家,其中境外展商234家,来自11个国家和地区。预计有3.3万名海内外采购商将齐聚展会。

主办方相关负责人表示,华交会由上海市、江苏省、浙江省、安徽省、福建省、江西省、山东省、南京市、宁波市等9省市联合主办。此次展会是疫情后的首次线下办展,在招展阶段,展商热情超出预期,展位再现"一位难求",凸显了30余年老牌展会的吸引力。

- **线上线下搭建交流平台**

本届展会,以新起点、新产品、新平台、新赛道和新伙伴为主要亮点。7月12日的开幕论坛以"对外贸易发展与新格局"为主题,邀请商务部外贸司、驻沪特办、主办省市商务部门及行业专家、企业大咖围绕当前外贸发展趋势、机遇与挑战等议题进行交流。同期还举办"2023上海跨境电商发展高峰论坛",为跨境电商行业参与者搭建高效商贸合作平台。

在供需对接方面,则继续设置采购对接会专区,并在往届线下洽谈的基础上,新增线上交流平台。

- **跨境电商平台头部企业将参会**

数字经济"新赛道"也赋能传统外贸。在跨境电商展区,汇聚了供应链制造企业参展商及海内外供货商、采购商、专业买手、网店销售商和各类跨境电商专业观众,共同探讨跨境电商市场合作新机遇。

(资料来源:http://sh.xinhuanet.com/20230707/1fca3c90ba5a403e91288240aa908b3d/c.html,有删改)

(1) 查阅华东进出口商品交易会历年的相关资料,对该展会的效益做分析。
(2) 从项目管理的角度分析华东进出口商品交易会成功举办的因素。

4. 技能实训——"中国进出口商品交易会"的成功项目管理因素分析

(1) 实训要求:

运用本章所学知识分析案例,掌握会展项目管理的过程。

(2) 实训目的:

强化学生对会展活动的项目化管理的掌握。

(3) 实训组织:

每4个学生为一个小组,以小组为单位分析案例。

(4) 背景资料:

中国进出口商品交易会,又称广交会,创办于1957年春,每年春秋两季在广州举办。广交会由商务部和广东省人民政府联合主办,中国对外贸易中心承办,是中国目前历史最长、规模最大、商品最全、采购商最多且来源最广、成交效果最好、信誉最佳的综合性国际贸易盛会,被誉为中国第一展,中国外贸的晴雨表、风向标。自2007年4月第101届起,广交会由中国出口商品交易会更名为中国进出口商品交易会,由单一出口平台变为进出口双向交易平台。

广交会是中国对外开放的窗口、缩影、标志,是国际贸易合作的重要平台。创办以来,广交会历经风雨、从未间断,已成功举办133届,与全球229个国家和地区建立了贸易关系,累计出口成交约1.5万亿美元,累计到会和线上观展境外采购商超1 000万人,有力地促进了中国与世界各国各地区的贸易交流和友好往来。

党中央高度重视广交会,习近平总书记于第120、130届两次向广交会致贺信。在致第130届广交会贺信中,习近平总书记充分肯定广交会创办65年来为服务国际贸易、促进内外联通、推动经济发展做出的重要贡献,赋予广交会崭新的历史使命,为广交会在新时代新征程指明了前进方向。未来,广交会将以习近平新时代中国特色社会主义思想为指导,全面贯彻落实党的二十大精神,深入贯彻落实习近平总书记贺信精神,认真落实党中央、国务院决策部署和商务部、广东省工作要求,创新机制,丰富业态,拓展功能,努力打造成为中国全方位对外开放、促进国际贸易高质量发展、联通国内国际双循环的重要平台,更好服务国家战略、服务高水平对外开放、服务外贸创新发展、服务构建新发展格局。

(资料来源:https://www.cantonfair.org.cn/zh-CN/customPages/about#2,有删改)

(5) 实训内容:
① 通过网络查阅广交会的相关资料。
② 广交会在展会管理过程中主要采取了哪些措施?
③ 被称为"中国第一展"的广交会在项目管理中成功的要素有哪些?

第二章
会展项目的识别与启动

教学目标和要求

1. 掌握会展项目策划的基本工作流程,培养学生严谨的科学态度。
2. 掌握会展项目策划书的写作,培养学生的创新精神。
3. 理解会展项目的立项与投批,培养学生的国情观念。

教学重点和难点

1. 重点是会展项目策划的基本工作流程。
2. 难点是会展项目策划书的写作。

【开篇案例】

昆明世界园艺博览会

昆明这个四季如春的城市被人们称为"春城""花城",是我国西南部地区的名城,故而成为非常有名的避暑胜地和旅游景点。

举办世博会这种国际性的展览会对于举办城市来说,是一个非常好的城市形象展示和宣传的机会。昆明世界园博会的会址设于昆明东北部的名胜风景区,那里有着得天独厚的自然环境,非常契合展会的主题。展区包括五大室内展馆:中国馆、国际馆、人文馆、人与自然馆、大温室和科技馆;并设有三大室外展区:国际展区、中国展区和企业展区。昆明本地就有各种奇花异卉,而世博园内的花草植物种类更多,色彩纷呈。

昆明世界园博会有60多个国家或者地区参加,还有26个相关的国际组织参加。为了接待来自五湖四海的嘉宾,云南省有数万名青年志愿者加入了园博会的服务工作中,他们在公交线、旅游景区等人流密集的地方展开了热情的服务工作;同时,为了进一步提升服务质量,塑造更加文明友好的城市形象,全省的公交、商业、旅游、铁路、民航等窗口行业的近万名员工,都立足于本职岗位,并以开展优质服务竞赛的形式来服务中外宾客;此外,130名不同民族的导游小姐,身着多姿多彩、特色鲜明的民族服饰,展开了各种礼仪和导游活动,在提升城市形象的同时,也展示了当地的民族文化。

(资料来源:https://www.wlcbw.com/29303.html,有删改)

案例解析:

> 昆明在世界园博会期间的公关意识非常强,将园博会本身当作支点,通过举办园博会,在世界面前打造自身的形象和风采,这是非常重要的形象工程。在园博会期间,昆明除了进行硬件环境的建设,也非常重视园博会工作人员和市民素质的提高,展现良好的道德修养和精神风貌,通过礼仪和不同活动较好地展示了当地的民族文化。可以说,这些努力都收到了非常好的效果,此次园博会受到世界瞩目,也收获了大批游客的称赞,极大地带动了当地的经济发展。

第一节 会展项目策划的基本工作流程

会展项目策划是指充分利用现有信息和资源,判断事物变化发展的趋势,全面构思、设计,选择合理、有效的方案,使之达到预期目标的活动。策划是一个综合性的系统工程,目标是起点,信息是基础,创意是核心。会展项目策划就是会展企业根据收集和掌握的信息,对会展项目的立项、方案实施、品牌树立和推广、会展相关活动的开展、会展营销及会展管理进行总体部署和具有前瞻性规划的活动。

1. 成立策划小组

会展项目策划工作需要集合各方面的人士进行集体决策。因此,首先要成立一个会展项目策划小组,具体负责会展项目策划工作。一般而言,会展项目策划小组应由以下人员组成(如表 2.1 所示)。

表 2.1　会展项目策划小组的人员组成

人员	事务
策划主管	负责协调、沟通整个小组各策划人员的工作,并全权负责策划方案的制订和修订
策划人员	负责编拟会展项目计划
文案撰写人员	负责撰写各类会展文案,包括会展常用文书、会展社交文书、会展推介文书、会展合同等
美术设计人员	负责各种类型视觉形象设计,如广告设计、展示空间设计,能熟练运用 Photoshop、ImageReady、Illustrator、CorelDRAW 等软件
市场调查人员	负责进行市场调查并编写市场调查报告
公关及媒体联络人员	进行展会形象宣传和媒体宣传推广

(1)策划主管。

策划主管一般由总经理、副总经理或业务部经理、创作总监、策划部经理等担任。在会展公司里,策划主管具有特殊地位,他是沟通会展企业与展会服务承包商、参展商的中介。一方面,他代表会展企业与展会服务承包商、参展商等洽谈业务;另一方面,他又代表展会服务承包商、参展商等监督会展企业一切活动的开展。

(2)策划人员。

策划人员一般由策划部的正副主管和业务骨干来承担,主要负责编拟会展项目计划。

(3)文案撰写人员。

文案撰写人员专门负责撰写各种会展文案,包括会展常用文书、会展社交文书、会展推介文书、会展合同等。文案撰写人员应该能够精确地领悟策划小组的意图,具有很强的文字表述能力。

(4)美术设计人员。

美术设计人员专门负责各种类型视觉形象的设计。美术设计人员是策划小组的重要组成部分。因为在整个会展策划过程中,诸如各种类型的广告设计、展示设计、展示空间设计等都需要美术设计人员的参与。美术设计人员必须具有很强的领悟能力和很强的将策划意图转化为文字、图画的能力。

(5)市场调查人员。

市场调查人员负责各种复杂的市场行情调查,并能写出精辟的市场调查报告。

(6)公关及媒体联络人员。

公关及媒体联络人员负责为会展公司创造融洽、和谐的公众关系氛围,以获得各方面的支持帮助。同时,还能够从公关的角度提供建议,熟悉各种媒体的优势、劣势以及价格,并且与媒体有良好的关系,能按照会展策划的部署进行媒体规划,争取最佳的广告宣传效果。

会展项目策划过程由策划主管负责,各方面人员需要通力配合,协调一致,共同做好会展项目策划工作。

2. 进行市场调查

市场调查是以科学的方法,有系统、有计划、有组织地收集、调查、记录、整理、分析有关产品或服务市场信息等,发现各种事实,客观地测定与评价,用以协助解决有关营销问题,并作为各种营销决策的依据。

会展市场调查是会展项目策划的基础。从传播学的角度来看,市场调查是会展项目策划者为了了解市场信息,把握市场动态,进而确定会展项目的目标和主题,编写会展项目策划方案,选择会展项目策略,检查会展项目效果等所必需的调研工作。只有在系统地收集有关市场与相关背景的资料并加以科学概括分析基础上确立的会展项目计划,才能卓有成效地实现其总体目标。

在执行市场调查时,不仅要考虑本区域的优势产业和主导产业,还要考虑重点发展中的行业、政府扶植的行业等。具体分析行业市场状况,需要摸清市场的归属,即买方市场还是卖方市场等。

以一个会展项目策划为例,主办者需要将市场调研的重点放在以下四个方面:

① 市场前景分析(如政策可行性、市场规模及类型等);
② 同类会展项目的竞争能力分析;
③ 本会展项目的优势条件分析;
④ 潜在客户需求调查。

总之,在瞬息万变的市场中,如果没有科学的市场调查和预测做先导,会展项目的策划、运作就很难实现预期目标。

3. 决定会展策略

做出会展决定是一个决策过程,应该遵循相应的程序。在一般情况下,会展决策应考虑营销需求、市场条件、营销方式、内部条件等因素。

在充分地进行市场调查与预测之后,接下来需要进行会展目标市场的定位和制订会展营销计划。以展会为例,组织者在进行目标市场定位时需要考虑以下因素。

(1) 展会的类型。

组织者首先要明确自己所主办的是什么类型的展会,因为政府主办的展会、公益性质的展会和商贸性质的展会在具体操作模式和策略的制定上有很大的区别。

(2) 产业标准。

一次展会往往涉及多个产业,这是导致展会目标市场定位复杂的主要原因。例如,举办一次汽车展,组织者除考虑汽车生产企业外,还要努力吸引销售类、运输类等汽车需求较大的企业,甚至还有一些研究机构等。

(3) 地理细分。

由于不同地区的参展商和专业观众具有不同的需求特征及营销反应,所以地理变量经常被作为细分展会市场的依据。在进行地理细分时,展会组织者不仅要分析不同国家的参展商对展会的个性化要求,而且要弄清参展商在本国的具体分布,这样才能做出有效的决策。

(4) 行为细分。

行为细分是指根据参展商的参展动机、购买动机、购买状态或对展会的态度等进行划分,其中参展动机被认为是进行展会市场细分的最佳起点。

决定会展策略应该在充分掌握现有相关资料的基础上进行,如宏观政策环境、企业经营实力、会展市场竞争状况、顾客满意程度等。从会展营销的角度来说,一份会展营销计划一般包括会展营销现状分析、企业SWOT(Strengths,Weaknesses,Opportunities,Threats)分析、营销目标的确立、市场营销组合策略、具体的行动方案、营销预算费用以及营销计划与控制等。

4. 制定媒体策略

现代社会是信息社会,人与人之间、企业与企业之间都需要交流,而信息交流的主要载体便是各种各样的媒体。实施有效的媒体策略对会展组织者至关重要,会展组织者应根据有限的广告预算以及举办会展的需要和条件选择合适的媒体,在选择媒体的类型时需要综合考虑目标受众的媒体习惯、产品性质、信息类型以及广告成本等因素。在市场经济的冲击下,中国传媒的市场化步伐越来越快。市场化程度的提高,带来了媒体的迅速成长或衰落,会展专业媒体也不例外。因此,在制定具体的媒体策略时,分析媒体在会展活动的成长策略至关重要。

例如,若从提升城市形象的角度分析,在一次大型的国际会议或展览会中,城市政府面向媒体的主要工作包括以下三点。

(1) 在会展活动开始之前,政府需要媒体对会展活动前期的准备工作、会展项目的特点及创新性等作大量宣传报道,具体方式有举行记者招待会、组织专家学者讨论并在专门的媒体上发表声明等,以吸引市民和潜在专业观众的注意。

(2) 在会展活动举办期间,继续组织有关媒体尤其是本地的主流报纸或电视台对会展活动作进一步的宣传,以满足不同公众对此项活动的关注需要。

(3) 会展活动结束之后,政府应该鼓励媒体对此活动的效应和成果等做出总结性的报道,以加深公众的印象,并达到提升城市形象的目的。

若从参展商与媒体的角度来说,在展会开幕之前,参展商除了可以通过直接邮寄等方式与客户联系并邀请对方光临自己的展台外,还要积极利用各种形式的媒体对本企业的参展活动作大量的宣传,可以在报纸、杂志或参展手册上刊登广告,也可以利用展会主办者发行的展会快讯宣传和介绍企业参展产品,以吸引专业买家来洽谈。在展会期间,参展商还可以通过别出心裁的现场表演、公关事件或召开新产品推介会等,吸引媒体以及专业观众的广泛关注。

同时,为推广企业的品牌形象或提高产品的知名度,参展商必须与媒体保持良好的关系,并积极提供有价值的新闻,争取让媒体在展会期间对本企业给予更多报道。

随着会展活动的不断升温,不仅大众媒体,专业媒体也跟着热起来。纵观现有的会展杂志、报纸及网站的竞争格局和特点,可以发现:专业刊物正走向多元化,刊物定位也更加鲜明,媒体的形式丰富多彩,互联网正在被深入地应用。因此,在会展媒体策略制定上,必须与时俱进,选择更加有效的媒体策略。

5. 制定展示设计策略

会展展示设计是以传达会展项目信息、吸引参观者为主要功能,有目的、有计划地设计环境、展台、展品。好的设计能提高会展项目的品位,吸引参展者、参观者,对产品营销也起着潜移默化的促进作用。

一般而言,对于较大的会展项目,展示设计工作在开展前九个月就开始了。从参展商的角度来说,展示设计不仅仅是一个展台设计的问题,在会展项目策划阶段就需要考虑设计会展项目结构、取得会展公司的设计批准、制作会展项目宣传册等。

展示设计根据具体情况要求有不同的设计原则和功能区分,所以其设计原则也是千变万化。以宣传材料的设计与制作为例:对于参展商来说,狭义的宣传材料主要指各种文印资料,如宣传册页、新闻稿件等。而实际上,宣传资料不仅仅限于现场分发给观众或记者的资料,它还包括很多形式,如直接邮寄资料、产品介绍、纪念包(手提袋)、户外广告或展会的每日快讯等。在宣传材料外观的设计上,必须尊重整体的风格,同时,要能形成强大的视觉冲击力。外观设计主要是解决材料的形状和大小两个问题,并且要求设计富有人性化,便于人们携带。

6. 预算方案

良好的财务管理和预算控制是成功筹办会展项目最重要的因素之一,如果安排得当,不仅会起到增加收益、提高效益的作用,而且能使管理者了解收入的来源及比例,分析主要的投入项目,确定主要的收入来源。预算是协助管理者实现财务目标的一个工具。我们可以把预算看作一张特别的地图,它能引导企业达到所寻找的目标。为了实现这个目标,在制定会展项目预算时必须做到有计划、有步骤并不断更新信息。

7. 撰写项目策划方案

会展项目策划就是会展的策略规划,为了会展的成功举办,必须对会展项目的整体性和未来性的策略进行规划,包括从构想、分析、归纳、判断到拟定策略、方案实施、事后追踪与评估过程。

会展项目策划与计划不同,它包括为实现目标而提出的各种构想,这些构想是新颖的,与目标保持一致的方向并有实现的可能。把项目策划过程用文字完整地记录下来,就形成会展项目策划方案。

广义的会展项目策划方案涵盖经市场调查而产生的可行性研究报告、项目意向书、项目建议书以及广告策划方案、宣传手册等,包括围绕会展项目的展前、展期、展后所有的策划方案。

8. 实施效果评估

会展项目的效果是长期的,筹办会展项目的企业在重视并投入很大力量进行展台设计、产品展示、展览宣传、展台接待和推销等工作的同时,也应当对会展项目的后续工作投入相当的力量。如果说实施会展项目相当于"播种",以建立新的客户关系,那么会展项目的后续工作就相当于"耕耘"与"收获",即将新的关系发展为实际的客户关系。会展项目的后续工作有很多,实际效果评估是其中的重要一环。

会展项目的效果评估内容很丰富,包括会展项目工作评估和会展项目效果评估。会展项目效果评估需要由举办者安排或委托专业评估公司来做,会展项目效果评估的内容包括定性的内容和定量的内容,条件许可的情况下尽量使用定量的评估内容,这样能使评估的结果更客观、更有价值。

总之,会展作为一种营销方式,在开拓市场、巩固市场等方面发挥着重要作用。但是会展活动是一项复杂、浩繁的工程,它的工作环节很多,为了保证其可行、顺利、有效地开展,举办者必须重视策划工作。有学者指出,只有当会展被认为是最有效的营销方式时再决定举办会展,而确定会展主题能激发创意并促使举办者有效地运用手中的资源,选定可行的方案,从而达到预期目标或解决一个难题,这就是策划。会展项目策划在整个会展举办过程中扮演着重要角色。

资料链接 2-1

展览策划

第二节 会展项目策划书的写作

1. 会展预备阶段的文案

(1) 会展预备阶段的文案概念。

会展预备阶段的文案是指一次会展项目从确定题材、收集信息、进行项目立项策划一直到会展项目正式开幕前的预先准备阶段涉及的所有文本文案。

(2) 会展预备阶段的文案种类。

一般来说,会展预备阶段的文案包括会展项目立项策划书、会展项目可行性研究报告、参展说明书等。

2. 会展项目预备阶段的文案写作

(1) 会展项目立项策划书的写作要求。

所谓会展项目立项策划,就是根据掌握的各种信息,对即将举办的展会的有关事宜进行初步规划,设计出展会的基本框架,提出计划举办展会的初步规划,主要包括展会名称和地点、办展机构、办展时间、展品范围、办展频率、展会规模、展会定位、展会价格和展会初步预算、人员分工、招展、招商和宣传推广计划、展会进度计划、现场管理计划和相关活动计划等。

① 展会名称。

展会的名称一般包括三个方面的内容:基本部分、限定部分和行业标志。例如,"第133

届中国进出口商品交易会",如果按上述三部分内容对号入座,则基本部分是"交易会",限定部分是"中国"和"第133届",行业标识是"进出口商品"。下面分别对这三个方面进行说明。

基本部分:用来表明展会的性质和特征,常用词有展览会、博览会、展销会、交易会和×××节等。

限定部分:用来说明展会举办的时间、地点和展会的性质。展会举办时间的表示办法有三种:一是用"届"来表示,二是用"年"来表示,三是用"季"来表示。第31届广州国际旅游展览会、2022年德国法兰克福舞台灯光及音响技术展览会、中国厦门国际佛事用品(春季)展览会等。在三种表达方式中,最常见的是用"届"来表示,它强调展会举办的连续性。那些刚开始举办的展会一般用"年"来表示。展会举办的地点在展会的名称里也要有所体现,如第18届中国(大连)国际纺织服装供应链博览会中的"大连"。展会名称里体现展会性质的词主要有"国际""世界""全国""地区"等。如第18届中国(大连)国际纺织服装供应链博览会中的"国际"表明该展会是一个国际展。

行业标志:用来表明展览题材和展品范围。如第18届中国(大连)国际纺织服装供应链博览会中的"纺织服装供应链"表明该展会是纺织服装供应链产业的展会。行业标志通常是一个产业的名称或者一个产业中的某一个产品大类。

② 展会地点。

策划选择展会的举办地点涉及两个方面的内容:一是展会在什么地方举办,二是展会在哪个展馆举办。策划选择展会在什么地方举办,就是要确定展会在哪个国家、哪个省或者哪个城市举办。策划选择展会在哪个展馆举办,就是要选择展会举办的具体地点。具体选择在哪个展馆举办展会,要结合展会的展览题材和展会定位而定。另外,在具体选择展馆时,还要综合考虑使用该展馆的成本、展期安排是否符合自己的要求以及展馆本身的设施和服务等因素。

③ 办展机构。

办展机构是指负责展会组织、策划、招展和招商等事宜的有关单位。办展机构可以是企业、行业协会、政府部门和新闻媒体等。

根据各单位在举办展览会中的不同作用,一个展览会的办展机构一般有以下几种。

主办单位:拥有展会并对展会承担主要法律责任的办展单位。主办单位在法律上拥有展会的所有权。

承办单位:直接负责展会的策划、组织、操作与管理,并对展会承担主要财务责任的办展单位。

协办单位:协助主办或承办单位负责展会的策划、组织、操作与管理,部分承担展会的招展、招商和宣传推广工作的办展单位。

支持单位:对展会主办或承办单位的展会策划、组织、操作与管理或者招展、招商和宣传推广等工作起支持作用的办展单位。

④ 办展时间。

办展时间是指展会计划在什么时候举办。办展时间有三个方面的含义:一是指会展的具体开展日期,二是指展会的筹展和撤展日期,三是指展会对观众开放的日期。

展览时间的长短没有统一的标准,要视不同的展会具体而定。有些展会的展览时间可以很长,如世博会的展期长达几个月甚至半年;但对于常见的专业贸易展来说,展期一般以3~5天为宜。

⑤ 展品范围。

展会的展品范围要根据展会的定位、办展机构的优劣势和其他多种因素来确定。

根据展会的定位,展品范围可以包括一个或者几个产业,或者一个产业中的一个或几个产品大类。例如,"博览会"和"交易会"的展品范围就很广,如第135届广交会涵盖建材、家电、家具、照明、纺织等多个行业,而德国法兰克福国际汽车展览会的展品范围涉及的产业就只有汽车产业。

⑥ 办展频率。

办展频率是指展会是一年举办几次还是几年举办一次,或者是不定期举办。从目前展览业的实际情况看,一年举办一次的展会最多,一年举办两次和两年举办一次的展会也不少,不定期举办的展会已经是越来越少了。

办展频率的确定受展览题材所在产业的特征的制约。我们知道,几乎每个产业的产品都有一个生命周期,产品的生命周期对展会的办展频率有重大影响。

产品的投入期和成长期是企业参展的黄金时期,确定展会的办展频率时要牢牢抓住这两个时期。

⑦ 展会规模。

展会规模包括三个方面的含义:一是展会的展览面积是多少,二是参展单位的数量是多少,三是参观展会的观众有多少。在策划举办一个展会时,需要对这三个方面做出预测和规划。

在规划展会规模时,要充分考虑产业的特征。展会规模的大小还受展会观众数量和质量的限制。

⑧ 展会定位。

通俗地讲,展会定位就是要清晰地告诉参展企业和观众该展会"是什么"和"有什么"。具体地说,展会定位就是办展机构根据自身的资源条件和市场竞争状况,通过建立和发展展会的差异化竞争优势,使自己举办的展会在参展企业和观众的心目中形成一个鲜明而独特的印象的过程。

展会定位要明确展会的目标参展商和观众、办展目标、展会主题等。

⑨ 展会价格和展会初步预算。

展会价格就是为展会的展位出租制定一个合适的价格。展会展位的价格往往包括室内展场的价格和室外展场的价格,室内展场的价格又分为空地价格和标准展位价格。

在制定展会的价格时,一般遵循"优地优价"的原则,即那些便于展示和观众流量大的展位的价格往往要高一些。展会初步预算是对举办展会所需要的各种费用和举办展会预期可获得的收入进行的初步预算。

在策划举办展会时,要根据市场情况给展会确定一个合适的价格,这对吸引目标参展商参加展会十分重要。

⑩ 人员分工、招展、招商和宣传推广计划。

人员分工、招展、招商和宣传推广计划是展会的具体实施计划,这四个计划在具体实施时会互相影响。

人员分工计划是对展会工作人员的工作进行统筹安排。招展计划主要是为招揽参展商参展而制定的各种策略、措施和办法。招商计划主要是为招揽观众参观展会而制定的各种策略、措施和办法。宣传推广计划则是为了建立展会品牌和树立展会形象，并同时为展会的招展和招商服务。

⑪ 展会进度计划、现场管理计划和相关活动计划。

展会进度计划是在时间上对展会的招展、招商、宣传推广和展位划分等工作进行的统筹安排。它明确了在展会的筹办过程中，到什么阶段应该完成哪些工作，直到展会成功举办。展会进度计划安排得好，展会筹备的各项准备工作就能有条不紊地进行。

现场管理计划是展会开幕后对展会现场进行有效管理的各种计划安排，它一般包括展会开幕计划、展会展场管理计划、观众登记计划和撤展计划等。现场管理计划安排得好，展会现场将井然有序。

展会相关活动计划是对准备在展会期间举办的各种相关活动做出的计划安排。与展会同期举办的相关活动最常见的有技术交流会、研讨会和各种表演等，它们是展会的有益补充。

(2) 会展项目立项策划书的撰写。

会展项目立项策划书又称会展项目立项报告，是会展项目承办单位或会展项目法人根据市场情况或社会某一重大问题等提出的某一具体会展活动的建议文件，是对拟举办会展活动提出的框架性的总体设想，它包括如下主要内容：

① 举办会展项目的市场环境分析。

市场环境包括宏观市场环境和微观市场环境。宏观市场环境包括人口环境、经济环境、技术环境、政治法律环境、社会文化环境等。微观市场环境包括办展机构内部环境、目标客户、竞争者、营销中介、服务商和社会公众等。

② 提出会展项目的基本框架。

会展项目的基本框架包括会展项目的名称、举办地点、办展机构的组成、展品范围、办展时间、办展频率、会展项目规模和会展项目定位等。

③ 会展项目价格及初步预算方案。

会展项目价格主要是指会展展位或参会的价格。会展项目初步预算是指对会展项目投入、支出与收益的预见性计划。

④ 会展工作人员的分工计划。

会展工作人员的分工计划是指依据会展项目的子项目进行人员的具体安排方案。

⑤ 会展招展计划。

会展招展计划是指展会的展区或会议区如何安排、展位如何划分、如何招揽企业参展或非企业性质单位参会的计划。

⑥ 会展招商计划。

会展招商指将对将要举办的展览会所展示的产品有需要和感兴趣的专业观众、普通观众吸引进展览会。会展招商计划是指会展举办方将采取什么的方式和方法吸引观众加入所举办的项目活动中来的方案。

⑦ 会展宣传推广计划。

会展宣传推广计划是指会展举办或承办方以怎样的方式、方法或手段向与会展项目有关企业或单位传递信息,并吸引他们和其他对该会展项目感兴趣的民众来参展的具体方案。它包括特定的新闻报道、文章、付费短文广告、案例分析等。

⑧ 会展筹备进度计划。

会展筹备进度计划是指会展项目在进行立项时,说明哪些工作必须于何时完成或完成每一任务所需要的时间等预设方案。其目的是控制时间和节约时间。因为会展项目的主要特点之一是有严格的时间期限要求,因此筹备进度计划在会展项目管理中显得十分重要。常用的制订进度计划的方法有关键日期表、甘特图(Gantt Chart)、关键路线法(Critical Path Method,CPM)和计划评审技术(Program/Project Evaluation and Review Technique,PERT)等。

⑨ 会展服务商安排计划。

会展服务商安排计划是指会展举办方或承办方为前来参展的企业或单位、个人提供诸如交通、住宿、旅游、餐饮、娱乐等方面的服务安排方案。

⑩ 会展开幕和现场管理计划。

会展开幕和现场管理计划包括会展开幕仪式的程序、仪式举办的时间、人员安排,会展现场的安保、卫生、紧急情况预案等的安排计划。

⑪ 会展期间举办的相关活动计划。

会展期间举办的相关活动计划即与会展直接相关或不直接相关的一些活动安排。如展会后与展会相关的研讨会,与会展不相关的娱乐活动或旅游活动等。

⑫ 会展的结算计划。

会展的结算计划是指会展举办或承办方对会展活动产生的商品交易、劳务供应或资金调拨等所引起的货币收付业务的清算方案。会展结算的方式有两种,即现金结算和转账结算。会展结算的内容包括业务货款支付的地点、时间和条件,商品所有权转移的条件,结算凭证及其传递的程序和方法等。

3. 参展说明书

(1) 参展说明书的概念。

办展机构在确定了展会的有关日期安排,指定了展会承建商、展会运输代理和展会旅游代理以后,就可以着手编制展会的参展说明书了。

参展说明书是办展机构将展会筹备、开幕以及参展商参加展会时应注意的问题汇编成册,以方便参展商进行参展准备。编制参展说明书是展会筹备过程中的一项基础性的工作。

(2) 参展说明书的作用。

参展说明书主要是为了方便和指引参展商顺利进行筹展、布展、展览和撤展等。它不仅对参展商进行参展筹备有十分重要的指引作用,也对办展机构对展会的布展、展览和撤展等各环节进行有效的现场管理具有较大的帮助作用和影响力。

① 参展说明书对参展商的指引作用。

参展说明书分别对展览场地、展会基本情况、展会规则、展位搭装、展品运输和会展旅游等做出了详细的说明,参展商在得到参展说明书以后,就可以按照该说明书的指引对参展的各项准备工作进行筹备。如安排展品的运输、准备展位的搭装材料和设计等;在展会布展现场,参展商将按说明书的有关要求进行展位搭装和布展,避免布展工作的盲目和违规;在展览期间,参展商可以按说明书的要求布置展品演示;在撤展期间,参展商可以按照说明书的指引有条不紊地撤展;展会结束后,参展商还可以按照说明书的指引选择适合自己的旅游活动。在参展说明书的指引下,参展商可以更有效地准备和完成参加展会的各工作环节的各项事务。

② 参展说明书对展会现场管理的作用。

参展说明书对展会筹展、布展、展览和撤展期间的各项规定,不仅有利于指导各参展商按规定办事,也有利于办展机构按说明书的规定监督展会现场的各项事宜,并按说明书的规定为参展商提供各种服务。参展说明书是办展机构对展会筹展、布展、展览和撤展等环节进行现场管理的重要依据之一,它为展会各阶段制定了大家必须遵守的行为规范,有利于办展机构按此规范对展会各环节的现场进行管理。

③ 参展说明书对观众的作用。

除了对参展商具有指引作用和对展会现场管理的作用外,参展说明书对参观展会的观众也是有一定帮助的。比如展馆平面图、馆内服务设施分布图、交通路线、指定接待酒店和展会开放时间说明,对观众参观展会有较大的帮助。

观众在交通路线图的指引下可以更方便地到达展馆,在馆内服务设施分布图的指引下可以找到自己需要的服务提供点,可以享受展会指定接待酒店的优惠价格待遇,在展会开放时间说明的指引下可以合理地安排自己的参观时间等。一般来说,参观展会的观众有很大一部分是各参展商邀请来的,参展商一般都会将上述信息通知其邀请的观众,参展说明书对这类观众帮助作用将更大。

(3) 编制参展说明书的基本原则。

从参展说明书所起的作用我们可以看出,参展说明书是展会筹备过程中的一个重要文件。要让参展说明书切实地起到上述作用,在编制时必须做到以下几点。

① 实用。

参展说明书所包含的内容必须对参展商进行筹展、布展、展览和撤展等有较大的指引作用,或者对办展机构管理展会筹展、布展、展览和撤展各环节有较大帮助,或者对参展商邀请其客户参观展会有辅助作用,否则,该内容就不能编入参展说明书。

② 简洁明了。

参展说明书对各方面内容的说明和叙述应该简洁,文字不要太多,篇幅不要太长,能说明问题就行;参展说明书对各方面内容的说明和叙述必须准确、具体,让人看得明明白白,不能让人看不懂,更不能让人产生歧义。否则,在展会筹展、布展、展览和撤展等环节的具体工作中就会产生争议,既不利于参展商展出,也不利于办展机构对展会现场进行管理。

③ 详细全面。

参展说明书中的关键内容应做到尽量详细,如对布展和撤展加班时间的规定可以具体到小时和分钟,对各种表格的返回最后期限的规定具体到某月某日等,这样更有利于展会的具体操作和管理;参展说明书中的各项内容要做到没有遗漏,如在展览场地基本情况的说明中,对展馆入口的高度和宽度、展馆地面的承重能力、消防的注意事项等要一一列明,不能遗漏,否则,现场操作就可能出现问题。比如,如果没有说明展馆入口的高度和宽度,就有可能出现一些较大、较长的物品进不了展馆的情况。

④ 美观。

参展说明书的排版和制作要美观大方、印刷讲究,不要出现错别字和其他印刷错误。参展说明书的制作和用纸要与展会的档次和办展机构的品牌与声誉相符。

⑤ 专业。

参展说明书的遣词造句要符合行业习惯和规范,要使用从业人员熟悉的语言,所涉及的术语要规范,不能想当然地使用一些行业比较陌生的词语;内容编排要符合参展商筹展的筹备程序,不能让他们翻来覆去地寻找自己想要了解的内容。

⑥ 国际化。

如果展会是国际性的展会,或者展会有向国际化方向发展的打算,那么,参展说明书的内容编排和制作要尽量做到符合国际参展商的需要,如除了有中文文本外,还要有外文文本。外文文本的参展说明书,其文字描述一定要准确,因为海外参展商就是根据该说明书来筹备各项参展事宜的;如果文字描述不准确,将会给他们带来极大的不便。

(4) 参展说明书包含的主要内容及写作要求。

从某种意义上讲,参展说明书是帮助参展商进行参展筹备工作的纲领性文件,也是办展机构对展会布展、展览和撤展等各环节进行有效管理的指导性文件,它所包含的内容涉及举办展会的各个环节。一般来说,参展说明书主要包括以下几个方面的内容。

① 前言。

前言主要是对参展商参加本展会表示欢迎,说明本说明书编制的原则和目的,提醒参展商在筹展、布展、展览和撤展等环节要自觉遵守本说明书的相关规定等。前言一般都很简短,言简意赅。

② 展览场地的基本情况。

展览场地的基本情况包括展馆及展区平面图、至展馆的交通图、展览场地的基本技术数据等。在绘制展馆及展区平面图时,要注意标明展馆各种服务设施所在的位置、展区和展位划分的详细情况、展馆内部通道和出入口等。在绘制至展馆的交通图时,要注意标明展馆在该城市的具体位置、到展馆可以利用的各种主要交通工具和交通路线、各指定接待酒店在该城市的具体位置等。该展览场地的基本技术数据的描述中,要清楚准确地列出地面承重、馆内通风条件、货运电梯容积容量、展馆室内空间高度、展馆入口高度和宽度、展馆的水电供应状况等。展览场地基本情况的介绍对于参展商准确地找到展馆和自己的展位,进而进行展位搭装和布展具有有效的指引作用。

③ 展会基本信息。

展会基本信息包括展会的名称、举办地点、展览时间、办展机构、展会指定承建商、指定的运输代理、指定的旅游代理、指定的接待酒店等。办展时间信息应包括展会的布展时间、开幕时间、对专业观众和普通大众开放的时间、撤展时间、布展和撤展加班时间等,以上时间应尽量精确到小时;办展机构信息应具体列明展会的主办单位、承办单位、支持单位和协办单位等,另外还要具体列明各办展机构、展会指定承建商、指定运输代理、指定旅游代理、指定接待酒店等详细联系地址、联系电话、传真和联系人、网址、电子邮箱,以便参展商在需要的时候方便联系各有关单位。

④ 展会规则。

展会规则就是展会要求参展商和观众等参加展会时所必须遵守的一些规章制度,包括展会有关证件使用和管理的规定、展会现场保安和保险的规定、展位清洁的规定、物品储藏的规定、现场使用水电的注意事项、现场展品销售的规定、消防规定、知识产权保护规定、现场展品演示的注意事项等。展会规则是所有与会人员必须遵守的一些制度,对展会现场管理和维护现场秩序十分重要。

⑤ 展位搭装指南。

展位搭装指南是对展会展位搭装的一些基本要求和说明,主要包括标准展位说明和空地展位搭装说明等。由于所有的标准展位的基本结构和配置都是一样的,所以标准展位说明主要是对展位的标准配置做出说明,列明参展商使用标准展位的注意事项,提出如果参展商需要增加非标准配置以外的其他配置的处理办法等。空地展位搭装说明主要是对参展商搭建空地展位做出的一些规定和要求,如使用材料的要求、动火作业的规定、消防安全的规定和铺设电线的规定等。展位搭装指南对指导参展商顺利、安全地搭装展位和布展有较大帮助。

⑥ 展品运输指南。

展品运输指南是对参展商将展品等物品运到展览现场所作的一些指引和说明,主要包括海外运输指南和国内运输指南等。不管是海外还是国内运输指南,都要对展品等的运输方式和运输线路、各种货品的交运和文件提交的期限、货运文件的准备和交付、收费标准、包装、海关报关、回程运输、可供选择的自选服务等做出具体说明。展品运输指南对参展商及时安排展品等物品的运输有较大帮助。

⑦ 会展旅游信息。

会展旅游信息是对参展商及观众等参加展会期间的食宿、交通等需要和展会前后的旅游需要等做出的一些说明。会展旅游信息要详细地列出各指定接待酒店的档次、协议优惠价格、地址、联系电话和传真、联系人以及与展馆的距离等,要列出海外观众和参展商入境的签证办法、会展项目举办期间及前后可供选择的商务考察、观光旅游的线路和安排等。会展旅游信息主要是为了方便参展商及观众的日常生活服务。

⑧ 相关表格。

相关表格是有关参展商在筹展和布展过程中需要使用的各种表格,主要包括展览表格和展位搭装表格两种。展览表格主要有贵宾买家服务表、聘请临时服务人员申请表、额外工作证和邀请卡申请表、研讨会和技术交流会申请表、刊登会刊广告申请表等。

参展说明书编制完成以后,可以印刷成册,在展会开幕前适当的时间寄给参展商,也可以将其内容发布在展会的专门网站上供参展商阅览和下载。如果有海外参展商参加展会,还要将参展商手册翻译成外文文本。

第三节 会展项目的立项与报批

1. 会展项目的立项

（1）会展项目立项的概念。

会展项目立项是指承办会展活动的相对人以书面报告形式向相关行政主管部门进行项目申请，并最终获得相关行政主管部门批准或承认的过程。

（2）会展项目立项的特征。

会展项目立项主要有以下四个方面的特征：

① 会展项目有一个明确界定的目标，即一个期望的结果。一个项目的目标通常依照工作范围、进度计划和成本来定义。例如，一个展销项目的目标可能是在一个星期内完成签约10亿元合同且期望工作范围能够高质量地完成，使参展商、参展客户和参展观众都满意。

② 会展项目可能是独一无二的，是一次性的努力。有些会展项目是以前从未举办过的，且大多数会展项目都是一次性的努力，无须重复。

③ 每个项目都有参展、参会客户。客户会提供必要的资金或经费，以达成目标的实现。客户可能是一个人或一个组织，或由两个或更多的人构成的一个团队，或许多个组织。当一个承包商为某一会展公司搭建展台时，这一会展公司就是资助这一项目的客户。当一个公司从政府获得资金来开发一种处理放射性原料的自动化设备时，客户就是政府机构。当某个公司给一组雇员提供奖金，来升级公司的管理信息系统，客户这个词将具有更广泛的含义，不仅包括目标资助人（公司管理层），而且包括其他利害关系方。

④ 会展项目具有一定的不确定性。在一个会展项目开始前，应当在一定的假定和预算基础上准备一份计划。用文件记录这些假定是很重要的，因为它们将影响会展项目预算、进度计划和工作范围的发展。会展项目以一套独特的任务、任务所需的时间（预估）、各种资源和这些资源的有效性及性能为假定条件，并以资源的相关成本（预估）为基础。这种假定和预算的组合产生了一定程度的不确定性，影响会展项目目标的实现。例如，会展项目最终如期举办，但是最终成本可能由于最初低估了某些资源的成本而高于预估成本。

2. 会展项目的报批

（1）会展项目报批的概念。

会展项目报批是指会展项目的举办或承办单位针对会展活动的主题、时间、地点、所需的人力、物力、财力以及预计产生的经济效益与社会效益等以书面形式向上级主管部门申请批准，以获得该会展项目的开展。其与批准有本质的区别，报批是指一种还不确定的情形，而批准是指处于确定的状态。

（2）会展举办单位的资格。

① 国内商品展销会举办单位资格的规定。2010年国家工商总局（2018年改为国家市场监督管理总局）废止了《商品展销会管理办法》，取消展销会登记行政审批项目。工商行政管理部门对展销会的监管重点由对展销会的准入把关转向了对展销活动的行为监管。在工商行政管理部门颁发的营业执照中的经营范围内，注明有主办或承办会展内容的企业，均有

资格举办会展项目。

② 境内举办涉外经济技术展览会办展项目申请条件。根据《境内举办涉外经济技术展览会办展项目审批事项服务指南》，境内举办涉外经济技术展览会办展项目申请条件如下：

主办单位如为企业法人，所持有的工商行政管理部门登记颁发的营业执照"经营范围"中须包含"展览展示""会展服务"等相关内容；主办单位如为社会团体法人或事业单位法人，所持有的法人登记证书"业务范围"中须包含"展览展示""会展服务"等相关内容。

首次举办冠名"中国"等字样的涉外经济技术展览会，须满足：连续举办两届以上；上届展览会面积超过 10 000 m^2；境外参展商（不包括境内外商投资企业）比例达到 20% 以上；国内参展企业来自除举办所在地省（区、市）以外的三个以上省（区、市），且其比例达到 20% 以上。

经批准已冠名"中国"等字样的涉外经济技术展览会，如展会中英文名称或主办单位发生变化，应按首次举办冠名"中国"等字样涉外经济技术展览会履行审批手续。

(3) 会展项目报批的程序。

① 申请时间。

会展项目申请原则上需要提前 12 个月向商务部或政府审批部门提交。在申请项目时要考虑同类展会在本省、本地的举办情况和办展计划。一般来说，规模大、影响大、定期举办的展览以及具有行业优势的展会会得到优先批准。

② 向主办单位的主管部门申报立项及材料。

目前，展销会登记行政审批取消，展会主办单位直接与场馆签订租用合同即可。由主承办单位自主办理、展馆协助办理相关手续，包括工商管理、消防、公安、税务等批文，一般涉及布展前办妥批文（国际展必备），办妥消防、治安手续和其他（如广告、餐饮报批等）批文。同时，应该遵循会展项目所在省市的规定，按其规定的时间提出项目申请，并提供相应材料。例如，《上海市会展活动备案管理办法》（沪商规〔2025〕1 号）规定，上海市商务部门是上海市会展活动备案的管理部门，上海市商务部门可以委托行业促进机构等组织开展本市会展活动信息备案工作。举办单位应该通过"一网通办"上海市会业公共信息服务平台在线填报展会活动的举办单位、展会名称、办展日期、展览地点、展出面积等基本信息，并上传举办单位承诺书、场地租赁证明材料，举办单位为两个以上的还需要提供所有举办单位共同或分别的协议，涉及特殊展览题材展览项目的前置批准材料。如参展商中有注册在中国台湾地区的企业的，需在确认参展商名称、参展面积、展品名称等信息后通过服务平台补充填写台商备案信息表。如遇特殊情况无法在线填报的，可通过上海市商务委行政服务窗口递交书面申请材料。

(4) 会展项目的审批。

① 国内普通商品展销会的审批。

目前在国内举办全国性商业展览会已不再实行审批制（除政府主办项目），而是改为根据举办地要求，前往相关部门备案即可。

② 在我国境内举办对外经济技术展览会的审批。

举办涉外经济技术展览会须由主办单位申请报批。两个或两个以上单位联合主办的，由承担民事责任的主办单位申请报批。地方企业或协会首次举办冠名"中国"等字样的涉外经济技术展览会应由当地省级商务主管部门转报。中央企业下属企业首次举办冠名"中国"等字样的涉外经济技术展览会应由所属中央企业转报。全国性行业协会代管协会首次举办冠名"中国"等字样的涉外经济技术展览会应由所属全国性行业办会转报。

主办单位如为企业法人，所持有工商部门登记颁发的营业执照"经营范围"中须包含"展览展示""会展服务"相关内容；主办单位如为社会团体法人或事业单位法人，所持有的法人登记证书"业务范围"中须包含"展览展示""会展服务"相关内容。

首次举办展会及首次申请举办冠名"中国"等字样的涉外经济技术展览会需至少提前六个月提交申请材料；非首次举办展会需至少提前三个月提交申请材料。

境内举办涉外经济技术展览会行政审批的流程如图 2.1 所示。

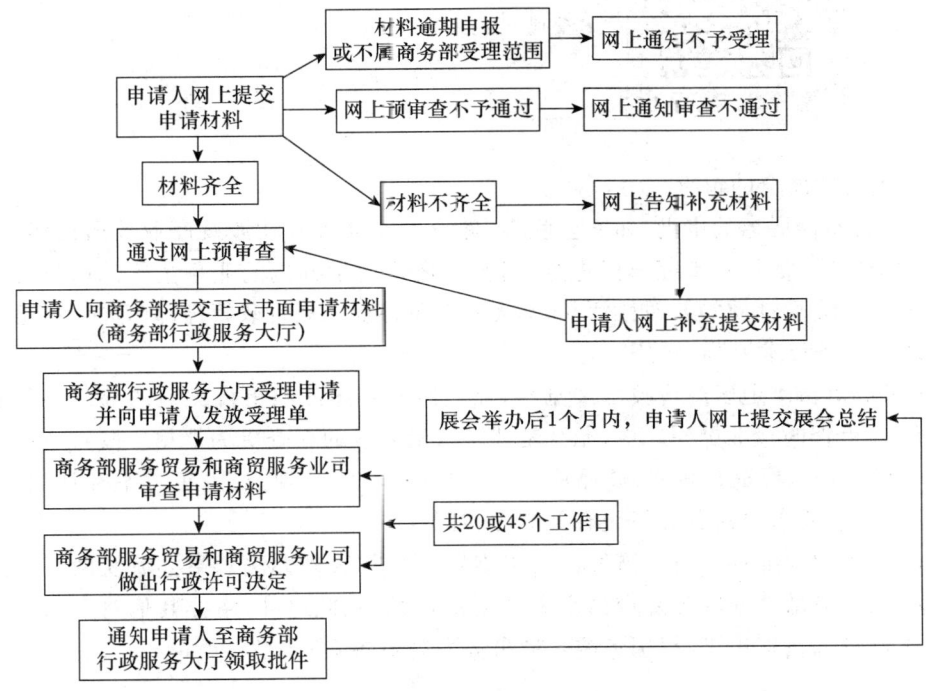

图 2.1　境内举办涉外经济技术展览会行政审批流程

③ 出国举办经济贸易展览会的审批。

根据《出国举办经济贸易展览会审批管理办法》，组展单位应以书面形式逐个提出项目申请，组展单位可在每年 2 月、5 月、8 月、11 月的最后一个工作日前向贸促会递交项目申请。每年 3 月、6 月、9 月、12 月的第一个工作日为贸促会受理的起算日。项目开幕日期距受理起算日不足 6 个月的，不予受理。对于连续举办五届以上的或因展览会筹备周期长需提前审批的项目，贸促会可提前予以批准并核发《出国举办经济贸易展览会批件》。贸促会自受理起算日起，原则上只对 6～12 个月以后开幕的项目集中审核，并在 20 个工作日内做出是否批准的决定。符合条件的，核发《出国举办经济贸易展览会批件》，抄送相关部门；不符合条件的，说明理由并告知申请人享有依法申请行政复议或者提起行政诉讼的权利。贸促会在核发《出国举办经济贸易展览会批件》前，将拟批准的项目送商务部会签。商务部在收到会签函后 10 个工作日内回复会签意见。对于赴未建交国家的项目,贸促会同时送外交部会签。外交部在收到会签函后 10 个工作日内回复会签意见。对于经批准的项目,组展单位还须至迟在展览会开幕前两个月向贸促会提出出国办展人员复核申请。

资料链接 2-2

出国举办经济贸易展览会审批管理办法

④ 非贸易性展会的审批。

对于非贸易性展会的审批,如文艺晚会、体育运动会等。凡涉及商业性质的经营活动,除要在举办地的工商行政管理部门进行登记外,还须向举办地的业务主管部门进行登记或审批,凡不涉及商业性质的公益性活动,则无须在举办地工商行政管理部门进行登记。

⑤ 对台经济技术展览会的审批。

审批举办对台湾地区经济技术展览会,除遵照向上述四项审批类型的部门进行有关内容审查外,其审查的标准更为严格,尤其是涉及政治内容的审查更为严格。其审查的主要内容包括:政治内容、展览会名称、展品内容、展出面积、时间、地点、筹组方案和计划,申请报批的单位还应按要求向商务部提交有关文件和资料等。

根据《在祖国大陆举办对台湾经济技术展览会暂行管理办法》,举办海峡两岸的经济技术展览会,由商务部会同国务院台湾事务办公室审批;除此之外,举办其他对台湾经济技术展览会,由商务部负责审批,报国务院台湾事务办公室备案。

总结与实践

1. 小结

会展项目策划就是会展企业根据收集和掌握的信息,对会展项目的立项、方案实施、品牌树立和推广、会展相关活动的开展、会展营销及会展管理进行总体部署和具有前瞻性规划的活动。会展项目策划工作需要集合各方面的人士进行集体决策。

会展预备阶段的文案是指一次会展项目从确定题材、收集信息、进行项目立项策划一直到会展项目正式开幕前的预先准备阶段涉及的所有文本文案。会展预备阶段的文案包括会展立项策划书、会展项目可行性研究报告、参展说明书等。

会展项目立项是指承办会展活动的相对人以书面报告形式向相关行政主管部门进行项目申请,并最终获得相关行政主管部门批准或承认的过程。

会展项目报批是指会展项目举办或承办单位针对会展活动的主题、时间、地点、所需的人力、物力、财力以及预计产生的经济效益与社会效益等以书面形式向上级主管部门申请批准,以获得该会展项目的开展。

2. 复习与思考

(1) 会展项目策划的基本工作流程是什么?
(2) 会展项目如何立项与报批?
(3) 会展项目策划书写作包含哪些内容?

3. 案例分析

"高山仰止　回望东坡——苏轼主题展"

2022年11月29日,正是橙黄橘绿时,四川博物院"高山仰止 回望东坡——苏轼主题展"开幕。

本次主题展以苏轼人生经历为线索,带领观众感受北宋社会风貌。苏轼,北宋时期巴蜀大地走出的旷世奇才,他在坎坷与困难中不断追求、积极进取,以他的思想、文学和艺术生活状态,塑造了崇高的道德典范,集中体现了中国文人的智慧,展示着光辉的人格魅力。"高山仰止 回望东坡"的策展思路是把苏东坡放在北宋的大视野下,结合苏东坡的生平线,将苏东坡人生亮点和成就作为专题,以苏东坡这一人物主线引导观众回到北宋,感受他生活的那个时代和宋代文人的生存状态。展览在创意上本着内容与形式相辅相成的原则,体现宋式美学、尚意苏风和文人情趣,并以苏轼一生的人文生活为背景,提取宋代古典建筑、家具陈设等元素,运用屏风、纱幔、格子门、月洞门等分隔方式,利用点、线、面的构成,营造出虚实相间、清隽风雅、气韵灵动的空间效果,以点带面传达内容。展线设计充分结合展厅内部空间形态,紧扣展览主题,根据展览内容进行动线的合理规划,通过灯带、装置艺术、场景、多媒体等表现手法,进行重点展项及重点文物的引导,实现移步换景、通达前后的观展体验。

该主题展分为苏轼主题文物特展和当代书画名家作品展两个篇章,对苏轼的人生经历、所处的时代风尚,以及千百年来后人对苏轼的追慕进行了深度呈现。其中,主题文物特展以

"东坡真迹"及其相关文物为核心展品,分为序、"一门三杰孕于蜀""跌宕起伏的一生""千年一遇的全才""人间有味是清欢"和尾声"东坡颂"六个板块,展示了苏轼在治国理政、文学艺术等方面的成就和精神品质。各单元中,世代传诵的苏轼经典名句、名篇,以及后世对苏轼的评价点缀其中。

该主题展展出的文物来自故宫博物院、中国美术馆、上海博物馆、吉林省博物院、旅顺博物馆、苏州博物馆、四川博物院等39家博物馆的珍藏,共274件,其中一级文物达39件,是继2020年故宫博物院"千古风流人物——苏轼主题书画特展"后国内又一以苏轼为主题的重磅大展。2020年,故宫博物院曾举办了"千古风流人物——苏轼主题书画特展",主要展出了存世的苏轼书画作品。而"高山仰止 回望东坡——苏轼主题展"是以苏轼的人生经历为线索,借助各类相关文物和场景营造,将观众带入苏轼生活的时代,去感受他的人生经历以及宋时经济、文化、教育、科技繁荣的时代背景。

重磅文物云集,开启一场跨越千年的艺术对话。苏轼、李公麟、宋徽宗、仇英、张大千……行走在四川博物院"高山仰止 回望东坡——苏轼主题展"展厅,一不小心就能与中国书画艺术领域的"顶流"相遇。展览展出的苏轼真迹包括《潇湘竹石图》《洞庭春色赋·中山松醪赋卷》和《阳羡帖》三件。当代名家书画展主要展出了来自全国各省市重要代表性书画家的笔墨风格各异、形式语言多样的80件当代书画作品,通过"烟雨任平生""意造本无法""明月清风我"三个单元,分别阐释了东坡文化所蕴含的旷达超逸的人生境界、自然尚意的审美理想、高洁傲岸的文人风骨,全方位勾勒出东坡精神的文化线索。两个篇章,古与今联袂展出,带领观众穿越历史烟云,从文士风雅的北宋,沿着千年文脉,走向文艺繁荣的今天,感悟新时代背景下的东坡精神。

随着展览开幕,四川博物院东坡主题文创集市也向公众开放,同时举办各种雅集活动,如点茶体验、古典插花、宋瓷制作及书画鉴赏、主题研学等活动,让观众在多种多样喜闻乐见的方式中感悟中华优秀传统文化。

(资料来源:https://sichuan.scol.com.cn/ggxw/202211/58772369.html;https://mp.weixin.qq.com/s/yNvka_rBjHV-1d7H13HkSQ,有删改)

(1) 查阅相关资料,分析"高山仰止 回望东坡——苏轼主题展"与故宫博物院举办的"千古风流人物——苏轼主题书画特展"在策展思路上有什么不同。

(2) 谈谈"高山仰止 回望东坡——苏轼主题展"在策展方面有哪些亮点。

4. 技能实训——××校园展销会立项策划书

(1) 实训要求:

运用本章所学会展项目策划书的写作知识,撰写××校园展销会立项策划书。

(2) 实训目的:

强化学生对校园展销会立项策划书写作的掌握。

(3) 实训组织:

学生以四人为一个小组,撰写××校园展销会立项策划书。

(4) 背景资料:

在社会竞争日益激烈的情况下,当代大学生更应该注重培养实践动手能力。校园展销会是可以实现理论知识与实践相结合的平台,更是大学生充分展示自我、提高自我的良好机会。学生是最大的消费群体,而大学生潜在购买力也越来越大。展销会是丰富校园文化、培养学生能力、发挥专业技能的平台,又是为同学们搭建的锻炼和展示学生商贸才能的平台,融专业实践与校园文化活动于一体。不仅能增强大学生的决策、组织、领导、控制及创新的实际管理能力,而且也能培养大学生的团队合作与竞争意识,为积极迎接挑战、更好地走向社会、成功就业做好准备。

(5) 实训内容:

运用本章所学的知识,撰写一份××校园展销会立项策划书。

第三章
会展项目的可行性分析

教学目标和要求

1. 理解会展项目可行性研究的内涵和工作流程，培养学生的科学精神。
2. 掌握会展项目市场环境分析方法。
3. 掌握会展项目竞争力分析方法。
4. 掌握会展项目执行方案分析方法，培养学生的实践创新精神。
5. 综合应用会展项目可行性分析，进行可行性研究报告的编写，提升学生的实践创新能力，以科学的思维方式和先进的技术手段解决实践中的具体问题。

教学重点和难点

1. 重点是会展项目可行性研究报告的编写，包括掌握市场环境分析方法、会展项目竞争力分析方法、会展项目执行方案分析方法等。
2. 难点是掌握会展项目市场环境分析方法和竞争力分析方法。

【开篇案例】

"中国第一展"人气爆棚

当新一轮科技革命和产业变革加速推进,智能化、数字化成为国际贸易发展的新趋势,广交会自身也在不断迭代升级。第137届广交会首次设立服务机器人专区,吸引46家具有行业代表性的企业参展,带来包括具身机器人、商用服务机器人、教育娱乐机器人等在内的各类型产品。智能化相关展区、专区参展企业数量超1 100家,现场展示智能产品32万件。

从题材看,广交会首次增设服务机器人专区,集中展示我国人工智能发展最新成果;首次新设集成房屋专区,继续设立智慧生活、智慧物流与仓储设备、数字化工厂及智能制造生产线,风能、氢能及其他新能源产品,智慧出行相关技术产品等多个新兴产业相关题材的专区。

从形式看,"线上匹配、线下成交",让广交会"永不落幕"。广交会移动端App打造"掌上广交会",供采双方能够实现7×24小时对接。

如今,跨境电商等新业态成为外贸企业稳住订单、打开新市场的好抓手。在广交会贸易服务展区,有包括跨境电商支付、物流、营销等在内的30多家数字化服务提供商参展,助力外贸企业加快数字化转型。

"广交世界,互利天下"。广交会为全球展客商架起贸易的桥梁、牵起友谊的纽带,为世界创造更多开放合作的新机遇。

案例解析:

广交会作为中国对外贸易的重要窗口,在复杂的国际贸易形势下,功能和地位愈显重要。坚持不断创新,产品智能化、数字化发展,同时利用新业态加快企业数字化转型是让广交会长盛不衰的重要因素。

第一节 会展项目的可行性分析的内容与工作流程

1. 会展项目可行性分析的含义

会展项目立项策划完成了,并不意味着该立项的展会就可以举办了,会展项目立项策划只是对举办什么题材的展会和如何举办该展会提出一个初步的意见,这之后还需进行项目的一系列前期准备工作。这部分内容主要是以恰当的方式收集相关信息、综合各方面信息,对该会展项目进行可行性分析和研究,并最终提出一份详尽的关于该会展项目是否可行的报告。

会展项目可行性分析是指在对会展主题进行投资决策前,对与会展主题有关的自然、社会、经济、行业、技术资料进行调查研究,在仔细研究各种信息的基础上,对会展项目立项策划提出的会展举办方案进行全面系统的研究、分析、比较和选择,分析并比较可能的备选方案,预测、评价运行后会收到的社会效益、经济效益等,综合论证实施的必要性、盈利性、实用性和可行性,从而为最终是否可以举办该会展项目提供科学的决策依据。举办一次成功的会议或展览,细致、完善的可行性研究是必不可少的。

2. 会展项目可行性分析的工作流程

会展项目的可行性分析由一系列有次序、有节奏的工作流程共同构成,不可能一蹴而就。由于各流程之间彼此相关,不可偏废,所以也不能随意省略其中任何一个工作流程。具体而言,整个可行性分析过程主要包括以下几个工作流程,这也是本章集中讨论的主要内容。

(1) 市场环境分析。

对市场环境进行真实全面的分析是会展项目可行性分析的基础,这是做好会展立项可行性分析的首要一步,是整个会展项目成功运行的前提。市场环境分析是根据会展项目立项策划提出的会展项目举办方案,在已经掌握的各种信息的基础上,进一步分析和论证举办会展项目的各种市场条件是否具备,是否有举办该会展项目所需要的各种政策基础和社会基础。市场环境分析的对象主要有:① 会展项目所处的宏观社会环境,包括经济环境、政治环境和公众对会展项目的关注程度等;② 直接影响会展项目的微观环境,包括办展机构内部环境、目标客户和竞争者等。

(2) 会展项目的生命力分析。

仅仅从市场环境的角度分析举办该会展项目的条件是否具备还不够,外部条件具备的项目并不一定有发展前途,因此还要进行会展项目可行性分析的第二步,即对该会展项目进行生命力分析。会展项目的生命力分析是从计划举办的会展项目本身出发,分析该会展项目是否有发展前途,包括对会展项目的发展空间、竞争力和办展机构进行分析。

(3) 会展项目的方案分析。

会展项目的方案分析是可行性分析的重要步骤。在这个阶段,从计划举办的会展项目本身出发,分析该会展项目立项计划准备实施的各种执行方案是否完备,是否能保证该会展计划目标的实现。会展项目方案分析的对象是该会展项目的各种执行方案,分析的重点是各种方案是否合理、是否完备和是否可行。它包括对计划举办的会展项目的基本框架进行评估、对会展项目进度计划进行评估、对招展招商和宣传推广计划进行评估、对现场管理和相关活动计划进行评估。

(4) 会展项目的财务分析。

会展项目的财务分析是从办展机构财务的角度出发,分析测算举办该会展项目的费用支出和收益。会展项目财务分析的主要目的是分析计划举办的会展项目是否经济可行,并为即将举办的会展项目制定资金使用规划。这一步骤主要包括价格定位、成本预测、收入预测和现金流量分析等。

(5) 会展项目的风险预测。

从会展项目可行性分析的角度看,风险是指办展机构在举办会展项目的过程中,由于一些难以预料和无法控制的因素的作用,使办展机构举办会展项目的计划和实际收益预期发生背离,从而使办展机构举办展会的计划落空;或者即使会展项目如期举办,但办展机构有蒙受一定的经济损失的可能性。会展项目的风险预测主要是对市场风险、经营风险、财务风险和合作风险进行预测。

(6)撰写完成会展项目的可行性分析报告。

可行性分析报告就是在对会展立项的可行性做出系统的评估和说明,并为最终完善该会展项目立项策划的各具体执行方案提供改进依据和建议。这一步骤是会展项目的可行性分析阶段的核心内容,与会展的项目总结报告一起作为会展项目管理的知识信息库,对会展项目成功运行具有重大意义。会展项目的可行性分析报告应以经济效益为核心,力求做到内容齐全、结论明确、数据准确、论据充分,以满足会展项目投资者、决策者确定项目方案的需要。

资料链接 3-1

展览会通往成功之路:可行性论证这招太重要了

第二节 会展项目的市场环境分析

任何经营活动都是生存在一定的市场环境之中,会展项目也不例外。市场环境是影响会展项目开展及其目标实现的不可控制的外部条件,而这些条件是不断变化的,因此市场环境分析是会展项目可行性分析工作流程的第一步。根据会展项目立项策划提出的会展项目举办方案,在已经掌握的各种信息的基础上,进一步分析和论证举办会展项目的各种市场条件是否具备,是否有举办该会展项目所需要的各种政策基础和社会基础。会展项目的市场环境分析不仅要分析各种现有的市场条件,还要对其未来的变化和趋势做出预测,使会展项目可行性分析得出的结论更加科学合理。

1. 会展项目的宏观市场环境

宏观市场环境是指那些能对展会举办产生影响的主要社会力量,是办展机构不可控制的变量,主要包括政治法律、社会文化、人口、经济、技术等要素。它们不仅直接影响办展机构所处的行业环境和微观环境,而且给会展项目提供机会或构成威胁,影响了会展项目的成败。办展机构在策划举办会展项目时,必须对它们加以密切关注,并及时对其做出适当的反应,以便有效地识别和抓住市场机会,避开和减少市场威胁。

(1)政治法律环境。

政治法律环境由具有强制性的和对举办会展项目产生影响的法律、政府部门和其他组织机构所构成,像一只无形之手,调控着会展活动的主体方向。由于举办会展项目涉及的行业和社会面非常广,因此相较于其他行业,会展业会受到更加严厉的法律法规的约束和管制。例如，国家进出口政策的变化对海外企业参加展览会会产生重大的影响，一国禁止或限制某类产品的进出口，那么海外企业不管是参展还是参观展览会的意愿都将非常低；国家对某一些行业产品在销售方面的特殊规定和要求，对企业参加展览会会有一定的限制作用。此外，与展会展览主题所在产业有关的法律、法规和相关政策对举办展会也会产生较大的影响。一般来说，举办与新兴产业、政府规划为重点发展产业相关的展会，其发展前景比较好。

（2）社会文化环境。

社会文化环境是一个社会的民族特征、价值观念、生活方式、风俗习惯、伦理道德、教育水平、语言文字和社会结构等的总和，因此它是会展项目成功举办的社会文化基础。综观国际著名的会展城市，如德国的汉诺威、慕尼黑、法兰克福，意大利的米兰，西班牙的马德里、巴塞罗那，比利时的布鲁塞尔，法国的巴黎，英国的伦敦，美国的华盛顿、纽约、芝加哥，日本的东京，澳大利亚的悉尼等，这些城市都具有良好的社会文化基础。社会文化环境有三大类：物质文化、关系文化、观念文化，它们分别代表人们对物质生活、社会关系和意识形态等方面的要求、认识和看法。社会文化环境对企业参展和观众到会参观会产生较大影响。例如，人们的餐饮习惯，国与国关系的好坏，世界各国节假日和喜庆日的安排，对举办展会的影响就非常大。又如，上海具有海纳百川的文化特色，文化的多元性和开放性十分突出，为诸多国际性展会在此举办提供了良好的社会环境和文化氛围。

（3）人口环境。

从量的角度看，人口数量是构成展会规模的重要标志因素，从人口的分布、结构及变动的趋势可以分析判断出市场需求的特点和发展趋势，这一点对展销会等注重现场零售的展会有重要的意义。对于专业贸易类的展会来说，更要注意该展会展览主题所在产业及其相关产业的从业人员数量和结构构成，因为根据这个因素可以预测展会的专业观众的大约数量，而拥有一定数量和质量的专业观众正是专业贸易类展会的生存之本。例如，深圳市会展中心建设投资逾30亿元，两次变更选址造成近5 000万元的损失，其中一个原因就是选址时没有考虑选址所在区域人口较少，比较冷清。

（4）经济环境。

经济环境是指能对企业参展和观众到会参观产生影响的各种经济因素，如社会经济发展水平，产业利润的高低，市场规模的大小，产业进出口状况，产业结构状况，展会所在地的住宿、餐饮、旅游交通等配套设施的完备程度等。这些因素从侧面影响着企业参展和观众到会参观的意愿。国民经济是支撑会展业发展的最根本要素，当前中国经济快速发展，中国经济的前景和中国经济对世界经济的影响越来越为世界所瞩目，为中国会展业的持续活跃、会展项目的成功举办奠定了雄厚的经济基础。

（5）技术环境。

科学技术是现代生产力发展中最活跃和具有决定性的重要因素，因此技术环境是会展项目能够正常运行、顺利举办的保障。科技的发展会给企业的经营活动和经营方式带来重大影响，一方面可以给一些企业提供新的有利的发展机会，另一方面也会给一些企业的生存与发展带来威胁。另外，在所有会展服务的外部环境方面，科学技术的发展也能发挥巨大作用。例如，互联网的出现就极大地改变了会展业的办展思路和竞争模式，计算机的广泛使用使展会的观众参展方式发生了翻天覆地的变化。通过对视频、音频、动画、图片、文字等媒体加以组合应用,深度挖掘展览陈列对象所蕴含的背景、意义,实现普通陈列手段难以做到的既有纵向深入解剖,又有横向关联扩展的动态展览形式,促进观众视觉、听觉及其他感官和行为的配合,创造崭新的参观体验,提高其观赏、探索的兴趣,从而最大程度地展现展览设计意图,吸引观众参与,在会展项目和观众之间创造出一种互动激发关系,增加观众资源的保持力。

在认真进行市场调查和充分掌握以上各种信息的基础上,要切实结合会展产业的实际特征,对举办展会所面临的宏观市场环境的各个方面做出准确的分析,寻找市场机会,发现威胁,为会展项目立项可行性分析的最终决策服务。2022年11月22日,2022中国会展城市产业合作峰会发布了《2021年中国城市会展业竞争力指数报告》(以下简称《报告》)及研究成果。中国城市会展业竞争力指数以综合考察城市会展业宏观支撑环境竞争力、产业发展竞争力、企业竞争力、会展基础设施竞争力、会展人才竞争力以及城市会展综合服务竞争力为导向,全面反映我国城市会展业的发展水平和发展潜力,包含显示性指标与分析性指标两大类六项一级指标。《报告》显示,2021年中国城市会展业竞争力指数排名前十位的城市有上海、北京、广州、成都、深圳、杭州、重庆、长沙、南京、武汉。

2. 会展项目的微观市场环境

会展项目的微观市场环境是指对办展机构举办展会构成直接影响的各种因素。这些因素包括办展机构内部环境、目标客户、竞争者、营销中介、服务商和社会公众等,其中目标客户和竞争者居于核心地位。和宏观市场环境相比,微观市场环境所包括的各因素对办展机构举办展会的影响更加直接,有可能给办展机构举办展会带来市场机会,或者给其造成市场威胁。

(1) 办展机构内部环境。

办展机构内部环境是指办展机构内部所具备的各种条件,包括资金、人力、物力(办公设备和通信工具)以及所掌握的信息资源和能联系的社会资源等。通过对办展机构内部环境的客观分析,准确地找出其在该展会所在产业及其本身所具有的办展优势和劣势,并对这些优势和劣势进行客观的评估,分析办展机构是否具有举办该展会的能力。

(2) 目标客户。

目标客户是指展会的潜在参展商和观众。从类别上看,展会的目标客户包括消费者市场客户、生产者市场客户、中间商市场客户、政府部门和国际市场客户五大类。这些客户可能是生产商,也可能是经销商,还可能是参观的个体观众。参展商和观众都是展会的服务对象,两者都不可偏废。展会的最终目的是要满足目标客户的需求。因此,在分析展会的目标客户时,不仅要分析他们的数量和分布状况,还要注意分析和把握他们的需求及其变化趋势,并以此作为展会举办的起点和服务的核心。

(3) 竞争者。

竞争者是指与该展会有竞争关系的其他同类展会。在现实中,一个主题的展会往往不止一个。办展机构要尽量弄清楚国内和国际范围内与即将举办的展会主题相同的展会数量,搞清楚这些展会的地域分布情况。同主题展会的数量越多,对在该产业策划举办新展会越不利;同主题展会的分布离计划举办的展会地域越远,对策划举办新展会越有利。所举办的展会要想在市场上取得成功,就必须比其他同类展会更有效地满足参展商和观众的需求。

一般来说,每个展会都会面临四种类型的竞争:一是欲望竞争,即参展商和观众想要满足的各种需求之间具有可替代性,他们可以选择参展,也可以选择不参展;二是类别竞争,即能满足参展商和观众的各种需求的不仅仅是展会,其他营销形式也具有此功能;三是展会间竞争,即参展商和观众能在可以满足他们需求的同类主题的不同展会之间进行选择,他们可以选择本展会,也可以选择其他同类展会;四是品牌竞争,即参展商和观众凭展会本身的品牌和办展机构的品牌对参加哪个展会做出选择。所以,在对竞争者进行分析时,不仅要分析具有竞争关系的展会,还要分析这些展会的办展机构;不仅要分析具有竞争关系的展会和其办展机构的现状,还要分析它们的变化,并及时提出对策。

(4)营销中介。

营销中介是指受办展机构委托或者协助展会进行宣传推广和招展的中介组织和单位,包括展会的招展代理、招商代理、广告代理和其他营销服务机构等。营销中介和目标客户直接打交道,因而它是一个展会成功举办不可缺少的环节。好的营销中介能很好地分担和完成办展机构的宣传推广和招展、招商等营销工作,能更好地协助办展机构成功地举办展会,因此办展机构必须选择合适的营销中介。

(5)服务商。

服务商是指受办展机构委托的运输代理商、负责展位搭装的展位承建商、提供旅游服务的旅行社、提供住宿服务的宾馆酒店,以及提供展会资料印刷和观众登记的专门服务商等。大多数办展机构都要借助这些服务商的服务,因而他们是办好展会必不可少的组成部分。在参加展会时,参展商和观众很多时候都将这些服务商提供的服务看成是展会本身的有机组成部分。

(6)社会公众。

社会公众是指对展会实现其目标具有实际和潜在影响的群体。展会面对的公众主要有六种:一是媒体公众,即专业和大众报纸、杂志、广播和电视等,它们具有广泛的影响力,对展会的声誉具有举足轻重的影响;二是政府公众,即负责管理展会和商业活动的有关政府机构和部门;三是当地民众,即展会举办地的居民和其他社团组织等;四是市场行动公众,即各种知识产权保护组织、消费者保护组织、环保组织等;五是办展机构公众,即办展机构的全体员工;六是金融公众,即那些可能影响办展机构获取资金能力的机构和组织,如银行和投资公司等。这六类公众都具有增强或阻碍一个展会实现其目标的能力,有时候他们的态度还能直接影响一个展会的市场前途,因此处理好展会与这些公众的关系格外重要。有些办展机构成立了公共关系部门,专门负责处理与这些公众的关系,为举办展会提供宽松的市场环境。

微观市场环境的主要构成因素与展会的成功举办密切相关。在分析这些因素时,要善用资源、整合资源,使各种资源间优势互补,最大限度地挖掘资质优良的资源,壮大办展队伍,并最大限度地降低办展成本。

3. 市场环境分析

在对市场环境的上述各因素进行分析以后,办展机构就要根据通过市场调查获取的有关信息,对市场环境进行整体分析和综合评估,以预防在举办展会时可能出现的威胁,抓住可以利用的机会。

在掌握了大量的有关信息和对未来的环境变化趋势做出一定的预测后,就可以对市场环境进行整体分析和综合评估。评估的方法很多,最常用的是SWOT分析法。

SWOT分析法就是把办展机构所面临的宏观环境和微观环境中各因素综合起来进行分析,得出市场环境对办展机构举办该展会所形成的机会、威胁和办展机构的优势、劣势,并将这四个方面结合起来研究,以寻找到适合办展机构举办该展会的可行战略和有效对策。

SWOT分析法一般分三步进行:① 整理和分析收集到的各种信息,并根据这些信息对环境的变化趋势做出预测;② 详细地分析办展机构内部和外部的各种环境因素,列出市场环境对办展机构举办该展会所形成的机会、威胁以及办展机构的优势和劣势;③ 对办展机构所面对的机会、威胁及所具有的优势和劣势进行综合分析,确定可以选择的战略和对策。

通过以上步骤,SWOT分析法为办展机构举办该展会提供了四种可以选择的对策,如表3.1所示。

表3.1 SWOT分析法

项目		外部环境	
		机会(Opportunities)	威胁(Threats)
内部环境	优势(Strengths)	SO战略 利用内部优势 抓住外部机会	ST战略 利用内部优势 回避外部威胁
	劣势(Weakness)	WO战略 改进内部劣势 利用外部机会	WT战略 克服内部劣势 回避外部威胁

(1) SO战略。

利用办展机构的内部优势去抓住外部市场机会。例如,如果某办展机构办展经验丰富并且资金雄厚(即内部优势),而某产业尽管有展会存在,但展会的市场覆盖面不广(即外部机会),那么,如果其他条件具备,该办展机构就可以利用本战略进入该产业的展会领域。

(2) ST战略。

利用办展机构内部的优势去回避和减少外部威胁。例如,如果某办展机构的品牌优势十分明显(即内部优势),但与之有合作关系的展会服务商却不尽如人意(即外部威胁),那么,该办展机构就可以执行本战略,通过寻找更好的展会服务商进入该产业的展会领域。

(3) WO战略。

利用外部机会来改进办展机构的内部劣势。例如,通过市场分析得出结论,举办某产业展会的市场机会巨大(即外部机会),而某办展机构内部展会策划和招展招商的人才缺乏(即内部劣势),那么,如果其他条件具备,该办展机构就可以利用本战略,利用社会和其他单位的策划和招展招商人才,为本办展机构进入该产业的展会领域服务。

(4) WT战略。

克服办展机构的内部劣势,避免外部威胁。例如,某办展机构即将举办的展会与另一已经存在的展会冲突(即内部劣势),而大部分参展商和观众又认同该已经存在的展会(即外部威胁),那么,如果其他条件具备,该办展机构就可以利用本战略,重新对计划举办的展会进行定位,以吸引参展商和观众。

除了以上四种战略,一般来说,面对市场环境带来的威胁,办展机构还可以采取以下三种对策:

① 抗争。办展机构利用各种措施限制或扭转不利因素的发展,为顺利进入某一产业的展会领域创造条件。

② 减轻。办展机构利用各种措施来改善环境,降低市场环境带来的威胁的严重性,为顺利进入某一产业的展会领域创造条件。

③ 放弃。如果办展机构利用各种措施都无法改善环境、降低市场环境带来的严重威胁,或者无法限制或扭转不利因素的发展,那么,办展机构就要果断地放弃进入某一产业的展会领域。

在对市场环境进行整体分析和综合评估后,就可以形成针对市场环境的分析结论和分析报告,供办展机构最终决定是否进入某一产业的展会领域作决策参考。

资料链接 3-2

2024年,中国展览业发展将呈现六大发展趋势

第三节　会展项目竞争力和执行方案分析

1. 会展项目竞争力分析

市场环境分析是从计划举办的会展项目的外部因素出发来分析举办该会展项目的条件是否具备,而会展项目竞争力分析则是从举办的会展项目的自身情况出发,分析该会展项目是否有发展前途。条件具备的不一定有发展前途,只有两者同时具备的会展项目才具有投资举办的价值。

(1) 项目竞争力。

展会靠什么来吸引参展商和专业观众?办展机构如何吸引人们到自己所办的展览会来,而不去同一行业或同一主题的其他展会呢?事实上,这就涉及会展项目的竞争力问题。

会展项目竞争力分析是从展会自身情况出发,分析本展会与同主题的其他展会相比是否具有竞争优势。展会的竞争优势来源于很多方面,但对于一个主题已定的展会来说,展会定位的号召力、办展机构的品牌影响力、参展商和观众的构成、展会价格和展会服务等因素,对展会的竞争优势具有决定性的影响。

① 展会定位的号召力。

展会定位是通过细分会展市场，找准目标参展商和观众，并清晰地让参展商和观众知道并认同该展会"是什么"和"有什么"。展会定位要能尽量反映展览主题所在产业的发展趋势，抓住该产业的热门话题，体现该产业的亮点和市场的特点，能够"抓住产业跳动的脉搏"。或者说，展会定位要能切实满足该产业某一细分市场的需求。定位不清的展会往往会让参展商感到不知所措，缺乏新意的展会定位又像是给展会发展套上了枷锁，而新颖鲜明的展会定位犹如给展会发展插上了腾飞的翅膀。如果展会定位和发展战略科学合理，该展会的竞争优势将十分明显；反之，该展会定位的行业号召力不大，展会对参展商和观众的吸引力不强，而展会的发展将举步维艰。

② 办展机构的品牌影响力。

从某种意义上说，展会就好比是一件商品，办展机构就是这件商品的生产商，办展机构的品牌既是这件商品的说明书，也是这件商品的质量保证书。办展机构的品牌对参展商和观众具有很大的影响，他们会基于对办展机构品牌的认同而认同他们举办的展会。众多参展商包括行业内的领导型企业都会对有影响力的品牌另眼相看，专业观众也会趋之若鹜。这样便会形成一个良性循环，参展商和专业观众互相吸引，该展会为双方提供了一个良好的平台。

办展机构品牌的影响力会延伸到其举办的展会上，形成品牌效应，提高展会的档次、规格和权威性，扩大展会的影响力。于是，在分析计划举办的展会是否可行时，应认真地分析办展机构的组成是否合理。办展机构是否具有品牌影响力，是一个展会竞争力的重要组成部分。

③ 参展商和观众的构成。

由于展会还没有举行，所以这里要分析的参展商和观众只是展会的目标参展商和目标观众。一个展会要有强大的竞争力，离不开该展会主题所在产业里有代表性的企业对展会的大力支持，离不开该产业产品的大用户到会参观。所以，一方面，一个展会的参展商和观众的数量固然重要，因为没有一定数量的参展商和观众，就没有上规模的展会；另一方面，一个展会的参展商和观众的质量更加重要，因为展会档次的提高需要有他们的参与。据广交会展馆经营部所做的一项问卷调查，60%以上被调查的办展机构认为，展会成功的标志主要是专业观众质量和展会的实际效果。蒙哥马利展览集团终身主席蒙哥马利先生也认为，组展成功的关键在于专业观众的质量。你的品牌和观众质量是成正比的，要维护好与参展商的关系，就必须确保专业观众的质量。

可见，参展商和观众的构成是一个展会竞争力的重要组成部分。在分析展会的参展商和观众时，不能只讲数量不讲质量。

④ 展会价格。

展会价格的高低直接影响着企业参展成本的大小，企业总是希望以最低的价格获取最大的收益，因此在其他条件一定的情况下，企业会选择那些价格较低的展会参展。展会价格是展会竞争力的主要组成部分，定价合理能在很大程度上提高展会的竞争力。

⑤ 展会服务。

展会服务包括展会筹备和展会举办过程中办展机构为该展会的参展商和观众提供的各

种服务,也包括展会的服务商和营销中介单位为参展商和观众提供的服务。展会服务分为展前服务、展中服务和展后服务三个部分。展会服务是展会竞争力的主要组成部分。展会要尽量为参展商和观众提供专业、及时、优质和周到的服务。

在其他条件一定的情况下,展会的竞争力越大,展会的生命力就越强。因此,提高展会的竞争力是提高展会生命力的一条有效途径。

(2) 项目发展空间。

任何新投资的项目都需要一定的发展空间,策划举办一个新的展会也不例外。会展项目发展空间分析,是立足于已经掌握的各种信息,根据会展项目立项策划提出的办展方案和展会定位,从会展项目的长远发展出发,分析会展项目是否有发展空间,主要分析下列空间是否齐备。

① 产业空间。

产业空间就是计划举办的展会主题所在产业的发展现状和发展前景。产业的发展现状和发展前景是举办一个专业贸易性质的展会所依托的产业基础。如果某一产业的规模过小或者是发展前景有限,那么,举办该产业主题的展会就比较困难。从一个国家或地区的产业结构和产业分布来看,每一个国家或地区都有自己的优势产业,也有自己支持和鼓励发展的重点产业。这些产业很多是根据比较优势分工、本地具有竞争优势的产业,也是具有发展前途的产业,或是政府扶持的产业以及发展中的朝阳产业。当然,说这些产业的空间较大,并不是说就不能举办其他产业主题的展会,只是这些产业主题的展会的发展前景更好。事实上,只要某一产业的产品需求量大,产品更新快,那么,该产业主题的展会就有发展空间。

② 市场空间。

市场空间主要是指市场结构状况、市场规模的大小和市场辐射力的强弱,这是举办展会的市场基础。市场结构状况揭示了展会主题的选择是否适合市场的需求;市场规模的大小从一个侧面表明了展会对企业参展的吸引力有多大;市场辐射力的强弱反映了展会影响和辐射的地域有多广。市场空间的大小是决定是否举办展会的一个重要依据。我们总是希望举办市场规模较大的产业主题的展会,希望展会所展出的商品符合目标市场的市场结构状况,希望举办的展会有较强的市场辐射力。

③ 地域空间。

地域空间主要是指展会举办地域和辐射力如何。展会的举办地对展会本身的发展有较大影响,很难想象在一个偏僻的地方举办一个大型展会。一般来说,展会应选择在那些展会主题所在产业比较发达的地区举办,或者选择在该产业产品的主要销售地举办。尽管如此,那些交通比较便利、基础设施较完善、信息较灵通、服务业较发达的城市往往也是举办展会的首选之地。

④ 政策空间。

政策空间包括展会举办地对会展业发展的政策、对展览主题所在产业的政策以及对与会展业有关的行业的政策。如果在一个政府鼓励会展业发展的地方举办展会,办展机构肯定能得到比在其他地方举办展会更多的便利。如果计划举办展会的主题所在产业正是当地政府鼓励和支持发展的产业,那么,在此举办展会肯定更加顺利。

当然,决定会展项目发展空间的因素不仅仅只有上述四种,还有其他一些因素,如展馆设施状况等。对会展项目发展空间影响最大的还是上述四个因素。在分析会展项目是否可以举办时,一定要认真分析这个会展项目是否具有发展空间。

(3) 办展机构优劣势分析。

每一个办展机构都有自己擅长的领域,也都有自己不熟悉的领域。在自己不熟悉的领域里从事经营活动,就好像是在黑夜里摸索前进,失败和挫折往往在所难免。

办展机构的优势,决定了他们举办哪些产业主题的展会成功的可能性较大,也决定了他们举办怎样性质的展会将会有较大的优势。例如,某一个办展机构对汽车产业非常熟悉,在汽车产业里颇有合作网络,而对家具产业基本一无所知,该机构举办汽车类的展会成功概率就比举办家具类展会成功概率大。又如,某办展机构具备举办综合性展销会的各种条件,并有丰富的经验,但从来没有举办过专业贸易类的展会,那么,该机构举办综合性展销会肯定比举办专业贸易类的展会要更为擅长。

办展机构的劣势,决定了他们举办哪些产业主题的展会成功的可能性较小,也决定了他们不可能举办怎样性质的展会。例如,让不熟悉家具产业的办展机构去举办家具展,让不擅长举办专业贸易展会的办展机构去举办专业贸易类的展会,展会的效果将难以保证。

所以,办展机构在计划举办一个展会时,不要只考虑该展会本身是否有发展空间、是否有竞争力,还要考虑办展机构自身的优劣势,要考虑办展机构是否有能力举办这样的展会,或者办展机构是否适合举办这样的展会。如果条件不具备,就不要轻易举办。

2. 会展项目执行方案分析

会展项目执行方案分析是从计划举办的会展项目本身出发,分析该会展项目立项计划准备实施的各种执行方案是否完备,是否能保证该会展项目计划目标的实现。会展项目执行方案分析的对象是该会展项目的各种执行方案,分析的重点是各方案是否合理、是否完备和是否可行。

(1) 展会基本框架评估。

分析会展项目执行方案的可行性,首先就要对计划举办的展会的基本框架进行评估。所谓展会的基本框架,也就是展会的基本内容,包括展会的名称、举办展会的地点、办展机构、办展时间、展品范围、办展频率、展会规模和展会定位等有关展会的基本信息。对展会的基本框架进行评估,就是对构成展会基本框架的各种因素从总体上进行评估,看各种因素彼此是否协调,从总体上分析展会的基本框架是否可行。

对展会基本框架进行评估包括以下内容:

① 展会名称和展会的展品范围、展会定位之间是否有冲突。
② 办展时间、办展频率是否符合展品所在产业的特征。
③ 展会的举办地点是否符合展品所在产业的展会特点。
④ 展品所在产业是否适合举办如此规模和定位的展会。
⑤ 展会的办展机构对展品所在产业是否熟悉,以及在计划的办展时间内能否举办如此规模和定位的展会。
⑥ 展会定位与展会规模之间是否有冲突。

对展会基本框架进行评估,重点不是分析构成展会基本框架的某一个因素的策划安排是否合理和可行,而是从总体上分析展会基本框架是否合理和可行。因为,尽管对构成展会基本框架的每一个因素的策划安排可能是合理和可行的,但由这些因素所构成的展会基本框架从总体上看可能是不合理和不可行的。所以,要避免这种"个体合理,群体冲突"现象的出现,对展会基本框架进行评估就十分重要。

(2) 展会进度计划评估。

展会进度计划是对展会筹备以及展览期间的各项工作进行统筹安排的计划,它明确规划了各办展机构在什么时候应该做什么事情、到什么时候应该完成任务、达到什么目标。展会进度计划的主要目的,是让各办展机构以及工作人员明确展会各时期的工作和任务,让展会筹备以及展会期间各项工作能有条不紊地进行,并能保质保量地完成。

对展会进度计划进行评估,主要应从以下几个方面着手:

① 各阶段工作目标的准确性。

在展会筹备期间,到一定阶段就必须完成某些工作,否则,整个办展计划就会受到影响;在执行某些工作时,到一定阶段,该工作就应该推进到某种程度。这些安排和规划必须准确,否则,展会的筹备工作就会出现混乱。

② 各项工作进程的合理性。

从展会自身的办展规律出发,看展会进度计划安排的各项工作是否符合展会筹备和展览期间的实际需要,是否符合展会的一般办展规律。

③ 各项工作的配套性。

举办一个展会是一项涉及方方面面的系统工程,它需要各方面的配合。如果展会的各项筹备工作安排不配套,展会的筹备工作就可能出现顾此失彼、自乱阵脚的状况。

④ 各项工作的可行性。

展会进度计划所规划的各项工作必须是切实可行的,不能脱离实际。展会进度计划所规划的在某一时期所应达到的目标,必须是经过努力可以达到的,而不能是天马行空,遥不可及。

⑤ 各阶段工作的统一性。

展会筹备工作可以分成若干阶段,每一个阶段的工作及其重点各不相同,但展会筹备各阶段的工作必须互相衔接,前后照应,保持统一基调和进程。

(3) 招展、招商和宣传推广计划评估。

招展计划、招商计划和宣传推广计划是展会的三个重要执行方案,它们互相影响、互相依赖、互相制约。这三个执行方案执行的结果直接关系到展会将会有多少企业参展、有多少观众到会参观,关系到展会在参展商、观众以及公众心目中的形象如何。

从可行性分析上看,招展计划、招商计划和宣传推广计划三个方案应做到具体可行。所谓具体,就是这三个方案要尽量详细、不空泛。所谓可行,就是这三个方案要尽量符合展会主题所在产业的实际,能抓住该产业的特征,不脱离展会定位,能发挥实际作用,达到预定的目标。

从可行性分析上看,这三个方案应相互配套、彼此配合。招展计划、招商计划和宣传推广计划三个执行方案在实际实施时会相互影响,很难截然分开。例如,招揽企业参加展会的过程,实际上也部分地起到了邀请观众到展会参观的作用,客观上也是在为展会在主题所在行业内做宣传;邀请观众到展会参观的过程,实际上也部分起到了招揽企业参加展会的作用,客观上也是在为展会在该行业以及相关行业内做宣传;宣传推广方案的实施,不仅仅是为展会做宣传,同时也起到招揽企业参加展会和邀请观众到展会参观的作用。从可行性分析看,这三个方案在具体实施时不是截然分开的,而是各有侧重点。

从可行性分析上看,这三个方案应重点突出、目的明确。尽管招展方案、招商方案和宣传推广方案三个执行方案在具体实施时不能截然分开,但它们并不是浑然一体的,而是各有侧重点、各有具体目标。对于招展方案来说,如何有效地招揽企业参加展会是其重点,也是其首要目标,邀请观众到展会参观和宣传展会只是其"副产品"。对于招商方案而言,如何有效地邀请观众到展会参观才是其根本目标和重点,招揽企业参展和宣传展会只是其"副产品"。对于宣传推广方案来说,尽管其根本目的是招揽企业参展和邀请观众到展会参观,但在不同的时期,其实施的重点和目标是不一样的:在展会筹备的早期,宣传推广的目的是要让市场知道该展会,宣传推广的重点是展会本身;在展会筹备的中期,宣传推广的目的和重点是如何有效地招揽企业参展;在展会筹备的后期,宣传推广的目的和重点是如何有效地邀请观众到展会参观。理解了这一点,可以使我们在制订这三个方案时做到重点突出、目的明确,不会出现彼此功能不清、喧宾夺主的现象。

(4) 现场管理和相关活动计划评估。

现场管理计划是对展会开幕现场和展会展览现场进行管理的计划安排。展会相关活动计划是对与展会同期举办的各种研讨会、表演和比赛等的计划安排。这两项计划的具体执行时间都是在展会的展览期间,地点常常是在展会现场内,执行时会彼此影响。

对这两项计划进行评估,主要是考查:

① 现场管理计划的周密性。

现场管理计划的制订必须详尽,每一项现场管理工作都必须指定专人负责、专人跟进。现场管理计划必须照顾到展会现场的方方面面,不能有所遗漏。

② 现场管理计划的可控性。

展会现场人多事杂,场面复杂,现场不能出现混乱局势和其他严重影响展会召开的现象。展会现场的一切局面都必须在办展机构可以控制的范围之内,不能出现办展机构经过努力还不能将其控制的事情和现象。

③ 相关活动的必要性和可行性。

与展会同期举办的一些相关活动,不论是技术交流会、研讨会,还是表演和比赛,都必须对展会整体形象塑造和展会功能的实现有所帮助。各种相关活动必须与展会本身融为一体,不能将举办相关活动和举办展会两者割裂开来。与展会同期举办的一些相关活动,尤其是各种表演和比赛活动,必须是安全的、可行的。

④ 现场管理和相关活动的协调性。

由于相关活动和现场管理计划在具体执行时会彼此影响,因此两者必须相互协调。与展会同期举办的任何活动,不能对展会本身产生不良影响,不能因为相关活动而影响展会本身;同样,也不能因为现场管理的混乱而影响相关活动的举行。

3. 会展项目财务分析的方法

会展项目财务分析是从办展机构财务的角度出发,按照国家现行的财政、税收、经济、金融等规定,在筹备举办会展项目时确定的价格的基础上,分析测算举办该展会的费用支出和收益,并以适当的形式组织和规划好举办展会所需要的资金。

会展项目财务分析的主要目的是分析计划举办的展会是否经济可行,并为即将举办的展会制定资金使用规划。

为评估一个会展项目是否可以举办而进行的财务分析,与企业财务管理中的财务分析有着明显的不同,两者不能混为一谈。例如,项目财务分析所依据的数据来源和性质与企业日常财务分析不一样,项目财务分析所依据的数据带有较强的预测性,分析所形成的报表只供分析之用,并且表中项目的名称与对外报表中的名称也可不一样。又如,项目财务分析的时间跨度很大,是对会展项目的长期性考查,并且需考虑资金的时间价值,而企业日常财务分析就不必考虑这些问题。

项目财务分析与前面讲的可行性分析的几个环节密切相关。它所需要的基础数据,如投入资金的多少、成本、收益和利润等,都是来源于前期的市场分析而做出的预测。另外,会展项目的各个实施方案对项目财务分析也有重大影响,不同的实施方案会产生不同的财务分析结果。

会展项目财务分析可以按以下步骤进行:

(1) 财务分析预测。

在对计划举办的展会总体了解的基础上,对相关市场和执行方案进行充分调查,收集并预测会展项目财务分析所需要的各种基础数据。财务分析预测所依据的基础数据要尽量准确,因为财务分析预测是整个项目财务分析的基础,是决定整个财务分析的质量和成败的关键。根据财务分析的数据及预测,计算会展项目的财务盈利性如何。会展项目盈利性是判断该会展能否举办的一个重要的依据。

(2) 制定资金规划。

根据财务分析预测筹措和安排举办展会所需要的资金,为展会的前期资金投入提供保障。

4. 会展项目的风险预测

风险是指某一行动的结果所具有的不确定性。从会展项目立项可行性分析的角度看,风险就是办展机构在举办展会的过程中,由于一些难以预料和无法控制的因素的作用,办展机构举办展会的计划和举办展会的实际收益与预期发生背离,从而使办展机构举办展会的计划落空,或者即使展会如期举办,但办展机构有蒙受一定经济损失的可能性。举办展会可能面临的风险有四种,即系统风险、经营风险、财务风险和合作风险。办展机构要通过对各种风险的评估,采取相应对策,尽量回避和降低可能遇到的风险。

(1) 系统风险。

系统风险是指那些对所有企业都产生影响的风险,如战争、自然灾害、瘟疫、经济衰退、通货膨胀、恐怖袭击等。这类风险涉及所有企业,又称为"不可分散风险"。对于这类风险,办展机构仅靠自身的力量很难克服,也很难抵挡它们给展会带来的不利影响。办展机构只能采取一些措施对它们进行预防和规避,或者将它们对展会的不利影响降低到最低限度。

系统风险一旦发生,就会给展会带来灾难性的影响。为了回避和降低系统风险,办展机构在举办展会前,要对相关的政治经济环境进行研究,对有关风险进行预测和预防,选择在较安全的地点和时间办展,尽量减少上述不可抗力对展会造成的不利影响。

(2) 经营风险。

经营风险是指因办展机构经营方面的原因给举办展会带来的不确定性,如展会定位不当、招展不力、招商不顺、宣传推广效果不佳、人力资源及人员结构不适合、出现新的竞争者、管理不善等。例如,布展管理不善引起布展现场出现火灾,或者展览现场管理不善引起安全问题等。经营风险不像系统风险那样不可抗拒,如果提前预防,很多经营风险是可以克服的,也是可以控制和消除的。经营风险一旦出现,很容易给相关展会和办展机构的市场声誉造成伤害,并严重影响它的形象。

对筹备举办一个展会而言,经营风险很多时候集中表现为招展不理想,展会无法达到预期招展规模。展会盈亏平衡规模是举办展会的最低规模要求,如果展会达不到这个规模,展会就会出现亏损。我们也可以通过展会盈亏平衡规模计算出举办展会的经营安全系数,这个系数可用来对展会的经营风险进行预测和评估判断。

展会经营安全系数计算公式:

$$展会经营安全系数 = 1 - 展会盈亏平衡规模/展会预期(实际)规模$$

如果展会经营安全系数大于或等于40%,则举办该展会将非常安全;如果该系数在29%～39%,举办该展会将是安全的;该系数在16%～28%,举办该展会将是较安全的;该系数在10%～15%,举办该展会有一定的风险,需要注意;该系数在9%以下,举办该展会的风险较大,要加倍小心。

比较常见的经营风险还有展会开幕期间的食品安全问题、与会公众的卫生健康问题、展会保安问题等。如果会展项目的主办机构组织不力,还可能出现参展商"闹展""罢展"等问题。所谓参展商"闹展"和"罢展",是指由于会展效果与会展主办机构当初对外宣称的严重不符,参展商因严重不满而在会展现场"闹事"或干脆不再继续展览。参展商"闹展"和"罢展"是会展项目的严重经营危机,办展机构必须事先防范。

(3) 财务风险。

财务风险包括举债筹措资金给办展机构在财务上带来的不确定性和办展机构资金投入所带来的不确定性。如果办展机构举债筹措办展资金,由于种种原因,办展机构息税前资金利润率和借入资金利息率之间具有很大的不确定性,这种不确定性会使办展机构自有资金的利润率变化无常。如果办展机构息税前利润还不够支付利息,展会就有发生亏损的风险。另外,办展机构投入筹办展会的各种资金能否按期如数收回,也有一定的风险,并不是所有的展会都能带来利润。

办展机构可以通过维持一个合理的资金结构或者慎重选择会展投资项目等措施来规避和降低财务风险。

(4) 合作风险。

合作风险是指办展机构各单位之间、办展机构与展馆之间、办展机构与展会各服务商和各营销中介之间,在合作条件、合作目标和合作事务各环节上可能出现的不协调、不一致和其他不确定性。合作风险的出现,不仅会影响办展机构各有关单位、各展会服务商和各展会营销中介之间的合作,还会给展会本身、展会服务以及展会的展出效果等多方面造成不良影响。

办展机构可以通过细化合作条件、明确各合作单位的责权利、与各单位进行积极的沟通和协调等多种方式来消除和降低合作风险。

对于以上各种风险,办展机构首先要评估它们存在的可能性有多大,并评估一旦发生风险,对即将举办的展会可能会造成哪些影响,展会是否可以规避或者克服这些风险及其影响。另外,对于上述风险,有些是办展机构无法控制的,只能规避;有些是办展机构可以通过有效措施来进行积极预防和消除的。

资料链接 3-3

展台倒塌,再次拉响展会安全警报

第四节　会展项目可行性研究报告的编写

认识会展项目社会效益和经济效益双重功能及其相互关系,有助于清除在策划会展项目时可能出现的"近视"行为,即片面追求会展项目的经济效益而不考虑其社会功能,从而人为地割断了会展项目与其他相关产业的内在联系,削弱了会展经济可持续发展的基础;或片面追求会展项目的社会功能而不考虑其经济效益,人为地封堵了进行会展产业市场化的有效途径,削弱了会展项目对相关产业的带动作用。可见,实施一个会展项目,不仅需要项目自身可行,还必须有经济效益和社会功能,无论欠缺哪一个方面,该会展项目的举办方案都可能要重新策划。

如果通过评估,得出的结论是举办一个展会的经济效益和社会效益都是显著的和可以接受的,那么可以认为举办该展会是可行的,否则就是不可行的。

完成上述分析以后,就可以整理编写会展项目立项可行性研究报告,对会展项目立项是否可行做出系统的评估和说明,并为最后完善该会展项目立项策划的各具体执行方案提供改进依据和建议。

1. 编写时要注意的问题

会展项目立项可行性研究报告是可行性分析阶段的核心内容,是办展机构对是否举办该展会进行决策的重要依据。由于可行性分析工作对于整个会展项目建设过程以至于对地区经济发展都有极其重要的意义,因此,为保证其科学性、客观性和公正性,有效防止发生错误和遗漏,一般要求编制可行性研究报告时要注意以下几点。

(1) 必须站在客观公正的立场进行调查研究和报告的编写。

从资料的收集到报告的撰写,其中所有信息材料应当真实充分。对于基础资料,要根据实际情况进行论证评价,以便如实反映客观规律。会展项目是否可行,应以科学的数据为基础,决不能先确定可行的结论再去编写相应的数据。

(2) 报告的内容要具有一定的深度。

会展项目立项可行性研究报告的内容深度要达到国家规定的标准,基本内容要完整,避免粗制滥造。这就要求其可行性分析要坚持先论证后决策,坚持多方案比较,从中选取优秀的方案,并要求将相关的调查和分析贯彻始终,以保证资料选取的全面性、重要性、客观性和连续性。

(3) 分析客观,避免突击。

为保证会展项目立项可行性研究报告的质量,应保证相关工作人员必要的工作时间,合理统筹,分析客观科学,判断准确有理,防止因各种原因而搞突击,草率行事。

2. 可行性研究报告的主体内容

综合考虑一般可行性研究报告的编写规范,会展项目立项可行性研究报告应包括以下内容。

(1) 总论。

作为可行性研究报告的首要部分,总论应综合叙述研究报告中各部分的主要问题和研究结论,并对该会展项目可行与否提出最终建议,为可行性分析的决策、审批提供方便。

(2) 项目背景和发展概况。

这部分主要应系统阐述该会展项目的发起过程、目标和范围、提出的理由、前期工作的发展过程、有关项目主题的主要理念和其他相关的背景资料等。需要注意的是,在阐述会展项目发展概况的同时,应能清楚地提示该会展项目可行性分析的重点和问题所在。

(3) 市场环境分析。

综合对会展项目所处宏观环境、办展机构自身资源等微观环境多方面信息分析的结果,可以运用SWOT分析方法,明确会展项目可以利用的机会和可能面临的风险,并将这些机会和风险与项目的优势、劣势结合起来,分析和论证举办该会展项目的各种市场条件是否具备,具体方法参照本章第二节。

(4) 会展项目生命力分析。

会展项目生命力分析则是从该会展项目本身出发,分析该会展项目是否有发展前途。分析会展项目的生命力,不是只分析举办一届或两届展会的生命力,而是要分析该展会的长期生命力,即要分析如果该展会举办超过五届以上,该展会是否有发展前途的问题。具体方法参照本章第三节。

(5) 会展项目执行方案分析。

会展项目执行方案分析是从该会展项目本身出发,总体分析该会展项目立项计划准备实施的各种执行方案是否合理、是否完备和是否可行,是否能保证该会展项目计划目标的实现。具体方法参照本章第三节。

(6) 会展项目财务分析。

会展项目财务分析是项目可行性分析的重要组成部分。从办展机构财务的角度出发,分析预测举办该会展项目的费用支出和收益,分析该会展项目是否经济可行。

(7) 风险预测。

在对项目进行评价时,所采用的数据多数来自预测和估算。由于资料和信息的有限性,项目的实际运行情况可能与此有出入,这会给项目投资决策带来风险。为避免或尽可能减少风险,办展机构应当全面考虑各种潜在风险,分析不确定性因素对项目各项评价指标的影响,并对其做出充分的对策分析。风险的具体类型参看本章第三节。

(8) 存在的问题。

通过以上可行性分析发现的会展项目立项策划存在的各种问题、研究人员在可行性分析以外发现的可能对展会产生影响的其他问题等都属于存在的问题。

(9) 改进建议。

根据前面各部分的研究分析结果,对会展项目在技术上、经济上、社会效益上进行全面评价,对项目投资方案进行总结,提出结论性意见和改进建议。

(10) 努力的方向。

根据会展项目的办展宗旨和办展目标,在上述分析的基础上,针对存在的问题,提出要办好该会展项目所需要具备的其他条件和需要努力的方向。

需注意的是,在会展项目立项可行性研究报告以外单独成册的文件,都应当列为可行性研究报告的附件,并入总论部分以资参考。

总结与实践

1. 小结

会展项目可行性分析是指在会展主题投资决策前,对与会展主题有关的自然、社会、经济、行业、技术资料进行调查研究,在仔细研究各种信息的基础上,对会展项目立项策划提出的会展举办方案进行全面系统的研究、分析、比较和选择,分析并比较可能的备选方案,预测、评价运行后会收到的社会效益、经济效益等,综合论证实施的必要性、盈利性、实用性和可行性,从而为最终是否可以举办该会展项目提供科学的决策依据。举办一次成功的会议或展览,细致、完善的可行性研究是必不可少的。

会展项目的市场环境分析不仅要分析各种现有的市场条件,还要对其未来的变化和趋势做出预测,使会展项目可行性分析得出的结论更加科学合理。

会展项目竞争力分析则是从举办的会展项目的自身情况出发,分析该会展项目是否有发展前途。条件具备的会展项目不一定有发展前途,只有两者同时具备的会展项目才具有投资和举办的价值。

完成上述分析后,就可以整理编写会展项目立项可行性研究报告,对会展项目立项是否可行做出系统的评估和说明,并为最后完善该会展项目立项策划的各具体执行方案提供改进依据和建议。

2. 复习与思考

(1) 会展项目可行性研究包括哪几个工作流程?
(2) 会展项目的 SWOT 分析法主要分析哪些要素?
(3) 如何分析会展项目自身是否有竞争力?
(4) 会展项目执行方案分析是对哪些方案和计划进行评估?
(5) 会展项目财务分析是按哪几个步骤进行?
(6) 举办展会可能面临的风险有哪几种?
(7) 会展项目立项可行性研究报告包括哪几部分内容?

3. 案例分析

印度尼西亚经贸发展概况及市场前景指南
——中国贸促会 2023 年度出国(境)展览可行性研究报告

1. 印度尼西亚经贸发展状况

宏观经济方面,印尼的经济展现了强劲反弹,并超过了疫情前水平。印尼中央统计局公布数据显示,2021 年印度尼西亚 GDP 总量为 11 860.93 亿美元,同比增长 3.69%,比上年增长了 1 274.04 亿美元……

对外贸易方面,2021 印尼出口大幅增加,进口不振,顺差达 14 年来最高值……

经贸合作方面,印尼以经济发展为核心,多方位加强对外经贸和交流。印尼利用自己的地理和资源优势参与和缔结了73个双边投资条约(BITs)、22个带有投资条款的多边协定(TIPs)……

2. 中国智慧交通及能源产业发展状况

我国新能源市场大,需求强劲,前景广阔。新能源主要包括太阳能、风能、水能、核能等等。目前,我国可再生能源装机规模已突破11亿千瓦,水电、风电、太阳能发电、生物质发电装机均居世界第一。根据国家能源局公布的相关指标,2021年新增光伏发电并网装机容量约5 300万千瓦,连续9年稳居世界首位。截至2021年年底,光伏发电并网装机容量达到3.06亿千瓦,连续7年稳居全球首位。截至2021年,中国核电在建规模居全球第一。截至2021年年底,全球风电装机总量837 GW,其中中国位居第一。

我国新能源生产链齐全,技术能力全球领先。建立了完备的水电、核电、风电、太阳能发电等清洁能源装备制造产业链,成功研发制造出全球最大单机容量,100万kW水电机组,具备最大单机容量达10 MW的全系列风电机组制造能力,不断刷新光伏电池转换效率世界纪录,形成具有自主品牌的华龙一号及国和一号等三代压水堆和具有第四代特征的高温气冷堆先进核电技术。

我国智慧交通市场可期,技术储备强。2015年,我国开始针对智慧交通领域出台措施加快相关产业培育。2021年9月交通运输部下发《交通运输领域新型基础设施建设行动方案(2021—2025年)》,提出"到2025年,打造一批交通新基建重点工程,形成一批可复制推广的应用场景,制修订一批技术标准规范,促进交通基础设施网与运输服务网、信息网、能源网融合发展"。

3. 中国和印度尼西亚双边经贸合作状况

中尼经贸往来繁荣增长。截至2022年,中国已连续9年成为印尼的第一大贸易伙伴。中印尼经贸合作跨越了新冠肺炎疫情影响,实现了逆势增长。两国贸易额突破1 000亿美元,同比增长近60%,创造历史新高。

中国投资加速印尼产业转型。中国技术助力印尼基础设施建设。中国印尼深化人文交流,构建人文共同体。中国印尼双方政府高度重视双方经贸合作关系,两国有着广泛的共同利益和共同主张。2013年,习近平主席在印尼国会发表演讲,首次提出共同建设21世纪海上丝绸之路倡议。2014年印尼总统佐科上任之初提出"全球海洋支点"战略,开始与21世纪海上丝绸之路倡议同频共振。2018年,中国和印尼政府签署了共同推进"一带一路"和"全球海洋支点"建设的谅解备忘录,共建"一带一路"开始进入快车道。

4. 印度尼西亚市场需求和出口优势

印度尼西亚经济发展迅猛,用电普及率不高,电力市场发展空间大。印尼是化石能源生产大国,十分依赖传统能源。印尼逐渐重视低碳环保,智慧新能源蓄势待发。印尼首要加码水电新能源发展。印尼加大光伏新能源调研投资。印尼风力新能源发展处于起步阶段,发展潜力大。印度尼西亚的互联网、云计算迅猛发展。

(资料来源:https://www.ccpit.org/a/20230504/20230504uw78.html,有删改,限于篇幅,完整内容请自行下载)

(1) 关于中国新能源产业出国(印度尼西亚)展览,案例从哪些方面进行了可行性分析?

(2) 举办中国新能源产业出国(印度尼西亚)展览是否具有可行性?请概述你的想法。

4. 技能实训——××大学大型书市的 SWOT 分析

(1) 实训要求:

运用本章中会展项目的市场环境分析知识点,运用 SWOT 分析法分析××大学开展大型书市是否具备外部条件。

(2) 实训目的:

强化学生对会展项目 SWOT 分析法的应用。

(3) 实训组织:

学生以 4~5 人为一个分析小组,每小组选取 1 人担任"项目经理",组织分析过程。

(4) 背景资料:

学生可根据所在学校实际情况进行微观环境分析。

(5) 注意事项:

因背景资料有限,教师可以指导学生收集更多的信息,学生所收集的材料多为二手资料,侧重点在于使学生掌握会展项目可行性分析的工作流程和报告编写过程,帮助学生提升分析能力。

第四章
会展项目的人力资源管理

教学目标和要求

1. 掌握会展项目管理组织机构设置原则及组织结构类型。
2. 掌握会展项目团队建设的方式，培养学生的团队合作精神。
3. 理解会展项目经理的责权利，培养学生的责任担当意识。
4. 掌握会展项目沟通和冲突管理方法，培养学生平等、公正和诚信等人文精神，增强学生的公平正义、敬业诚信意识。
5. 掌握会展项目志愿者管理方法，培养学生的奉献精神，增强学生的和谐正义和敬业诚信精神。

教学重点和难点

1. 重点是会展项目组织结构类型、项目经理责权利、项目沟通方法。
2. 难点是会展项目团队建设方式和会展项目冲突的主要解决模式。

【开篇案例】

关于开展第十届中国花卉博览会志愿者招募工作的通知

各学院团委：

　　第十届中国花卉博览会将于202×年5月21日—7月2日在上海崇明举办。第十届花博会志愿者形象为"小白鹭"，白鹭是崇明东滩候鸟保护区一种常见的鸟类，它通体洁白，振翅飞翔时形态优美，象征着文明礼仪、奋力进取的当代青年。为大力弘扬"奉献、友爱、互助、进步"的志愿精神，为花博盛会的成功举办贡献青春力量，现就我校第十届中国花卉博览会会期服务岗位志愿者招募工作通知如下：

　　一、招募岗位

　　会期服务岗位志愿者。主要负责在花博会会期，协助做好花博园区各项服务保障工作。

　　二、上岗时间

　　第一批（开幕式）：5月21日—5月28日，30人。

　　第二批：6月4日—6月11日，50人。

　　第三批（端午节）：6月11日—6月18日，50人。

　　每一批次均为连续服务八天，在崇明花博园区集中住宿，即全程在岗。同时预计招募储备志愿者20人。各学院招募志愿者数量根据学院人数按比例进行分配。

　　三、招募标准

　　1. 本校全日制在校学生。

　　2. 自觉遵守中华人民共和国法律法规，热爱祖国，品行端正，有较高的政治素养，中共党员和优秀团员、团学干部优先。

　　3. 自愿参加第十届中国花卉博览会志愿服务工作，服从岗位分配，保质保量完成花博会志愿者培训、宣传及志愿服务工作。

　　4. 在校期间，累计绩点不低于2.0。精神风貌过硬，学习成绩优秀，综合能力强，积极参加学校各项活动。热心公益，曾参与过进博会等省市级及以上大型活动赛事的志愿服务工作者优先。身心健康、吃苦耐劳、乐于奉献，有大型赛会志愿服务经历的志愿者优先。

　　5. 具备较强的沟通表达能力和团队协作能力，英语四级以上，有英语六级、中高级口译、GRE等证书或掌握第二外语者优先。

　　四、招募流程

　　1. 符合要求的志愿者申请人将个人报名表上交至学院，各学院团委须在学院党委指导下按照要求自行进行志愿者选拔工作。

　　2. 学校审核各学院团委上报的名单，对所有志愿者开展复检工作，综合考虑后确定校内推荐名单。

共青团上海××大学委员会
202×年2月26日

（资料来源：https://tuanwei.shnu.edu.cn/37/68/c17327a735080/page.htm，有删改）

第四章 会展项目的人力资源管理

案例解析：

近年来，随着我国大型会展项目规模的不断扩大，加之会展企业的成本控制需要，会展现场需要大量大学生志愿者才能确保会展项目顺利举办。对于大学生来说，第一，通过会展项目志愿者工作，可实现与个人兴趣爱好或者所学专业的紧密结合；第二，志愿者工作也是服务社会、展现自己能力的一次机会；第三，大学生志愿者可以在会展项目中结交来自不同高校的学生，培养自己的协调和沟通能力，扩大自己的社交圈；第四，能够增强自己的执行能力。当然，人员的增加，也给人力资源管理增加了难度。

第一节 会展项目人力资源管理概述

会展项目人力资源管理者需要清楚地知晓在具体的会展项目中如何募集专业人才，如何推动组织工作，如何进行人际沟通和处理人际冲突，如何训练出有经验且能够不断成长的人才。

1. 会展项目人力资源管理的含义

会展项目中的岗位分为长期岗位和短期岗位，长期岗位相对固定，岗位人员多为会展企业内部正式员工，而短期岗位相对灵活，岗位人员来源较为广泛。对于会展项目中的人力资源管理，往往针对短期岗位人员的管理较多，而且对他们的管理，往往由长期岗位人员来实施。会展项目人力资源管理是指在特定会展项目中，系统性地解决专业人才招募、团队组织协调、高效沟通与冲突化解，以及人才梯队培养与可持续发展等关键问题。其核心在于通过科学管理手段，确保人力资源的合理配置与效能最大化，从而保障项目的高质量执行。

会展项目人力资源管理的目的在于将适当的人放在最适当的岗位上，使其具备完成项目目标的动机，并使员工、组织和社会受益共赢。

所谓人力资源，泛指组织内所有与员工相关的资源，包括员工的能力、知识、技术、态度和激励等。

2. 会展项目人力资源管理的意义

（1）任何会展项目要顺利实施，必须有适当的人力资源、适当的组织，且配置、管理得当。

（2）当今会展活动牵涉的相关产业非常多，加上信息传播技术的发展使产业、政府、学界或研究界的联系愈来愈多元，要推动会展项目顺利开展，迫切需要适当的人力资源，尤其是专业团队的努力，才能达成目标。

3. 会展项目人力招募方式

近年来，随着用工成本不断增加，会展企业也在努力优化项目管理流程，使之操作平台化、流程系统化、项目持续化。对于会展企业而言，长期岗位人员和短期岗位人员招募方式和渠道有所不同(如图 4.1 所示)。长期岗位人员的社会招聘成本相对较高,校园招聘的流失率较大。短期岗位人员对会展企业的企业文化认同度较低,对项目了解程度往往不高,为后续的管理增加了一定难度。

国际上对于会展类型的解释在不断扩大,会展项目的复杂程度不断增加,不管是哪一类型的会展项目,要成功举办且可持续化,各节点、各板块都需要大量人力给予支撑,单靠会展企业内部职员远远不够,所以对短期岗位人员的需求旺盛。做好人力资源管理解决方案,有利于会展项目的成果落地,有利于项目的长期发展,有利于会展企业可控成本的降低,故人力资源管理对会展项目的顺利完成十分关键。

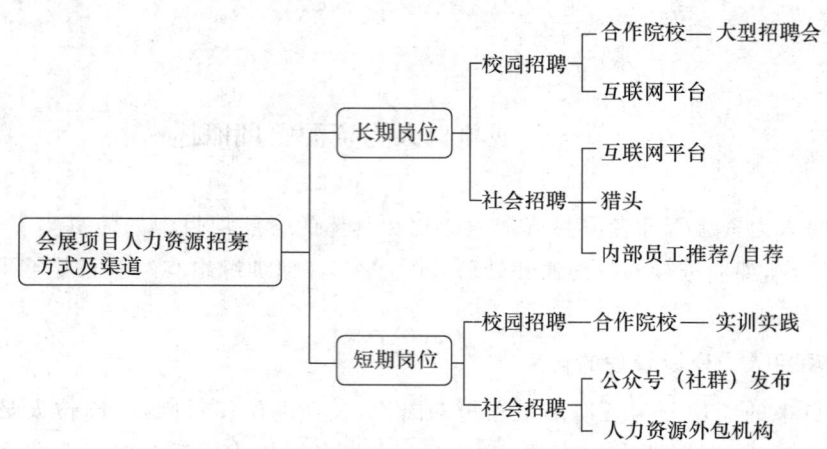

图 4.1　会展项目人力资源招募方式及渠道

4. 会展项目岗位需求分析

(1) 会展项目趋于大型化、综合化。

当前,会展项目趋向于大型化、综合化,一个会展项目囊括了一个行业中的全产业链,这也有利于推动产业的快速发展。以上海国际汽车工业展览会为例,截至 2023 年,已成功举办二十届。2023 年 4 月 27 日,第二十届上海国际汽车工业展览会(以下简称"上海车展")在国家会展中心(上海)圆满闭幕。展出总面积超过 36 万 m^2,共接待 13 000 余名中外媒体工作者,海内外观众 90.6 万人次。大型化——会展项目不断积累发展,反映出地区经济的深入发展,同时也反映出场馆、酒店及交通等配套建设的提升。综合化——以上海车展为例,全产业链的模式带动了产业向举办地积聚,带动了人才向举办地积聚,带动了参展商、专业关注在会展项目举办期间的积聚,加之各大汽车厂商共举行了 151 场新闻发布会,展会同期共举办了 20 余场论坛、峰会、研讨会以及技术交流活动。活动内容、类型以及数量的增加,对各方面的服务需求急剧增加,日常工作人员的服务往往不能满足需求是形成短期岗位人员需求的一个重要原因。

(2) 会展项目的周期性。

会展项目一般都是周期性举办,比较常见的活动周期有半年、一年、双年等,甚至有更长的举办周期,比如赛事项目,周期可能为三至五年。对于会展企业而言,可能无法找到相对比较固定的工作人员,大量招聘长期工作人员,也增加了成本。

目前,会展企业也在逐步探索新的运营模式,诸如展览项目,不再是一年只举办一次大规模的行业展览,而是将更多的行业话题分散在不同的月份,形成了展览+会议+社群活动的模式。例如由上海 W 展览有限公司(以下简称"W 展览公司")举办的亚洲宠物展览会,截至 2023 年 8 月,已成功举办 25 届,该展览会已成为集品牌展示、产业链整合、跨区贸易为一体的宠物综合性贸易平台,盛况空前。但 W 展览公司很明白,不能将能量集中在一个时间段,需要增加更多的互动,进一步增强参展商和专业观众的黏性。2023 年 4 月,W 展览公司面对疫情后的消费变化和迭代更新的市场环境,推出"亚宠商务巡展暨宠物行业创新大会",聚拢与提升观众在品牌展位专属区域内的人气与时长,以便锁定精准人群,让买家在最短的时间内直连精选品牌,高效触达新品。内容得到更多的延展,使得1+1>2,原有的企业员工也将面对更多的挑战。项目内容在扩大,就需要更多的项目人员,依靠项目举办地的人力资源渠道招募短期岗位人员,一方面可以节约企业的人工成本,包括差旅费用;另一方面,举办地招募的短期岗位人员可以尽快适应当地环境。

(3) 会展项目岗位工作强度较高。

会展项目的工作强度,一方面来源于项目本身工作内容,包括展览项目前期的咨询、销售、预订服务、制作证件、环境搭建、展台接待以及保洁服务等,会议项目的演讲者服务、交通口岸接送、官方酒店接待、会议注册报到等。例如,一次大型会议从前期筹划到最终项目落地,往往需要两年时间,会展企业的内部职员担任项目经理或板块负责人,其余岗位,特别是一些技术要求不高的岗位,则通过招募大量兼职人员来满足,这些岗位虽然对技术要求不高,但工作时长并不是完全 8 小时,往往因为演讲者的需求变动、会场搭建等情况而有所增加,工作强度也随之增加,这就会带来一定的风险,即兼职人员可能会在预先不告知的情况下擅自离岗,所以说会展项目人力资源管理是非常重要的。

第二节 会展项目组织

1. 会展项目组织的概念

会展项目组织是为了完成会展项目而建立的团队组织,一般也称为会展项目组、会展项目团队和会展项目管理班子等。

会展项目组织的具体职责、组织结构、人员构成和人数配备等因项目性质、复杂程度、规模大小和持续时间长短不同而有所不同。

会展项目组织分为临时项目组和长期项目组。由于会展的业态越来越丰富,对于节庆、赛事、奖励旅游、展览以及会议而言,项目组的概念可能有所不同。针对展览项目而言,会展企业根据展览项目的不同情况设立项目部,这些项目部设立在会展企业内部且长期存在,特别是一些大中型会展项目组织(有的叫作会展项目经理部),由于项目管理工作量很大,会展项目组织专门履行项目管理及执行功能。从企业组织架构来看,这些会展企业将业务和行政事务区分开,业务板块依照不同的业务单元进行人员组建。例如,上海 W 展览公司根据自身项目情况组建业务板块,辅以行政部门,建立完整的项目运营团队(如图 4.2 所示)。有些会展项目的管理工作量不大,特别是一些小型会展企业,没有必要依照不同的项目单独设立履行管理职责的班子,而是依照项目操作流程或板块设立相关部门。总体而言,会展项目的组织结构多为矩阵型,组织团队成员在项目经理领导下,根据经营活动的需要,通常按销售、营销和运营三个部门开展业务工作。会展项目团队组织中的销售、市场和运营部门,既可以称为组,也可以称为部。

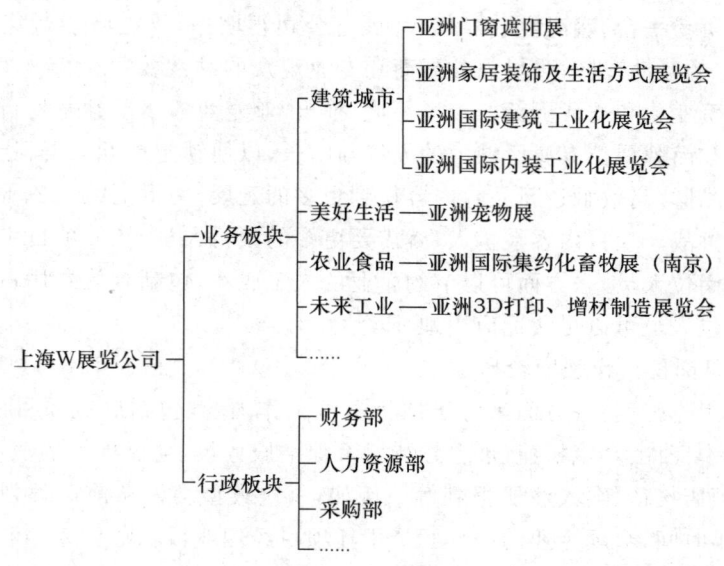

图 4.2　上海 W 展览公司组织结构

而针对会议项目而言,目前会展企业存在两种业务模式,一种是主办,另一种是承办。针对第一种业务模式,组织结构基本参照了以展览项目为主的会展企业;针对第二种业务模式,有两种操作模式,一种是客户经理制,另一种是"销售+操作"的前后台分离制,这两种操作模式会影响会展企业的组织结构建立。

客户经理制操作模式下,会展企业依照客户所属行业不同,将业务板块进行有序划分,针对医药、金融、政府、IT、直销快消等众多业务领域设置专门的服务团队(如图 4.3 所示)。

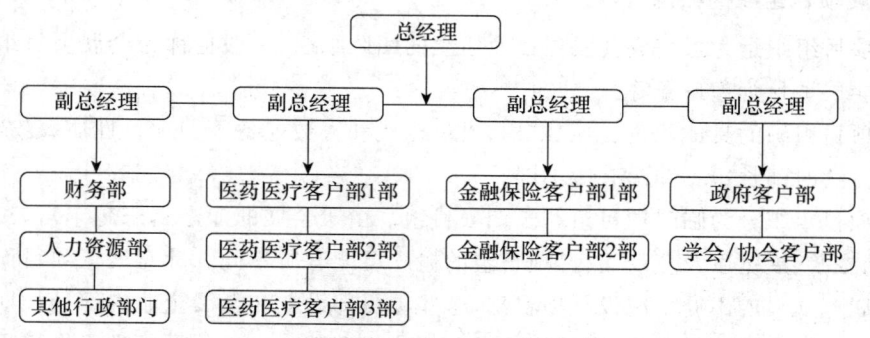

图 4.3　客户经理制操作模式下会展企业组织结构

"销售+操作"的前后台分离制操作模式借鉴了传统旅行社的运营模式,这源于部分旅行社承接会议项目的原因,这类模式建立的初衷是希望充分增强销售团队,扩大市场份额,但也暴露出很多缺点,诸如操作人员并不了解客户业务情况及其实际办会需求和目的等,同时销售人员对目的地资源的把控能力、协调能力略逊于操作人员。

2. 会展项目管理组织机构设置原则

(1) 目的性原则。

任何会展项目都有确定的目标,以实现特定的功能、作用和任务,而任何会展项目管理组织的设置,都是围绕项目目标的实现。在设计和制定管理组织机构时,应先根据会展项目目标列出项目的关键任务以及相应的组织单元,从而将合适的人放在合适的组织位置。

(2) 精干高效原则。

会展项目的人员配置需结合项目实际运营情况及发展需要,分析部门工作量及人员需求,秉持合理适用、定岗定编、精干高效的原则,建立一支高素质、高技能的员工队伍。随着市场竞争越来越激烈和项目承包制度的落实,会展项目组织管理人员配置将会越来越倾向于精干高效,力求一专多能、一人多职。

(3) 会展项目管理组织与企业组织一体化原则。

项目管理组织是企业的有机组成部分,归根结底,会展项目管理组织是由会展企业组建的。从管理方面来看,企业是项目管理的外部环境,项目管理人员全部来自企业,项目管理组织解体后,项目管理人员仍回到企业。

3. 会展项目组织结构的类型

会展项目组织结构有许多类型,常见的有工作队式、部门控制式、项目型、矩阵型和直线职能型。各种类型的组织结构适应不同的企业规模及项目需要。

3.1 工作队式

(1) 适用范围:适用于工期要求紧,要求多工种、多部门密切配合的大型项目。

(2) 优点:按职能原则建立项目组织,把项目委托给某一职能部门,由职能部门主管负责,在本单位选人组成项目组织,组织的工作效率较高。

(3) 缺点:仅适用于具备多个并行项目运作能力的企业,且由于团队是临时组建的,可能影响标准化服务流程的执行,不利于人才的长期培养。

3.2 部门控制式

(1) 适用范围:适用于小型、专业性较强,不需涉及众多部门的项目。

(2) 优点:小型、可控,适合以技术为工作重点的项目。

(3) 缺点:不适应大项目的需要。

3.3 项目型

(1) 适用范围:适用于经常有多个类似的、大型的、重要的、复杂项目的会展企业。

(2) 优点:能迅速有效地对项目目标和客户需要做出反应。

(3) 缺点:资源不能共享,成本高,项目组织之间缺乏信息交流。

3.4 矩阵型

(1) 适用范围:适用于同时承担多个项目的企业。如果一个企业经常有多个内容差别较大、技术复杂、要求利用多个职能部门资源的项目,比较适合选择矩阵式组织结构。

(2) 优点:将职能与任务很好结合在一起,既可满足对专业技术的要求,又可满足对每一项目任务快速反应的要求,可充分利用人力、物力资源。

(3)缺点:双重领导。各项目间、项目与职能部门间容易发生矛盾,项目组成员的管理难度较大。

3.5 直线职能型

(1)适用范围:适用于中大型会展企业,尤其适合需要长期运营的固定会展项目,可通过专业职能部门分工协作完成项目。

(2)优点:权责明确,管理流程规范,有利于专业分工和质量把控。

(3)缺点:跨部门协作效率低,项目响应速度慢,难以适应临时性、突发性会展项目的快速执行需求。

以上常见的会展组织结构各有其优点、缺点和适用条件,对不同的项目,应根据项目具体目标、任务条件、项目环境等因素进行分析、比较,设计或选择最合适的组织结构形式。

对于会展企业而言,并非所有的类型都适用,会展企业应结合自身组织结构、运营模式的实际情况,对项目组织结构进行合理布局,不可以生搬硬套。

第三节 会展项目团队建设

1. 会展项目团队成员应具备的素质

1.1 遵守职业道德,遵守职业行为规范

职业道德是调整职业内部、职业之间、职业与社会之间的各种关系的行为准则,它是内在的、非强制性的约束机制,其中包括职业观念、职业情感、职业理想、职业态度、职业技能、职业良心和职业作风等。

我国会展行业职业行为规范主要体现在各级政府部门的管理要求和行业自律准则中,包括遵纪守法,恪尽职守;敬业爱岗,积极进取;文明礼貌,热情服务;诚实守信,团结协作等。

1.2 对项目带来的益处有共同设想,对项目背景有深刻理解

团队成员对会展项目背景的理解、研究是会展项目成功运作的关键。仅把一组人员集合在一个会展项目中共同工作,并不能形成团队。形成团队的关键是成员对项目带来的益处有共同设想,对项目背景进行过研究并有深刻理解,高度明确团队成员工作范围、质量标准、预算和进度计划,只有这样才能使会展项目团队工作卓有成效。

1.3 具备会展项目管理知识体系与技能

会展项目团队成员应熟悉会展项目的操作流程,掌握会展专业应用领域知识、标准和规章制度,能接受不同的观点,具备项目整体操作及市场开发能力,具备依据进度和资源约束完成工作的能力,具备跨越部门和权限工作的能力等。

1.4 掌握了处理好人际关系的沟通技能

会展项目团队成员应具备在国内外有效沟通、交流的能力,具备对相关组织和部门施加影响以取得领导支持的能力,具备激励下属团队实现目标的能力,具备谈判与冲突管理的能力,具备与会展行业相关人员及单位沟通、达成协议的能力。

2. 建设一支有成效的会展项目团队

2.1 对会展项目目标的清晰理解

仅把一组人员集合在一个会展项目中一起工作,并不能形成团队。为了使会展项目团队工作有成效,就要高度明确工作范围、质量标准、预算和进度计划。每个团队成员必须对实现目标以及由此带来的益处有共同的设想。

2.2 对每位成员的角色和职责的明确期望

会展项目团队实施全员参与式计划制订机制,要求每位成员充分发挥专业优势,共同确认项目目标及分工方案。每位成员都要对自己所承担的工作有明确的认识,并为完成工作承担相应的责任。

2.3 目标导向

会展项目团队中每位成员都要把实现会展项目目标作为自己工作的目标导向。为树立一个良好的典范,项目经理应为团队成员确定努力工作的标杆,而团队成员应积极热情地为项目成功付出必要的时间和努力。例如,为使会展项目按计划进行,必要时项目团队成员愿意为完成任务而加班加点。

2.4 高度互助

在需要的时候,会展项目团队的成员要进行开放、坦诚且及时的沟通。彼此交流信息、想法及感情,不以寻求其他成员的帮助为耻,团队成员应成为彼此的力量和源泉,而不仅只完成分派给自己的任务。他们希望看到其他成员成功地完成任务,并愿意在他们陷入困境或停滞不前时提供帮助;他们能相互做出和接受彼此的反馈及建议、批评。基于这样的合作,团队就能在解决问题时及时地、有创造性地做出决策。

2.5 高度信任

一个有成效的会展项目团队中,各成员应承认团队中的每位成员都是会展项目成功的重要因素。团队成员互相关心,能大胆提出一些可能产生争议或冲突的问题,鼓励其他成员自由表达不同意见,并尊重这些意见。有成效的会展项目团队会通过建设性的、及时的反馈积极正视问题,解决冲突。

3. 用好人力资源管理的"选、培、用、留"关

越来越多的会展企业认识到人力资源管理的重要性。随着用工成本的增加,会展企业都在努力控制可控成本,会展行业属于现代服务业,但并非完全的劳动密集型产业。对会展项目,无论是主办,还是承办,会展企业都要选对人、用好人,这就需要在人力资管理过程中把好"选、培、用、留"四道关(如图4.4所示)。

3.1 选聘关

以展览项目为主的会展企业对人员的需求并不是如此强烈,特别是针对应届毕业生的需求,主要是因为这类会展企业的项目较为固定、人员较为固定,所以其主要通过社会招聘方式来挖掘行业人才。而以会议项目为主的会展企业,特别是以承办会议为主的会展企业,对人员的需求较为旺盛。在招聘应届生时,对其外语能力、沟通能力、团队合作能力等方面需要全面考查;在面向社会招聘时,对应聘者的市场开发能力、服务能力、团队管理能力等方面,需要通过其过往信息进一步了解,如有需要可以做一些行业背景调查。

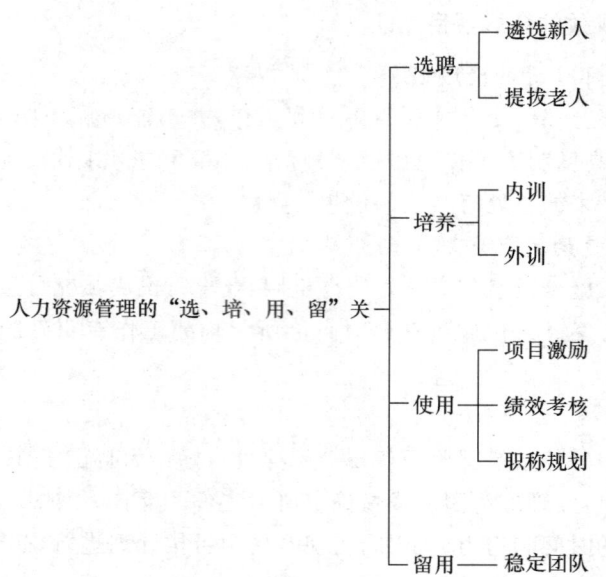

图 4.4　人力资源管理的"选、培、用、留"关

3.2　培养关

会展企业的员工培养方式与其他行业类似，包括内训和外训，但主要针对的是企业内部的员工。随着企业标准化意识的增强，对服务质量的要求也随之提高，更多的会展企业开始关注服务供应链，特别是上游供应商的质量管理，一般通过日常培训加飞行检查的模式进行有序管理。

资料链接 4-1

会展项目中 VIP 接送司机行为规范

3.3　使用关

用人不疑，疑人不用。无论是高层管理人员，还是项目经理，要学会适度放权，让执行人员能够充分在现场做出决策。同时，会展企业的薪酬体系与考核方法也要结合自身业务特点，进行合理规划，让员工有目标，让管理者有方向，与时俱进，改革创新。

3.4　留用关

会展企业应不断提升文化品质，让员工留得住、用得上，尽可能满足员工的职业诉求，积极落实员工关怀，结合会展项目的特点，积极引导员工调整心理。有人说，待遇和事业留人是物质基础,感情和文化留人是精神寄托,这是有一定道理的。

第四节 会展项目经理

1. 会展项目经理的角色定位

项目部是会展企业实施项目管理的具体组织形式。项目经理受会展企业最高领导委托,保证会展企业按计划在有限的资源范围内组织项目实施并实现项目目标。

在会展项目运行过程中,项目经理一般扮演着项目的领导者、协调者、资源分配者、谈判者和危机管理者等多种不同的角色。因此,项目经理是会展项目的核心人物,是项目成功的关键。

2. 项目经理应该具备的能力

对于是否担任项目经理,有些会展从业人员有过犹豫,主要原因是怕担责。其实,如果依照项目板块细分,进一步梳理责、权、利,即可避免事后推诿。会展企业管理层也要充分授权,辅以适当协助。对于项目经理,要求其具有大局观念、决策能力、风险管控能力、协调沟通能力、业务解读能力、运营项目管理的能力等(如图4.5所示)。

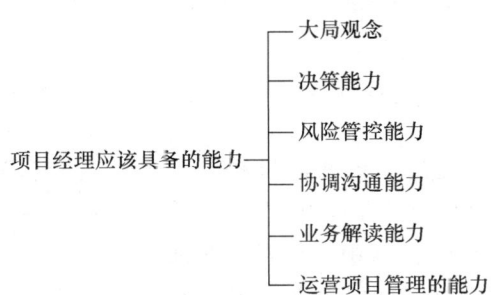

图4.5 项目经理应该具备的能力

大局观念。项目经理应充分理解项目成功举办的重要性,做一切工作都要符合项目本身的要求。

决策能力。在项目实施过程中,可能会碰到众多突发事件,不可能事事等逐层上报决策后再处理,所以要求项目经理能够在现场果断处置。

风险管控能力。项目经理应具有风险意识、底线思维。无论是展览项目搭建,还是会议演讲者迟到,都需要项目经理对项目风险有足够的预判能力、果断的处置能力,也需要项目经理具有丰富的项目实施经验。

协调沟通能力。项目各板块的成员可能是来自企业内部的员工,也可能是外部志愿者,需要项目经理组织和协调团队成员的工作。同时,各类供应商需求也需要项目经理能够统筹协调,这些在一定程度上决定了项目的成败。

业务解读能力。客户的需求是否能够充分落地,首先需要项目经理能够充分理解客户的需求。另外,对于过往项目的回顾与总结,有利于项目经理对现有项目的高效执行。

运营项目管理的能力。项目经理除了要管好自己,还要管好别人,充分梳理项目执行沉程、节点,让各方人员能够高效执行,这个过程是项目经理综合素质的体现。

3. 会展项目经理的选聘

项目经理的选拔和任用直接关系到该项目的成败。因此,精心选聘项目经理是组织会展项目实施重要的一步。

3.1 项目经理选聘的原则

(1) 选聘的方式必须有利于选聘到适合会展项目管理的人。

(2) 项目经理产生的程序必须经过审查。

(3) 项目经理的任免权归属于总经理。

3.2 传统项目经理选聘的方式

(1) 竞争招聘制。

招聘的范围可面向企业内外,但基本本着先内后外的原则,其程序是:个人自荐—组织审查—答辩讲演—择优选聘。通过这种方式既可选出优秀人才,又可增强项目经理的竞争意识和责任心。

(2) 总经理委任制。

委任的范围一般限于企业内部的在职管理人员,其程序是:公司经理提名—行政人事部考查—总经理办公会决定项目经理人选。

(3) 基层推荐制。

通过企业内部协调,从企业基层向上推荐若干人选,然后由行政人事部集中意见,经严格考核后,确定项目经理人选。

在以展览业务为主的会展企业,会展项目经理相对比较固定,可以通过传统的选聘方式选出合适的人选。这里建议采用总经理委任制和竞争招聘制相结合。小型会展项目的项目经理可直接由主管项目的领导任命,中型会展项目的项目经理可由主管项目的领导提名,报公司总经理审批;大型会展项目的项目经理可由主管项目的领导提名候选人2~3名,由公司总经理办公会确定。

项目经理人选确定后,还应全方位、多角度地针对具体事项对其进行培训,让其牢固树立良好的服务理念及团队合作精神,对当前的具体任务有清晰深入的认识,并于项目运行期间发挥应有的激励作用。

在项目进行期间,原则上不要任意更换项目经理,以保持会展项目的连续性和稳定性。如确实发现项目经理不称职或有重大经济问题应予更换时,应事先物色好合适的备用人选,并及时调换,以免影响项目的顺利进行。

以会议承接为主营业务的会展企业,大部分采用客户经理制,客户经理的日常工作就是对接客户,他们在承揽业务后,转而变为项目经理,这样有利于客户维护,也有利于客户经理或项目经理充分理解客户需求,尤其在一些突发事件中能够降低沟通成本。

4. 会展项目经理的责权利

4.1 项目经理在会展项目进行过程中主要履行以下五项职责

(1) 组建会展项目团队。

项目经理是项目责、权、利的主体,是项目的组织者,必须把项目的组织职责放在首位。

组织会展项目团队是项目经理管理好项目的基本条件,也是项目成功的组织保证。

(2) 确保会展项目完成。

项目经理应根据会展企业的经营目标和年度、季度计划以及经营责任书,制定项目部的分阶段目标及工作计划并组织实施,确保在规定时间内完成会展项目。这项基本职责是评估项目经理项目运作成败、项目管理水平高低的标志。

(3) 制定项目阶段性目标和总体控制计划。

项目经理负责根据企业整体经营计划制定详细的项目阶段性目标和总体控制计划,并与项目团队就这两方面内容进行交流,使项目团队成员对项目目标及进度达成共识。

(4) 及时做出决策。

在会展项目运行过程中,需由项目经理亲自做出决策的事项包括人事任免及奖惩、项目实施方案、项目进度安排、项目计划调整、合同签订和执行、合作伙伴选择等。

(5) 控制项目实施过程。

在项目实施过程中,项目经理应根据项目内部和外部的各种信息反馈,不断对项目计划进行调整和控制,以保证项目按时、按质完成。

4.2 项目经理的权力

为了使项目经理更好地履行其职责,完成项目管理工作任务,必须赋予项目经理项目管理权、决策权、人力资源管理权和资源支配权。项目经理有权组织、指挥本项目的所有活动,有权确定项目部的任务目标和分阶段工作计划,有权调配并管理本项目的人员、资金、物资、设备等生产要素,有权在保证项目总目标不变的情况下优化调整人、财、物等资源的分配和运用。项目经理的决策权一般由会展企业法人代表授予,并用制度或合同的形式具体确定下来。

4.3 项目经理的利益

对于会展业从业人员来说,担任项目经理,可以充分展现自己的工作能力,有利于积累丰富的技能和经验,有利于获得进一步成长升迁的机会,有利于通过成功的项目结果带来高"曝光率",有利于建立自己的声誉和交际网络。对于会展企业来说,设置项目经理岗位体现了企业管理层对员工的信任,也有利于企业发现未来的管理者。

第五节 会展项目沟通和冲突管理

1. 会展项目沟通

1.1 项目沟通的定义及特征

会展项目经理最重要的工作之一就是沟通,通常沟通所占用的时间会占全部工作的75%～90%。良好的沟通交流有助于获取足够的信息、发现潜在的问题、控制好项目的各个方面。会展项目沟通要保证项目信息及时、正确地提取、收集、传播、存储以及最终的处置,保证项目团队内部的信息畅通。

会展项目沟通具有以下特征:

（1）复杂。

多数会展项目都与企业、参展商、专业观众和一般观众、居民、政府机构等密切相关,多数是由其项目团队实施的,这个项目团队具有临时性,因此项目沟通管理必须协调各部门内部以及部门与部门之间的关系,以确保项目顺利实施。

（2）系统。

会展项目的确立全部或局部涉及社会政治、经济、文化等方面,对生态环境、能源等问题将产生或大或小的影响,这就决定了会展项目沟通应从整体利益出发,运用系统的思想和分析方法,全过程、全方位地进行有效沟通。

1.2 会展项目沟通的两个关键原则

在会展项目实施过程中,很多人也知道去沟通,可效果却不明显,似乎总是不到位,由此引起的问题也层出不穷。其实,要想达到有效的沟通,需要掌握很多要点和原则,尽早沟通、主动沟通就是其中的两个原则,实践证明,它们非常关键。

要做到尽早沟通,就要求项目经理要有前瞻性,定期和项目团队成员进行有效的沟通,不仅容易发现当前存在的问题,也能使很多潜在问题暴露出来。在项目中出现问题并不可怕,可怕的是问题没被发现。沟通得越晚,问题发现得越迟,带来的损失越大。

主动沟通是对沟通的一种态度。在项目中极力提倡主动沟通,尤其是当已经明确需要沟通的时候。当沟通是项目经理面对用户或上级、项目团队成员面对项目经理时,主动沟通不仅有助于建立紧密的联系,更能表明主动沟通者对项目的重视和参与,使沟通的对方满意度大大提高,从而有利于整个项目顺利实施。

1.3 会展项目沟通的方法

（1）正式沟通与非正式沟通。

① 正式沟通指通过项目团队明文规定的渠道进行信息传递和交流。这种沟通的优点是沟通效果好,有较强的约束力;缺点是沟通速度慢。

② 非正式沟通指在正式沟通渠道之外进行的信息传递和交流。这种沟通的优点是沟通方便,沟通速度快,且能提供一些正式沟通中难以获得的信息;缺点是信息容易失真。

（2）上行沟通、下行沟通和平行沟通。

① 上行沟通。上行沟通是指下级的意见向上级反映,即自下而上的沟通。

② 下行沟通。下行沟通是指上级对下级进行的自上而下的信息沟通。

③ 平行沟通。平行沟通是指组织中各平行部门之间的信息交流。在项目实施过程中,经常可以看到各部门之间发生矛盾和冲突,除其他因素外,部门之间互不通气是重要原因之一。保证平行部门之间沟通渠道畅通,是减少部门之间冲突的一项重要措施。

（3）单向沟通与双向沟通。

① 单向沟通。单向沟通是指信息发送者和接受者两者之间的地位不变(单向传递),一方只发送信息,另一方只接受信息方式。单向沟通的信息传递速度快,但准确性较差,有时还容易使接受者产生抗拒心理。

② 双向沟通。双向沟通中,信息发送者和接受者两者之间的位置不断交换,且发送者是以协商和讨论的姿态面对接受者,发出信息以后还需及时听取反馈意见,必要时双方可进行多次重复商谈,如交谈、协商等,直到双方共同明确和满意为止。其优点是沟通信息准确

性较高,接受者有反馈意见的机会,产生平等感和参与感,增加自信心和责任心,有助于建立双方的感情。

(4) 书面沟通和口头沟通。

书面沟通是以文字为媒体的信息传递,形式主要包括文件、报告、信件、书面合同等。口头沟通是以口语为媒体的信息传递,形式主要包括面对面交谈、打电话、开会、讲座、讨论等。

(5) 言语沟通和体态语言沟通。

言语是人们传达信息的工具,是参与社会活动的重要组成部分,是人际交往的桥梁。体态语言丰富而微妙,是人们心迹的显露、情感的外化,在人际交流过程中往往起着不可估量的作用。

1.4 改善与提高项目沟通管理效果的方法

沟通的有效性,主要取决于信息发送者转交接受者信息时的态度状态及其程度。人际沟通是否成功,取决于领导者(发信者)所要向下级人员提供的信息与下级人员通过理解而获得的意义是否一致。为了增加沟通成功的概率,必须保证领导者(发信者)提供的信息(下达的指令)与下级人员(接受者)对信息(指令)理解的最大限度的吻合性。

(1) 改善沟通管理效果的方法。

① 重视双向沟通。双向沟通伴随反馈过程,使信息发送者可以及时了解信息在实际中如何被理解,使信息接受者能表达接受时的困难,从而得到帮助。

② 利用多种沟通渠道。一个项目团队往往综合运用多种方式进行沟通,只有这样,才能提高沟通的整体效果。

③ 正确运用文字语言。

(2) 提高沟通管理效果的方法。

① 沟通前先澄清概念,信息发送者事先应系统地思考、分析和明确沟通信息,并考虑信息接受者及可能受到该项沟通之影响者的反应。

② 只沟通必要的信息。

③ 沟通者必须明确沟通目标,明确了沟通目标,沟通内容就容易规划了。

④ 考虑沟通时的一切环境因素,包括沟通的背景、社会环境、人的环境以及过去沟通的情况等,使沟通的信息配合环境因素。

⑤ 计划沟通内容时应尽可能听取他人的意见。

⑥ 要使用精确的表达方式。信息发送者要把想法用语言和非语言精确地表达出来,而且要使信息接受者从沟通的语言或非语言中得出信息发送者所期望的理解。

⑦ 要进行信息的追踪和反馈,信息沟通后信息发送者必须同时设法取得反馈,以弄清楚信息接受者是否真正了解,是否愿意遵循,是否采取了相应的行动等。

⑧ 要言行一致地沟通。

⑨ 沟通时不仅要着眼于现在,还应该着眼于未来。

⑩ 应该成为一个"好听众"。成为一个"好听众",才能明确对方说些什么。

2. 会展项目冲突管理

会展项目冲突管理是从管理的角度运用相关理论来面对会展项目中的冲突事件,避免其负面影响,发挥正常作用,以保证项目目标的实现,一般包括诊断、处理和结果三个阶段。

会展项目冲突之所以发生,可能是利益相关者对若干议题的认知、意见、需求、利益不同,或基本道德观、宗教信仰不同等因素所致。

会展项目冲突产生的原因如下:

(1) 项目团队成员的专业技能差异越大,其间发生冲突的可能性越大;

(2) 项目决策人员对项目目标的理解越不一致,越容易发生冲突;

(3) 项目团队成员的职责越不明确,越容易发生冲突;

(4) 项目经理的管理权力越小、威信越低,项目越容易发生冲突;

(5) 项目经理班子对上级目标越趋一致,项目中有害冲突发生的可能性越小;

(6) 项目组织中管理层次越高,由于某些积怨产生冲突的可能性越大。

会展项目冲突包括人力资源冲突、成本费用冲突、技术冲突、管理程序上的冲突、项目优先权冲突、项目进度冲突和项目团队成员个性冲突。

(1) 人力资源冲突。对有来自其他职能部门或参谋部门人员的项目团队而言,围绕着用人问题可能会产生冲突。当人员支配权在职能部门或参谋部门的领导手中时,双方会在如何使用这些团队成员上存在冲突。

(2) 成本费用冲突。成本费用冲突往往发生在费用如何分配上。例如,项目经理分配给各职能部门的资金总被认为相对于支持要求是不足的,如工作包 1 的负责人认为该工作包中预算过小,而工作包 2 的预算过大。

(3) 技术冲突。在面向技术的项目中,在技术质量、技术性能要求、技术权衡以及实现性能的手段上都可能发生冲突,如客户认为应该采用最先进的技术方案,而项目团队则认为采用成熟的技术更为稳妥。

(4) 管理程序上的冲突。许多冲突来源于项目应如何管理,也就是项目经理的报告关系定义、责任定义、界面关系、项目工作范围、运行要求、实施的计划、与其他组织协商的工作协议以及管理支持程序等。

(5) 项目优先权冲突。项目参加者经常对实现项目目标应该执行的工作活动和任务的次序关系有不同的看法。优先权冲突不仅发生在项目班子与其他合作队伍之间,在项目班子内部也经常发生。

(6) 项目进度冲突。项目进度冲突是指围绕项目工作任务(或工作活动)的时间确定次序安排和进度计划所产生的冲突。

(7) 项目团队成员个性冲突。这种冲突经常集中于个人的价值观、判断事物的标准等差别上,而非技术上的问题。

3. 会展项目冲突的主要解决模式

3.1 撤出

会展企业中项目 A 的经理与项目 B 的经理意见不同,那么让项目 A 或项目 B 某一方回避就可以了。但这样会使冲突积聚。

3.2 缓和

当冲突发生时,找出冲突双方意见一致的方面,忽略差异,但这样处理并没将问题解决。

3.3 妥协

项目 A 的经理认为任务在 m 天完成,项目 B 的经理认为 n 天就行了,采取折中方案,同意$(m+n)/2$天完成。这样也许并非最好的预计。

3.4 强制

当项目团队内部发生冲突时,项目经理命令说"就按我说的方法做"。这样会导致团队成员产生怨恨情绪,工作气氛恶化。

3.5 面对

每个人都以积极的态度对待冲突,并愿意就面临的冲突交换意见,把异议都暴露出来,尽力找到最好、最全面的解决方案,这是处理冲突最好的方法,且需要有良好的企业文化,只有团队成员之间的关系是友善的、相互以诚相待、以工作为重,才能做到这一点。面对冲突,有以下三种解决冲突的措施值得一试。

(1) 公断。这一措施由第三个团队听取两个团队的争论,并最终决定哪一方在冲突中取胜。当两个组织存在法律争议时,这也是一个很好的方法。当一个项目经理和高级别领导者在决定项目A将得到项目B也想要的某种稀有资源时,这一方法也是适用的。

(2) 仲裁。这种措施需要第三个团体"分离差异"。采取这种措施的目标是让持不同意见的两个团队感到他们的待遇都差不多好或者差不多坏。例如,一个方案经理或一个更高的经理决定项目A和项目B都将得到50%的可用资源,他们都要接受不同于预期的结果。

(3) 谈判。这种措施包含争论双方之间的给予和索取。例如,项目A的经理和项目B的经理会面,他们将比较他们的自愿底线和他们在项目关键阶段的影响力,最终就在他们的项目之间重新分配资源达成共识。

总之,项目经理必须面对不断变化的环境,必须对不同项目周期阶段冲突的主要原因有所了解,才可能避免或减少潜在的冲突以及冲突造成的危害。

资料链接 4-2

如何成为"会沟通"的项目经理?

第六节 会展项目志愿者的管理

1. 会展项目志愿者的含义

联合国将志愿者定义为:不以获取金钱或物质回报为目的,自愿为邻里乃至整个社会的福祉而工作的人。中国青年志愿者办会将志愿者定义为:不以物质报酬为目的,利用自己的时间、技能等资源，自愿为国家、社会和他人提供服务的人。

随着我国经济的快速发展，很多企业都想通过会展来宣传自己，为自己赢得客源。但要举办一场大规模的会展，短时间内往往需要大量人力，很多会展项目的举办方因此选择了招募志愿者的办法。

2. 会展项目志愿者招募管理

（1）根据需求确定岗位。根据需求确定岗位的前提是岗位需求分析。准确进行岗位需求分析，需要大量实践经验的积累和对岗位的深入研究。根据需求确定岗位是志愿者招募成功的基础。

（2）志愿者招募并确定服务人员。许多知名的展会通过互联网广告、海报等方式招来大量的志愿者报名，这需要展会主办方从中遴选出合适的志愿者。如2021年5月第十届中国花卉博览会在上海崇明举办，当年3月，从上海各高校招募3000名青年志愿者，助力举办一场成功、精彩的花博盛会。志愿者的招募，需要从报名者中层层筛选，最终确定服务人员。

（3）志愿者精神培训。前联合国秘书长科菲·安南在"2001年国际志愿者年"启动仪式上的讲话中指出："志愿精神的核心是服务、团结的理想和共同使这个世界变得更加美好的信念。从这个意义上说，志愿精神是联合国精神的最终体现。"这句话指出了志愿者精神的本质。志愿者精神培训需精心设计培训内容，从形象礼仪修养、应对突发状况能力等方面进行岗前培训。

（4）志愿者分组及上岗。志愿者精神培训结束后，为了便于管理，志愿者们被分成多个小组展开分组培训，并模拟上岗服务流程，演练相关服务项目。

（5）志愿者服务。志愿者现场服务质量是整个会展项目服务质量的重要组成部分，也是志愿者服务精神的集中体现。

（6）志愿者意见反馈、总结经验并进行工作交接。意见反馈是为了做好下一次志愿者服务。总结经验即总结在会展中使用志愿者有哪些优势、志愿者在会展项目中有哪些作用等。会展项目志愿者都是进行短期服务，服务结束后应进行工作交接。

 资料链接 4-3

第四届中国国际进口博览会
志愿者基本要求

总结与实践

会展项目管理团队成员应遵守职业道德,遵守职业行为规范。会展项目经理在项目运行过程中一般扮演项目的领导者、协调者、资源分配者、谈判者和危机管理者等多种不同的角色。

团队组织结构设置并非照搬照抄,目的性、精干高效、会展项目组织与企业组织一体化是会展项目管理组织机构设置原则。各种类型的组织结构适应不同的企业规模及项目需要,但需要进一步磨合调整。

项目经理是会展项目的核心人物,是项目成功的关键,应具备培养员工的能力、非凡的沟通技巧、良好的人际交往能力、处理压力和解决冲突的能力以及管理时间的技能。

志愿者从招募、培训、上岗服务及意见反馈到工作交接,都要有规范的流程,这样项目才能成功举办。

1. 思考题

(1) 会展项目组织机构设置原则有哪些?
(2) 会展项目组织结构的类型有哪些?
(3) 如何建设一个有成效的会展项目团队?
(4) 论述会展项目经理的责权利是什么?
(5) 会展项目沟通的方法有哪些?
(6) 简述会展项目志愿者招募管理程序。

2. 案例分析

4 700多名进博会志愿者在上海宣誓上岗

2021年10月20日,4 700多名第四届中国国际进口博览会志愿者20日在上海宣誓上岗。其中近500名志愿者在进博会举办地国家会展中心(上海)参加宣誓,4 200余名进博会志愿者则通过互联网在线宣誓。据承担进博会志愿者招募筹备工作的共青团上海市委员会介绍,从同济大学、上海师范大学等40所高校招募的志愿者将完成基础培训、重点培训和岗位实训,服务于第四届进博会。

在这4 700多名志愿者中,曾经参加往届进博会志愿服务的有471人,"00后"志愿者有3 836人。

据了解,这些志愿者已基本完成配岗,将服务于现场引导咨询、嘉宾联络接待、新闻宣传、展会注册、迎送保障、交易统计、行政保障、医疗应急救援、防疫健康宣传等九大类岗位。另外还有270名红十字志愿者将在会期提供医疗急救等服务。

(资料来源:http://www.news.cn/mrdx/2021-10/21/c_1310259871.htm,有删改)

(1) 大型会展项目中学生志愿者管理的难度体现在哪些方面?
(2) 大型会展项目中,针对学生志愿者的培训需要关注哪些方面?

3. 技能实训——××展会期间的有效沟通

(1) 实训要求：

运用会展项目沟通和冲突管理的知识点，执行展会期间有效沟通的步骤。

(2) 实训目的：

强化学生会展项目沟通和冲突管理技能，加深对理论知识的理解，明确沟通和冲突管理在会展项目操作实务中的重要性。

(3) 实训组织：

学生以5～7人为一个小组，对××展会期间的现场有效沟通进行实训。

(4) 背景资料：

尽管展会只有几天时间，企业在展会现场的表现好坏却可以直接影响其长远的市场销售情况，因此展会期间的效率至关重要，而要保证高效率，有效的沟通则是必须的，包括与观众沟通、与主办方沟通、与同行沟通。

1. 选择及培训展位工作人员

应尽早确定展位工作人员，并为他们安排充足的培训时间。另外，应制定排班时间表并向所有成员充分传达展品信息、各自的职责及公司的参展目标。

2. 设定高效的展位咨询处理系统

在展会期间捕捉、识别观众信息的方式决定了展会后跟踪销售线索的速度与效率。因此，应该设计一份"展位观众咨询表格"供展位工作人员快速记录重要的观众信息（如感兴趣的产品、采购决策权、预期采购时间等）。

3. 制定关键任务时间表

参照参展商手册，从展会开幕时间倒数，制定一份关键任务时间表，其中须列明各项任务的负责人及完成截止时间，之后分发给所有参展相关人员。

4. 清晰界定沟通环节

沟通不畅是展会实施过程中出现问题的主要原因之一，因此应向相关供应商及展会主办方明确谁是他们的联系人，同时应在参展团队内定期召开简报会，以确保每位成员及时了解项目进展。

最后有一点，展会期间收集的销售线索经正确处理后将具有较高的价值。为最大限度地实现销售回报，务必尽快高效跟踪销售线索。因此，应该在展会前就制定好展会后的销售跟进计划，并给予足够的人手和时间安排。一般来说，展会期间得到的所有销售线索必须在展会后1～2周内跟进联系，正所谓打铁要趁热，时间一久，效果就会大打折扣。

(5) 实训内容：

① 展会现场沟通的方法很多，除了运用有声语言外，还要善于运用肢体语言提高沟通效果。请用真诚的微笑、热烈的握手、专注的神态、礼貌的寒暄等，活跃沟通气氛，提升沟通效果。

② 在展会现场进行沟通管理时应做的沟通工作包括哪些环节？每个环节包括哪些步骤？

第五章

会展项目计划管理

教学目标和要求

1. 掌握会展项目计划的含义和形式。
2. 理解会展项目计划的编制内容和程序。
3. 掌握会展项目范围计划、进度计划和资源计划的含义。
4. 综合应用会展项目范围计划、进度计划和资源计划的方法和工具,培养学生严谨理性、一丝不苟的科学精神。
5. 理解会展项目资源计划的编制步骤,培养学生整合资源、厉行节约的职业素养和社会责任感。

教学重点和难点

1. 重点是会展项目计划的编制,包括WBS、甘特图等工具和方法的综合应用。
2. 难点是网络技术和资源平衡法的综合应用。

【开篇案例】

展会计划安排在会展项目计划管理中的重要性

第 135 届中国进出口商品交易会(以下简称"广交会")拟于 2024 年 4 月举办。热诚欢迎广大国际企业线上线下踊跃参展!

展出时间:第 135 届广交会计划于 2024 年 4 月 15 日开幕。

第一期:2024 年 4 月 15—19 日。

第二期:2024 年 4 月 23—27 日。

第三期:2024 年 5 月 1—5 日。

换展期:2024 年 4 月 20—22 日、4 月 28—30 日。

线上平台服务时间为半年(2024 年 3 月 16 日—2024 年 9 月 15 日)。

展览题材:

第一期:电子消费品及信息产品、家用电器、照明产品、通用机械及机械基础件、动力电力设备、加工机械设备、工程机械、农业机械、电子电气产品、五金、工具。

第二期:日用陶瓷、家居用品、餐厨用具、编织及藤铁工艺品、园林用品、家居装饰品、节日用品、礼品及赠品、玻璃工艺品、工艺陶瓷、钟表眼镜、建筑及装饰材料、卫浴设备、家具。

第三期:家用纺织品、纺织原料面料、地毯及挂毯、裘革皮羽绒及制品、服装饰物及配件、男女装、内衣、运动服及休闲服、食品、体育及旅游休闲用品、箱包、医药保健品及医疗器械、宠物用品、浴室用品、个人护理用具、办公文具、玩具、童装、孕婴童用品。

(资料来源:https://cief.cantonfair.org.cn/cn/international/index.aspx,有删改)

案例解析:

展会计划安排在会展项目计划管理中具有重要作用。会展项目管理者的工作离不开提前知晓展会的时间、地点、展览题材等要素。参展商可以提前做好参展准备,在具体执行过程中,还会进一步细化日程表,详细列出工作范围等内容。

第一节 会展项目计划概述

1. 会展项目计划

计划是管理的一种手段,计划在实际执行中是可以不断修改的。会展项目计划就是根据项目策划所选定的会展项目主题,确定会展项目所要完成的目标,并为实现这些目标制订的进度计划和预算安排。会展项目计划主要回答以下问题:

(1)何事(What):会展项目要实现什么样的目标,是项目经理和项目团队成员在工作过程中必须清楚的,即项目经理与项目团队应当完成哪些工作。

(2)如何(How):如何完成这些工作和任务。解决这一问题时可利用工作分解结构(Work Breakdown Structure,WBS),WBS 是项目必须完成的各项工作的清单。

(3) 何人(Who)：确定工作分解结构中每项工作的具体负责人员。

(4) 何时(When)：确定各项工作需要多长时间，以及具体于何时开始。

(5) 多少(How much)：确定 WBS 中每项工作需要多少经费预算以及每项工作需要哪些资源等。

(6) 何地(Where)：确定各项工作在什么地方进行。

会展项目计划按照时间的长短可分为战略式计划、战术式计划或作业式计划。战略式计划的时间一般是五年或更长时间，如奥运会计划、世博会计划都属于战略式计划。战术式计划的时间一般是 1~5 年，比如一些周期较长的协会会议，需要较长的时间做前期准备。展览业内也普遍认为准备时间在 18 个月以上的展览所取得的效果较好。作业式计划的时间一般是六个月至一年。一般的会展项目计划都是属于作业式计划；一般的协会年会、公司会议以及具有一定规模的展览计划属于作业式计划，如博鳌亚洲论坛年会、上海国际汽车展等，其计划时间都在一年以内。

2. 会展项目计划的编制内容

会展项目计划应该包括以下几方面的内容，核心内容是其中的范围计划、进度计划、资源计划，它们也是本章讨论的重点。

(1) 范围计划确定了会展项目所有必要的工作和活动的范围，在明确会展项目的制约因素和假设条件的基础上，进一步明确了会展项目目标和主要可交付成果。

(2) 工作计划说明了应如何组织实施会展项目，研究怎样用尽可能少的资源获得最佳的效益，具体包括工作细则、工作检查及相应的措施。工作计划最主要的内容就是项目工作分解和排序，制定出项目分解结构图，同时分析各个工作单元之间的相互依赖关系。

(3) 人员管理计划说明了会展项目团队成员应该承担的各项工作任务以及各项工作之间的关系，同时制定出会展项目成员工作绩效的考核指标及人员激励机制。

(4) 资源计划明确了会展项目实施所需要的各种机器设备、原材料的供应和采购安排。

(5) 进度报告计划主要包括进度计划和状态报告计划。进度计划表明会展项目各项工作的开展顺序、开始及完成时间以及相互关系。状态报告计划规定了描述会展项目当前进展情况的状态报告的内容、形式以及报告时间等。

(6) 成本计划确定了完成会展项目所需要的成本和费用，并结合进度安排获得描述成本—时间关系的项目费用基准，并以费用基准作为度量和监控项目执行过程中费用支出的主要依据和标准，从而以最低的成本实现项目目标。

(7) 质量计划是为了达到客户满意的期望而确定的会展项目质量标准和质量目标，以及实现该目标的实施和管理过程。

(8) 变更控制计划规定了会展项目发生偏差时处理项目变更的步骤、程序，确定了实施变更的具体准则。

(9) 文件控制计划是指对会展项目文件进行管理和维护的计划，它保证了会展项目成员能够及时、准确地获得所需文件。

(10) 风险应对计划主要是对会展项目中可能发生的各种不确定因素进行充分的估计，并针对某些意外情况制订应急行动方案。

(11) 支持计划是指对项目管理的一些支持手段，包括软件支持计划、培训支持计划和行政支持计划等。

3. 会展项目计划的编制程序

（1）定义项目的目标并进行目标分解。如某大学筹备建校 100 周年庆典活动，最终目标是通过该活动的成功举办，实现答谢宾朋、缅怀先辈、凝聚校友、弘扬学术、光大传统、规划未来等具体目标。

（2）进行任务分解和排序。如某大学建校 100 周年庆典活动中校庆宣传活动板块包括编印校史、筹办百年校史展、领导和知名人士题词、发布校庆公告、利用媒体宣传报道、开通校庆网站、制作一部百年办学成就专题片、联络校友等具体任务，校庆教研活动板块包括百年校庆教学经验交流会和研讨会、邀请专家学者（包括校友）进行学术讲座，庆典活动板块包括百年校庆庆典大会、校庆文艺演出、校庆演讲、摄影、集邮、书画、体育竞赛等系列活动。

（3）估算完成各项任务所需的时间。

（4）以网络图的形式来描绘活动之间的次序和相互依赖关系。

（5）估算会展项目各项活动的成本。

（6）编制会展项目的进度计划和成本基准计划。

（7）确定完成各项工作所需要的人员、资金、设备、技术、原材料等资源计划。

（8）汇总以上成果并编制成计划文档。

资料链接 5-1

浙江大学纪念建校 126 周年系列活动

第二节 会展项目范围计划管理

1. 会展项目范围计划的含义

项目范围是指为达到项目目标，对项目的工作内容及范围保持控制所需要的一系列工作和过程。项目范围的理念是边界要明确，分而制之。项目范围计划是项目实施组织、项目团队与项目业主、客户之间达成协议或合同的基础。会展项目范围计划就是以会展项目实施动机为基础，确定项目范围并编制项目范围说明书的过程。会展项目范围计划的依据是会展项目启动的结果，即项目章程、项目说明书和项目假设条件的确定等。

制订一个科学周密的会展项目计划方案是会展项目能否成功举办的核心工作之一，所以在制定会展项目范围计划时应加以重视。一个完整的会展项目计划方案应包括项目的战略方案与操作计划两大部分,具体包括项目的意图、构想与使命,项目的目标,形势分析,达成目标的战略方案,对项目战略的评估与选择,项目的详细操作计划与执行控制,项目评估与反馈。具体到每一个城市的每一个会展项目,因项目的主题、目标、战略、规模、举办地点、主办单位等不同,项目的操作计划方案等也会因此不同。但是,无论哪种类型与特点的会展项目计划方案,都必须包含项目的人力资源管理、市场营销传播推广计划、项目赞助、项目环境设计与管理、项目日程安排与人员责任分工、项目流程与时间管理、项目风险控制、节目编制、商品广告推销、媒体报道与公关、公众与安全、游客服务等方面内容。

2. 制订会展项目范围计划的工具

2.1 工作分解结构(WBS)

项目工作分解结构是项目管理中最具价值的工具,是制订项目进度计划、项目成本计划等多个计划的基础。项目活动分解和界定所依据的最基本和最主要的信息,是项目团队在项目实施期间要完成的工作或要开展的活动的一种层次性、树型的项目活动描述。如奥运会的WBS包括以下主要领域:事件;比赛地点设施,包括食宿、交通、媒体设施和协作;电信;安全安排;医疗保健;人力资源,包括志愿者;奥林匹克文化公园;奥运会前训练;信息技术项目;开幕式和闭幕式;公共关系;账务;检查运动和事件实验;赞助者管理和营销控制。为了保证这些项目的及时完成,从而保证整个奥运会项目的成功举办,需要进行精确的协调。

(1) WBS的作用。

- 通过项目工作分解可以获得项目需要完成的全部工作的整体表述,不致漏掉任何重要的事情。
- 使项目执行者明确具体的任务及其关联关系,做到胸有成竹。
- 便于对每项分解出的活动估计所需时间、成本,便于制订完善的进度、成本预算等项目计划。
- 通过工作分解,可以明确完成项目所需要的技术、人力和其他资源。
- 便于把任务落实到责任部门和个人,有利于界定职责和职权,便于各方面就项目的具体工作进行沟通。
- 使项目团队成员更清楚地理解任务的性质及其努力方向。
- 便于对项目进行有效的跟踪、控制和反馈。

(2) 制定WBS的过程。

- 根据会展项目目标召开与该会展项目有关人员参与的会议,集体讨论主要工作事项。
- 分解会展项目各项工作。如果以前曾经举办过此类会议或展览,可以套用原来的样板。如果是新开发的会议和展览项目,则应该根据会展项目的具体情况启用新的样板。
- 画出相应的树状图,也就是WBS图。
- 对每个子项目进行描述,并确定每个子项目的生命周期。
- 将主要子项目分解成更细、更便于管理的任务。例如,会展前期准备工作是决定会展项目成功的关键,而且大部分工作也集中在这一阶段,所以要对展前准备工作进行详细分解,分解为确定项目目标、制订营销方案、实施营销计划、确定服务承包商、租用会展中心等。而制订营销方案又可分解为准备宣传材料、确定营销对象、选择营销方式、确定营销组合、执行营销计划等工作。对于每一项工作的分解必须详细到可以对该项工作进行成本估算、进度安排、分配负责人员这样的程度。

- 进行反复讨论和严格论证,以验证以上项目工作分解是否正确,是否存在某些项目还没有划分成更细的任务,是否有的任务没有必要为其分配独立的人员和其他资源。如果存在这样的情况,还要对项目分解结构做进一步的修改。
- 在验证分解完全正确之后,建立一套编号系统。
- 根据其他计划编制活动的进行,对 WBS 做进一步的修改。

遵循上述步骤所形成的工作结构分解图定义了整个会展项目中所有的项目范围。没有包括在图中的工作就不属于该会展项目的工作;而包含在图中的每一项工作都要很好地完成,才能保障整个会展项目顺利完成。因此,会展项目分解过程十分重要,是决定项目成败的关键,会展项目经理和各个职能经理以及项目小组的每个成员都应该十分关心项目分解结构图是否正确,积极参与项目分解工作,并对所形成的项目分解结构图提出修改意见,以使其更符合会展项目管理的需要。

在会展项目中,一般在第一层次上按会展项目的工作流程分解,而第二层次和更低层次则按工作的内容划分。

(3) WBS 图的层次和编码。

项目本身复杂程度、规模不同,形成了 WBS 图的不同层次。一般最多使用 20 个层次,多于 20 层则是过度的,分解到能够做出所要求的准确程度,便于进行管理工作的程度就够了。对于较小的项目,4~6 层一般就够了。

WBS 分解工作的一般顺序是:总项目、子项目或主体工作任务、主要工作任务、次要工作任务、小工作任务或工作元素等构成的等级式结构,在分解任务时不必考虑工作进行的顺序,要把工作分解到能以可靠的工作量估计为止,在确定最低一级的具体工作时,应能分配到某个或某几个人具体负责。WBS 需要运用特定的规则对分解结构图中的各个节点进行编码,可简化项目实施过程的信息交流,最常见的方法是利用数字进行编码,每项工作的编码是唯一的,具体采用数字的位数视项目的复杂程度而定,由项目的层数来决定编码数字的位数。下面以四层工作分解结构为例说明如何编码:

第一层编码为 1;

第二层编码为 1.1,1.2,1.3,……;

第三层编码,如 1.1 可以分解为 1.1.1,1.1.2,1.1.3,……;

第四层编码,如 1.1.1 可以分解为 1.1.1.1,1.1.1.2,1.1.1.3,……。

(4) WBS 的形式。

WBS 主要有两种形式。

第一种形式是以图表表示的,类似于组织结构图,只不过方框表示工作活动而不是表示组织结构。如某庆祝活动的 WBS 图(如图 5.1 所示),其实每个工作包还可以具体分解。例如,其中游戏摊位工作包分解为:

- 设计摊位
- 确定材料

- 购买材料
- 搭建摊位
- 粉刷摊位
- 拆除摊位
- 移至庆祝地点重新搭建
- 拆卸货摊并送到仓库

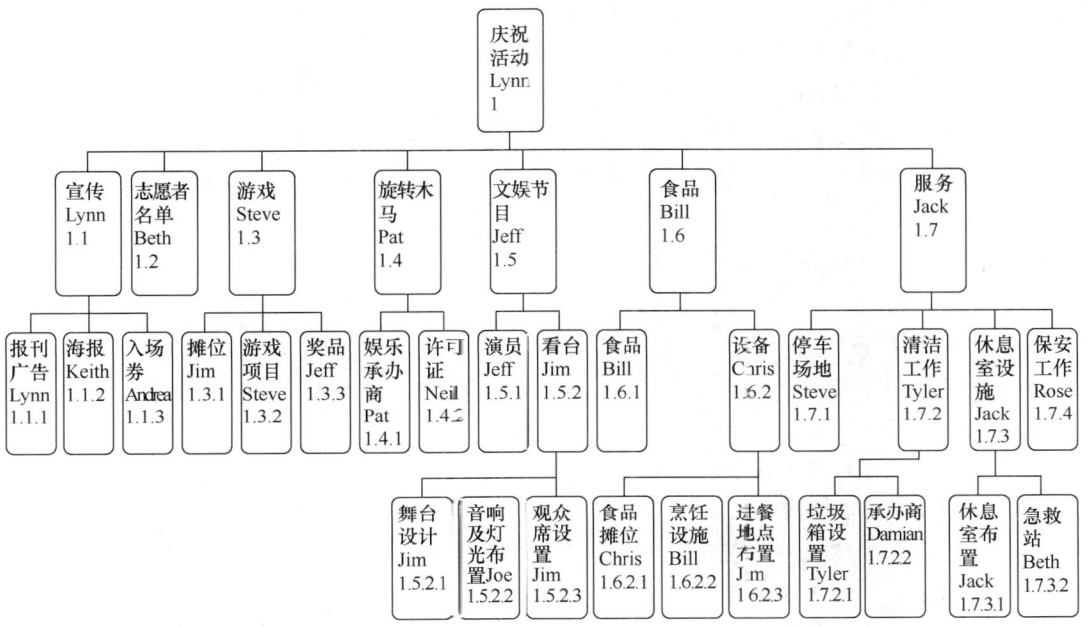

图 5.1 某庆祝活动 WBS 图

第二种形式是缩排的直接明了的活动清单。某庆祝活动的缩排 WBS 如下所示：

1. 庆祝活动

  1.1 宣传

    1.1.1 报刊广告

    1.1.2 海报

    1.1.3 电视广播

    1.1.4 入场券

  1.2 志愿者名单

  1.3 文娱节目

    1.3.1 看台

      1.3.1.1 音响灯光布置

      1.3.1.2 舞台设计

      1.3.1.3 观众席设置

    1.3.2 演员

1.4 游戏
　　1.4.1 区位
　　1.4.2 游戏项目
　　1.4.3 奖品
1.5 食品
　　1.5.1 食品品种
　　1.5.2 设备
　　　　1.5.2.1 食品摊位
　　　　1.5.2.2 烹饪设施
　　　　1.5.2.3 进餐地点布置
1.6 化装舞会
　　1.6.1 道具
　　1.6.2 音响设备
　　1.6.3 场地
1.7 后勤服务
　　1.7.1 停车场地
　　1.7.2 清洁工作
　　　　1.7.2.1 垃圾箱设置
　　　　1.7.2.2 承办商
　　1.7.3 休息室设施布置
　　　　1.7.3.1 休息室布置
　　　　1.7.3.2 医务室
　　1.7.4 保安工作

2.2 责任分配矩阵

责任分配矩阵是用来对项目团队成员进行分工，明确其角色与职责的有效工具，通过这样的关系矩阵，项目团队每个成员的角色（也就是谁做什么）以及他们的职责（也就是谁决定什么）得到了直观的反映。项目的每个具体任务都能落实到参与项目的团队成员身上，确保事有人做，人有事干。某庆祝活动的责任分配矩阵如表5.1所示。

表 5.1　某庆祝活动责任分配矩阵

WBS 细目	工作细目	Andrea	Beth	Bill	Chris	Damian	Jack	Jeff	Jim	Joe	Keith	Lynn	Neil	Pat	Rose	Steve	Tyler
1	宣传	S										S	P				
1.1	报刊广告											P					
1.2	海报										P						
1.3	入场券	P	S									S					
2	志愿者名单	P						S							S		

续表

WBS细目	工作细目	Andrea	Beth	Bill	Chris	Damian	Jack	Jeff	Jim	Joe	Keith	Lynn	Neil	Pat	Rose	Steve	Tyler
3	游戏							S	S							P	
3.1	摊位				S				P	S							
3.2	游戏项目														S	P	
3.3	奖品						P								S		
4	旋转木马												S	P			
4.1	娱乐承办商													P	S		
4.2	许可证												P	S			
5	文娱节目							P	S	S							
5.1	演员					S		P	P								
5.2	看台								P	S							
5.2.1	舞台设计								P	S							
5.2.2	音响及灯光布置								P	P							
5.2.3	观众席设置					S				P							
6	食品及设备	P	S														
6.1	食品	P	P												S		
6.2	设备	S	P						S								
6.2.1	食品摊位		P						S	S							
6.2.2	烹饪设施	P															
6.2.3	进餐地点布置									P					S		
7	服务						P							S	S	P	S
7.1	停车场地				S												
7.2	清洁工作															P	P
7.2.1	垃圾箱设置															P	P
7.2.2	承包商						P										
7.3	休息室设置	S					P										
7.3.1	休息室布置						P										
7.3.2	急救站	P															
7.4	保安工作					S			S						P		

注：P表示主要负责人，S表示次要负责人。

责任分配矩阵可以用多种表现形式，还有用表格来表示的。表示责任人在项目中地位的图例符号（如：▲—负责 ◆—参与 ●—监督）也可以用字母或数字来表示。但不管用何种形式来表示，基本的格式都是表格或矩阵的竖项用WBS编码标明分解后的各项任务，横项则列出项目组的各部门或各负责人员，在横项与竖项相交的空格内则用图例符号表示任务和各部门或各成员之间的关系。比如展览营销工作的主要负责人是营销人员，但还需要展览策划人员的辅助；财务人员不仅要编制财务预算，还要对所有工作实施监督和控制。责任分配矩阵可以明确每个部门及每个项目成员在项目中的职责，还可以表明项目组织内部各部门之间、人与人之间的相互关系。通过责任分配矩阵，每个人既能清楚自己的职责，还能清楚自己与他人的协作关系，这有利于项目小组成员之间以及部门之间的协调。

责任分配矩阵通常是将工作分解结构图与项目的有关组织结构图相对照，根据每项工作的任务描述和性质特点以及每个部门成员应该承担的责任分配任务，形成责任分配矩阵。表 5.2 是某展览项目的责任分配矩阵。

表 5.2　某展览项目责任分配矩阵

WBS 编码		任务名称	策划部	展览部	设计部	营销部	运输部	财务部	办公室
1100	1110	制定目标	▲	◆		◆		◆	●
	1120	租用场地	▲		◆	●			
	1130	营销计划	◆	◆		▲		◆	●
1200	1210	数据库				▲			●
	1220	印刷资料	◆	◆	◆	▲		◆	●
	1230	实施宣传		◆		▲		●	
……	……								

注：▲—负责　◆—参与　●—监督

表 5.2 只是一个例子，展示在展览项目中各项工作的基本分类。在实际工作中，不同的展览项目的组织结构不同，项目成员也不同，而且所分解的任务也不完全相同，因此不能在实际中简单套用表格中的任务分配。如上海旅游节活动的策划实施行动计划包括财务计划、消防及安全计划、员工培训计划、接待计划、环境整治及场地布置计划、交通管制计划、宣传促销计划、开幕式和新闻发布会计划、主题论坛等配套活动的日程安排等。为了有效地实施各项计划，必须制订详细的行动方案，行动方案必须明确行动计划和战略实施的关键性决策和任务，并将执行这些决策与任务的责任落实到个人或小组。

资料链接 5-2

2023 年第 133 届广交会的参展范围和展会亮点

第三节　会展项目进度计划管理

1. 会展项目进度计划的含义

项目进度计划是表达项目中各项工作的开展顺序及开始、结束时间，相互衔接关系的计划。会展项目进度计划管理就是为保证会展项目各项工作及总任务按时完成所需要的一系列的计划工作与过程。制订项目进度计划的目的是控制项目时间和节约时间。

2. 会展项目进度计划管理的目的

(1) 保证按时获利,以补偿已经发生的费用支出。

(2) 协调资源。由于会展项目小组通常是临时组建的,某些项目小组成员或设备可能不属于会展项目经理直接管辖,需要对这些资源做出合理的预期和假设。

(3) 保证在需要的时候有资源可以利用。

(4) 预测在不同时间点需要的资金和资源的级别,以便为项目赋予不同的级别。

(5) 满足严格的完工时间约束。比如展会的布展、撤展都是有准确时间节点的。

3. 会展项目进度计划管理的工具

3.1 甘特图

甘特图又称横道图,是应用广泛的进度表达方式,甘特图通常在左侧垂直向下依次排列工作任务的各项工作名称,而在右边与之紧邻的时间度表中则对应各项工作逐项绘制横道线,从而使每项工作的起止时间均可由横道线的两个端点表示。由于甘特图简单、明了、直观和易于编制,它成为项目整体的进度计划和控制的主要工具及高层管理者了解全局、基层安排进度或工作时间的有用工具。甘特图是一个二维平面图(如图5.2所示),具体应用方法如下:

(1) 为了达到既定目标,先将整个会展项目方案分解成数项任务,再把各项任务按时间先后排于图中。

(2) 先确定任务开始时间,估算完成该活动项所需要的时间,在图中标以横道线。该横道线以开始日期为起点向右延伸,其长度由完成该活动项所需时间和表格中的时间刻度决定,最终形成会展项目计划展示图。

(3) 为便于随时了解会展项目整体的进展情况,可在会展项目计划展示图的基础上编制会展项目执行展示图,在图中标记完成每项活动实际所花费的时间,用来和计划安排作比较。

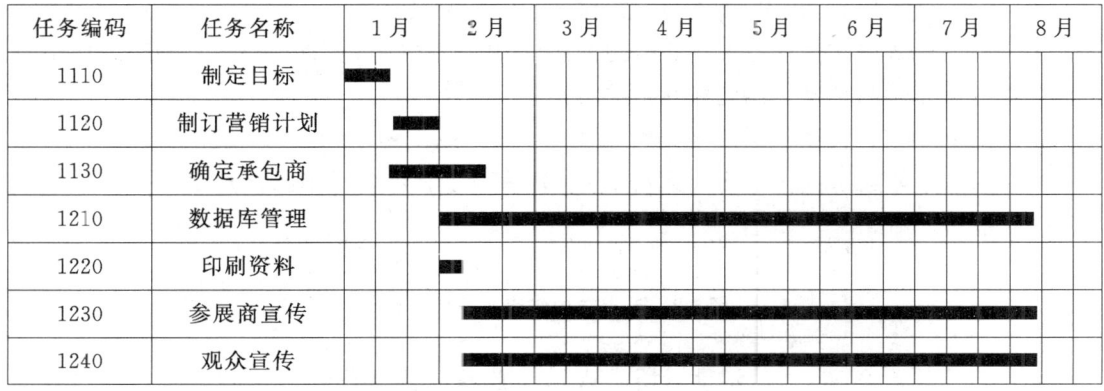

图 5.2 某展览项目进度计划的甘特图

3.2 里程碑计划

里程碑是项目中的重大事件,通常标志着一个主要可交付成果的完成。它是项目进程中的一些重要标记,是在计划阶段应该重点考虑的关键点,里程碑既不占用时间也不占用资源。可交付成果是指为了完成项目或其中一部分,而必须完成的可度量的、有形的及可以核实的任何工作成果或事项。一般来说,项目有中期可交付成果和最终可交付成果。如启动阶段结束时,批准可行性研究报告是一个里程碑,其可交付成果是可行性研究报告;计划结束时,批准项目计划是一个里程碑,其可交付成果是项目计划文件;执行结束时,会展项目成功举办是一个里程碑,其可交付成果是会展项目成功举办的事实;收尾阶段结束时,项目交接是最后一个里程碑,其可交付成果是会展项目总结报告(如表5.3所示)。

表5.3 某会展项目里程碑

里程碑事件	2024.1.2	2024.3.3	2024.6.2	2024.6.8	2024.7.10
审批完成	◆				
筹备工作开始		◆			
开幕式			◆		
闭幕式				◆	
会展项目总结报告					◆

3.3 网络计划

网络计划是以时间为基础,用网络形式来描述一个系统,对系统进行统筹安排,寻求资源分配的协调方案。网络计划技术能够从系统的观点出发,用形象直观的网络图来表达生产过程中的各项工作之间相互制约、相互依赖的关系,有利于协调和配合,保证有计划、有节奏地完成任务。网络图能反映出系统之间内在的联系,使管理人员能抓住工作重点,分清问题的轻重缓急,科学地组织和指挥生产,合理协调人力、物力、财力;使工程管理人员能预见工程项目中可能产生的麻烦及工期拖延的原因,从而合理安排有限的人力、物力、财力资源,尽快完成工程项目。

(1)网络计划技术的表示方法。

① 节点法(Precedence Diagramming Method,PDM)。

节点法又称为顺序图法或单代号网络图法,即用单个节点(方框)表示一项活动,用节点之间的箭线表示项目活动之间的相互依赖关系。

活动之间的依赖关系包括四种类型:

- 结束—开始关系:只有当A活动结束,B活动才能开始(如图5.3所示)。

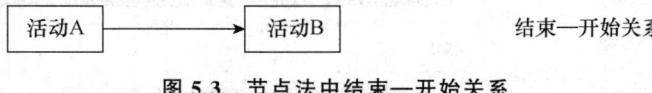

图5.3 节点法中结束—开始关系

- 开始—开始关系:在B活动开始前A活动必须开始(如图5.4所示)。

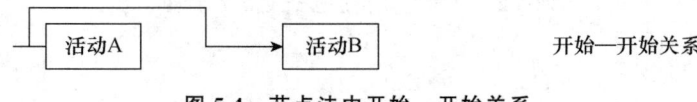

图5.4 节点法中开始—开始关系

- 结束—结束关系：在 A 活动结束前 B 活动必须结束（如图 5.5 所示）。

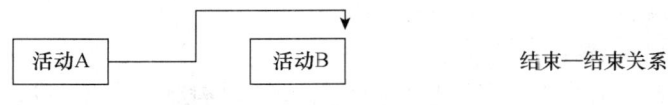

图 5.5　节点法中结束—结束关系

- 开始—结束关系：在 A 活动开始前 B 活动必须结束（如图 5.6 所示）。

图 5.6　节点法中开始—结束关系

在节点法中，结束—开始关系是最常见的，开始—开始关系和结束—结束关系是最自然的，开始—结束关系完全是理论上的，现实中比较少见。各项活动或工作之间需要根据会展项目的特点安排先后顺序。如会展项目组织者需要在做好活动前场地租借、营销等准备工作的基础上，才能进行现场管理工作，然后才有后续工作，这种活动的自然运作流程是不可更改的，也就决定了这几项工作的前后顺序，这种活动之间的必然联系称为项目活动排序的"硬逻辑"关系，是不可违背的先后顺序关系。但会展项目中有很多工作没有严格的先后顺序，如在会展项目营销、拉赞助过程中有些工作是可以交叉进行的，这些工作可以根据具体情况进行顺序安排，带有明显的主观性，因此被称为"软逻辑"。

节点图的样式如图 5.7 所示。

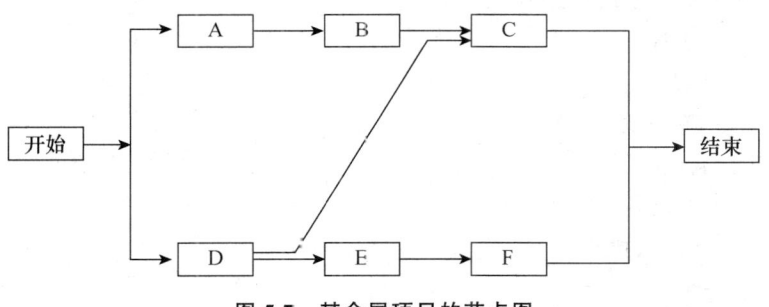

图 5.7　某会展项目的节点图

② 箭线图法（Arrow Diagramming Method，ADM）。

箭线图法又称为双代号网络图法，是一种用箭线表示工作、节点表示工作相互关系的网络图方法。

网络图是带有某种数量指标的图，它主要由工序、节点、线路三要素构成。

① 工序（作业、活动）是指消耗资源（人力、物力、财力）、消耗时间（经过一段时间）并有具体活动内容的过程。虚工序是指不消耗资源、时间，仅表示前后工序逻辑顺序的工序。

② 节点（事项、圈）是指网络图中工序与工序之间的联接点，它既表示位于其前面的紧前工序的结束，又表示位于其后面的紧后工序的开始，同时又表示网络图的始点与终点。

③ 线路是指由网络图始点到终点的通畅线路。关键路线是指网络图中最长的线路。

网络图和节点图的原理是相同的,只是表示方法不同而已。

(2) 网络图的绘制。

① 网络图的绘制步骤:

- 任务分解分析。对大中型会展项目按工作顺序进行任务分解,直到单项工作不能分为止。
- 作业时间确定。根据历史资料,对各项工作确定一个时间 t,若没有历史资料可查,则用经验估工法估计作业时间。
- 编制作业清单。确定工程项目各项工作的顺序,哪项工作先做,哪项工作后做,哪几项工作可同时进行。

② 网络图的绘制原则:

- 有向,自左至右,源终唯一。
- 无回路。
- 两点一线。
- 线不逆行,指向节点编号增大方向。
- 节点编号由小到大,可以留有余号,以便插入新工序。

③ 网络图的时间参数计算。

- 时间参数如下:
  - $ES(ij)$——工序最早可能开工时间。
  - $EF(ij)$——工序最早可能完工时间。
  - $LS(ij)$——工序最迟必须开工时间。
  - $LF(ij)$——工序最迟必须完工时间。
  - $S(ij)$——工序时差。
  - T——总工期。
  - CP——关键路线。
- 计算方法:节点标号法。
- 口诀:前进,加法,挑大
    后退,减法,挑小
- 计算公式:
  - $ES = \max\{$紧前工作的 $EF\}$
  - $EF = ES + $ 工作延续时间 t
  - $LF = \min\{$紧后工作的 $LS\}$
  - $LS = LF - $ 工作延续时间 t

【例 5-1】 表 5.4 所示为某小型会议项目的网络作业清单,试绘制该会议项目的网络图并确定其关键路线。

表 5.4 某会议项目的网络作业清单

作业代码	作业时间(天)	紧前工序
A	4	—
B	2	—
C	4	—

续表

作业代码	作业时间(天)	紧前工序
D	2	A
E	1	A
F	3	C
G	3	D
H	1	B、E

解：第一步：根据工作顺序绘制网络图(如图5.8所示)。

第二步：计算活动的最早开始时间和最迟结束时间,标在网络图上。

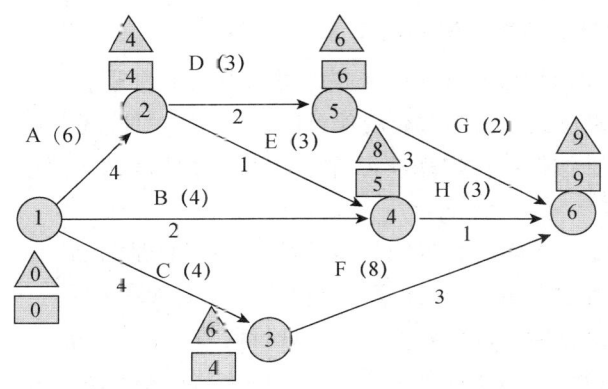

图5.8 某会议项目的网络图

第三步：计算该项目的工序时差,计算结果如表5.5所示。

表5.5 某会议项目工序时差的计算

作业代号	ES	EF	LS	LF	S
A	0	4	0	4	0
B	0	2	6	8	6
C	0	4	2	6	2
D	4	6	4	6	0
E	4	5	7	8	3
F	4	7	6	9	2
G	6	9	6	9	0
H	5	6	8	9	3

从表5.5可以看出,该会议项目的关键路线为A—D—G。

项目总工期为4+2+3=9(天)。

3.4 日程表

大多数会展项目的管理者都离不开日程表,它是活动的日程或时间表。在计划的初期,日程表的内容极为简单,时间分配只限于活动的具体构成因素,随着计划的推进,日程表变得更为详细,如确定舞蹈演员、表演模特、技术人员或其他员工的工作时间安排等。最后,日程表更为详细,包括每个人的任务和责任。

资料链接 5-3

某展会日程安排情况

4. 会展项目进度计划管理方法的选择

选择会展项目进度计划管理方法时需要考虑以下几个因素。

（1）会展项目的规模大小。小型会展项目应采用简单的进度计划管理方法，如甘特图。大型会展项目为了保证按期按质实现项目目标，就需考虑用较复杂的进度计划管理方法，如网络图法。

（2）会展项目的复杂程度。会展项目的规模不一定总是与活动的复杂程度成正比，所以应对活动的具体情况进行分析，以选择适合的进度计划管理方法。

（3）会展项目的紧急性。在会展项目急需进行阶段，特别是开始阶段，需要对各项工作发布指示，以便尽快开始工作，此时如果采用复杂的方法编制进度计划，可能延误时间，这时可以先采用简单的方法编制进度计划。

（4）对会展项目细节掌握的程度。如果对会展项目的细节掌握不够，对各项工作之间的逻辑关系及完成每项工作的时间估计不够，就可能产生遗漏，无法使用复杂的方法编制进度计划。

（5）有无相关的技术力量和设备，如计算机、技术人员等。

此外，根据情况不同，还需要考虑客户的要求、用在进度计划上的预算等因素。

第四节　会展项目资源计划管理

1. 会展项目资源计划的含义

项目资源包括项目实施过程中需要的人力、设备、材料、能源及各种设施等。项目资源计划是指分析、识别和确定项目所需资源种类（人力、设备、材料、资金等）、数量和投入时间的一种项目管理活动。会展项目资源计划就是决定什么样的资源以及多少资源将用于会展项目的每个工作的执行过程之中。通过资源平衡，可以减少资源的过度分配，提高资源的使用效率。

2. 会展项目资源计划的编制依据

（1）工作分解结构。工作分解结构确定了项目团队为完成项目目标所要进行的所有工作，是编制项目资源计划的主要依据。

（2）项目进度计划。项目进度计划是项目计划中最主要的计划，是其他各项计划的基础。资源计划必须服务于进度计划,什么时候需要何种资源是围绕项目进度计划的需要而确定的。

(3) 范围陈述。范围陈述包括项目工作说明和项目目标,在项目资源计划的编制过程中应特别考虑这些内容。

(4) 资源库描述。什么资源是能获得的？数量是多少？资源的质量水平如何？这是编制项目资源计划所必须掌握的。

(5) 组织策略。在资源计划的编制过程中还必须考虑人事组织、所提供设备的租赁和购买策略。

(6) 历史资料。历史资料记录了先前类似会展项目使用资源的情况,对以后的会展项目的举办具有借鉴作用。如举办奥运会的项目资源计划的编制可以借鉴历届奥运会的经验。

3. 会展项目资源计划的编制步骤

资源计划的编制步骤包括资源需求分析、资源供给分析、资源成本比较与资源组合、资源分配与计划编制。

3.1 资源需求分析

通过分析确定工作分解结构中每一项任务所需的资源数量、质量及种类。确定资源需求的种类后,根据有关项目领域中的消耗定额或经验数据,确定资源需求量。在会展项目领域内,一般可按照以下步骤确定资源数量。

(1) WBS各项工作量需求计算。
(2) 确定活动实施方案。
(3) 估计人员需求量。
(4) 估计材料需求量。
(5) 估计设备需求量。
(6) 确定资源使用时间。

3.2 资源供给分析

资源供给的方式多种多样,可以在项目组织内部解决,也可以从项目组织外部获得。资源供给分析要分析资源的可获得性、获得的难易程度以及获得的渠道和方式,可分别从内部、外部资源两个角度进行分析。

3.3 资源成本比较与资源组合

确定需要哪些资源和如何可以得到这些资源后,就要比较这些资源的使用成本,从而确定资源的组合模式(即各种资源所占比例与组合方式)。完成同样的工作,不同的资源组合模式,其成本可能会有较大的差异。要根据实际情况,考虑成本、进度等目标要求,具体确定合适的资源组合方式。

3.4 资源分配与计划编制

资源分配是一个系统工程,既要保证各个任务得到合适的资源,又要努力实现资源使用总量最少以及使用平衡。在合理分配资源使所有项目任务都分配到所需资源,而所有资源也得到充分利用的基础上,编制项目资源计划。

4. 编制会展项目资源计划的方法

编制项目资源计划的方法有很多,这里主要讨论其中的几种方法。

4.1 专家判断法

专家判断法是指由项目成本管理专家根据经验来确定和编制项目资源计划的方法。这种方法通常有两种具体的形式:专家小组法和德尔菲法。专家小组法是指组织一组有关专家在调查研究的基础上,通过召开专家小组座谈会的方式,共同探讨,提出项目资源计划方案,然后编制出项目资源计划的方法。德尔菲法是指由一名协调者通过组织专家进行资源需求估算,然后汇集专家意见,整理并编制项目资源计划的方法。为了防止迷信权威和消除不必要的相互影响,一般来说,协调者只起联系、协调、分析和归纳结果的作用,专家们互不见面,互不通气,只与协调者发生联系,并做出自己的判断。

专家判断法的优点是:主要依靠专家判断,基本不需要历史信息资料,适用于全新的项目。专家判断法的缺点是:如果专家的水平不一,专家对于项目的理解不同,就会造成项目资源计划出现问题。在得不到更多的专业信息的情况下,借助专家知识被决策者广泛采用。专家判断法是编制资源计划最为常用的方法,这里的专家可以是任何具有特殊知识或经过特别培训的组织和个人。

4.2 头脑风暴法

头脑风暴法是20世纪30年代由美国创造学家亚历克斯·奥斯本提出的,其主要特点在于能够最大限度地挖掘专家的潜能,使专家能够无拘无束地表达自己关于某问题的意见和提案,让各种思想火花自由碰撞,好像掀起一场头脑"风暴",一些有价值的新观点和新创意可能在"风暴"中产生。

采用头脑风暴法应遵守如下原则:(1) 严格限制预测对象的范围,使参加者把注意力集中于所涉及的问题,并就所讨论的问题提出具体要求,规定所用术语;(2) 不能对别人的意见提出怀疑,不能放弃和中止讨论任何一个设想,不管这种设想是否适当和可行;(3) 鼓励参加者对已经提出的设想进行补充、改进和综合,为准备修改自己设想的人提供优先发言权;(4) 营造一种自由发表意见的气氛,使参加者能解除思想顾虑,激发参加者的积极性;(5) 发言简单,不需详细论述;(6) 不允许参加者宣读事先准备好的发言稿。

头脑风暴领导者的发言应能激起参加者的思维灵感,促使参加者感到急需回答会议提出的问题。通常,在头脑风暴开始时,领导者必须采取强制询问的做法。一旦参加者被鼓动起来,新的设想源源不断地涌现,这时,领导者只需根据头脑风暴法的原则进行适当引导即可。头脑风暴法仅是一个产生思想的过程,要形成最后的决策,还需有其他方法辅助。头脑风暴法在帮助解决资源计划相关的问题方面被证明是很有效的方法。

4.3 资源平衡法

资源平衡就是力求每天的资源需用量接近平均值,避免出现短期内的高峰或低谷,在不延长项目要求完工时间的情况下建立资源均衡利用的进度计划。资源平衡法是指通过确定项目所需资源的确切投入时间,并尽可能均衡使用各种资源来满足项目进度计划的一种方法。它是均衡各种资源在项目各阶段投入的一种常用方法。

在项目实际运转中,资源总是有限的,我们需要考虑资源的可获得性、资源的功能以及它们与项目进度之间的关系,即项目团队必须考虑成本、时间和员工的熟练程度等相关因素对项目的制约,资源平衡的首要工作就是进行资源约束的分析。

(1) 活动之间的技术限制分析。

可以通过网络图表示各项活动之间的逻辑关系,从而来配置资源。下面以某校小型羽毛球比赛筹备为例进行分析,图5.9是其资源需求网络图。

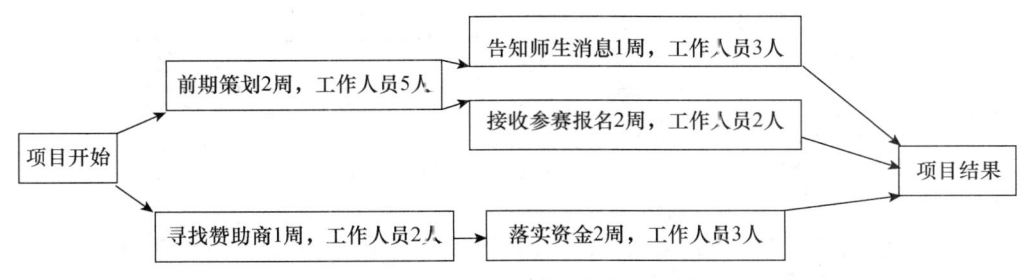

图 5.9 某校小型羽毛球比赛筹备的资源需求网络图

(2) 资源限制分析。

完成技术限制分析之后,就可以绘制资源需求甘特图,进一步考虑资源限制的问题。图5.10 为该小型羽毛球比赛筹备的资源需求甘特图。

筹备期(周)	第一周	第二周	第三周	第四周	第五周
2	前期策划 5 人				
1			告知师生 3 人		
2				接受报名 2 人	
1	寻求赞助 2 人				
2			资金落实 3 人		
人数	7	8	6	2	2

图 5.10 某校小型羽毛球比赛筹备的资源需求甘特图 1

从图5.11可以看出,该活动每周需要的工作人员依次是:7、8、6、2、2人,累计需要 $7×1+8×1+6×1+2×1+2×1=25$ 周。同时发现该活动的人力资源的配置很不均衡,如何优化配置这些工作人员就是资源平衡所要解决的根本问题。资源平衡分析是指在某种特定资源的需求频繁波动时,在不延长项目工期的条件下,如何使资源配置尽可能均衡,即使资源需求的波动最小化的一项工作。如果该活动每周只有5个工作人员,通过资源平衡分析,该活动筹备的资源需求甘特图变为如图5.11所示。

(3) 资源约束进度安排。资源约束进度安排是指在各种资源有限而且又不准超过该资源约束的情况下制定最快进度的一种方法。由于资源约束进度安排必须遵守资源约束条件,所以应用这种方法时可能导致项目的完工时间延长,这也是一种在最小时差原则下反复地将资源分配给各个活动的方法。

筹备期(周)		第一周	第二周	第三周	第四周	第五周
2		前期策划 5 人				
1				告知师生 3 人		
2					接受报名 2 人	
1				寻求赞助 2 人		
2					资金落实 3 人	
人数		5	5	5	5	5

图 5.11　某校小型羽毛球比赛筹备的资源需求甘特图 2

假设该小型羽毛球比赛筹备工作中寻求赞助需要 3 周,同时如果该活动每天只有 5 个工作人员,因此告知师生、接受报名、寻求赞助就不能同步进行,这将导致筹备工作的完工时间从 5 周增加到 6 周。

在进行资源平衡分析时,如果项目网络图不是很复杂,并且资源需求种类仅有几种时,资源平衡分析的过程可以通过手动来完成,但如果项目网络图很大而且资源需求种类很多时,资源平衡分析工作就变得十分复杂,此刻需要借助项目管理软件来进行资源平衡分析。

5. 编制会展项目资源计划的工具

常用的编制项目资源计划的工具包括资源矩阵、资源数据表、资源甘特图、资源负荷图(资源需求曲线)、资源累计需求曲线等。

5.1　资源矩阵

资源矩阵可用以说明完成项目中的工作需要用到的各种资源的情况。表 5.6 为某会展项目的人力资源矩阵,其中列出了该会展项目的人力资源需求状况,其中:P 表示主要资源,S 表示次要资源。

表 5.6　某会展项目人力资源矩阵

工作	人力资源需求					
	项目经理	咨询人员	营销人员	设计人员	策划人员	公关人员
确定会展目标	P	S				
制订会展计划	P	S			S	
媒体公关				S		P
会展营销			P			S
……						

5.2　资源数据表

资源数据表以表格的形式说明了各项资源在项目周期各时间段在数量上的需求情况。表 5.7 列出了某会展项目所需人力资源数量状况,如在整个会展项目期间都需要一个项目经理,但对咨询人员、策划人员的需求主要在会展项目的前期才有。

表5.7 某会展项目人力资源数据表

资源需求种类	时间安排（不同时间人力资源需求量）											
	1	2	3	4	5	6	7	8	9	10	11	12
项目经理	1	1	1	1	1	1	1	1	1	1	1	1
咨询人员	2	2										
营销人员				4	4	4	4	4	4	2	2	2
设计人员	1	1	1	1								
策划人员	2	2										
公关人员			2	2	2	2	2	2	2	2	2	2
……												

5.3 资源甘特图

资源甘特图用以反映各种资源在项目周期各阶段用于完成哪些工作的情况。格式如图5.10和图5.11所示。

5.4 资源负荷图

资源负荷图一般以条形图的方式反映项目进度及资源需求情况，格式如图5.12所示。

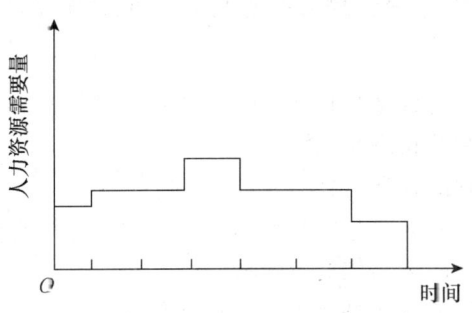

图5.12 某项目人力资源负荷图

5.5 资源累计需求曲线

资源累计需求曲线是以线条的方式反映项目进度及资源需求情况，反映了项目不同时间的资源需求量，其格式如图5.13所示。

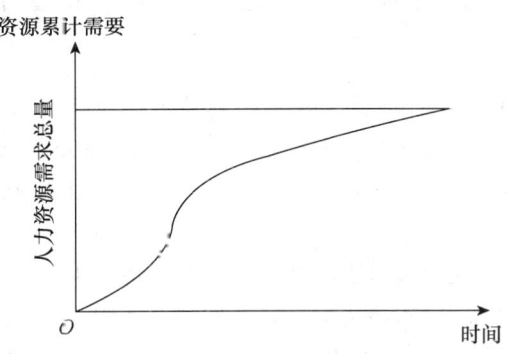

图5.13 某项目人力资源累计需求曲线

总结与实践

1. 小结

会展项目计划就是根据项目策划所选定的会展项目主题,确定会展项目所要完成的目标,并为实现这些目标制定的进度计划和预算安排。本章探讨会展项目计划的形式、编制内容和编制程序等。

会展项目范围计划就是以会展项目实施动机为基础,确定项目范围并编制项目范围说明书的过程。制订会展项目范围计划的工具包括工作分解结构、责任分配矩阵等。会展项目进度计划管理就是为保证会展项目各项工作及总任务按时完成所需要的一系列的计划工作与过程。会展项目进度计划管理的工具包括甘特图、里程碑计划、网络计划、日程表等。会展项目资源计划就是决定什么样的资源以及多少资源将用于会展项目的每个工作的执行过程之中。通过资源平衡,可以减少资源的过度分配,提高资源的使用效率。编制会展项目资源计划的方法包括专家判断法、头脑风暴法、资源平衡法。常用的编制项目资源计划的工具包括资源矩阵、资源数据表、资源甘特图、资源负荷图、资源累计需求曲线等。

2. 复习与思考

(1) 会展项目计划工作的含义是什么?它具体包括哪些内容?
(2) 会展项目计划编制的程序是怎样的?
(3) 会展项目范围计划的含义是什么?
(4) 会展项目进度计划的编制目的是什么?
(5) 会展项目资源计划的编制依据有哪些?
(6) 会展项目资源计划的编制方法和工具包括哪些?
(7) 试收集某会展项目的相关资料,运用本章所学知识编制该主题会展项目的范围计划、进度计划。

3. 案例分析

上海旅游节成功举办(以第27届和第32届为例)

背景资料

上海旅游节创办于1990年,活动从每年9月的第一个周六开始,历时20余天,涵盖了观光、休闲、娱乐、文体、会展、美食、购物等几个大类近40多个项目。由上海市文化和旅游局、上海市商务委员会共同主办,是国内规模最大、最具城市影响力的大型旅游节庆活动之一。

上海旅游节以"人民大众的节日"为定位,以"走进美好与欢乐"为主题,通过丰富多彩、各具特色的上海各区县节庆活动,推进"一带一路"倡议对旅游业的发展要求,吸引社会各界的大力支持和广泛参与。上海旅游节已成为上海建设世界著名旅游城市节庆盛典的标志,其中传统活动有上海旅游节花车巡游暨评比大奖赛、微游上海等;结合观光、休闲、娱乐、文体、会展、美食、购物于一体的旅游体验以及近百项市民参与的节庆活动,向海内外集中展现了四季上海都市风光、都市文化和都市人文的无穷魅力。

第27届上海旅游节

第27届上海旅游节于2016年9月10日至10月6日举办。开幕大巡游是每一年旅游节的开启项目,上海市民用最热情的姿态欢迎来自五湖四海的游客来上海旅游,感受这座城市的各方面。和往年旅游节一样,各区花车巡游、玫瑰婚典、南翔小笼文化节等活动也如期举办,花车巡游日程安排如表5.8所示。但由于外环以内禁止燃放烟花爆竹,所以旅游节闭幕式的世纪公园音乐烟花节停办,改为上海中心空中绿地举办空中音乐会。

表5.8 花车巡游日程安排

编号	日期	巡游时间	区	停放地点(巡游路段)
1	9月11日(周日)	19:30	静安	停留(大宁国际商业广场)
2	9月12日(周一)	19:30	黄浦	停留(南京东路步行街)
3	9月13日(周二)	19:30	杨浦	停留(黄兴公园)
4	9月14日(周三)	19:30	徐汇	停留(华泾镇)
5	9月17日(周六)	19:30	宝山	巡游(牡丹江路宝杨路)
6	9月18日(周日)	19:00	奉贤	停留+巡游(南桥)
7	9月19日(周一)	19:30	虹口	巡游(四川北路)
8	9月20日(周二)	19:30	静安	停留(余姚路步行街及同乐坊)
9	9月21日(周三)	19:30	长宁	停留+巡游(兴义路)
10	9月22日(周四)	19:00	崇明	巡游(南门)
11	9月25日(周日)	19:00	金山	停留+巡游(金山大道)
12	9月28日—10月6日	全天	青浦	停留东方绿舟展示

第32届上海旅游节

第32届上海旅游节于2021年9月10日至9月30日举办。在统筹兼顾疫情防控和文旅发展的要求下本届旅游节做了许多创新调整,适当压缩办节时间,取消线下重大活动,以"建筑可阅读,城市微旅行"为主题,加大文旅融合力度,推出系列精彩活动。在变与不变中坚守旅游节的办节宗旨和初心。所有仪式性的活动取消了,取而代之的是全城接力、全民参与、全媒体呈现的"大直播"全新形态,但"人民大众的节日"这一宗旨初心始终未变,活动板块安排情况如表5.9所示。

表5.9 上海旅游节活动板块安排情况

活动版块	时间	地点	活动内容
开幕式	9月10日	上海外滩	观看精彩的表演,欣赏华丽的烟火,感受上海的独特魅力
主题活动	9月11日—9月30日	各地景区	举办各种主题活动,包括文化展览、体育比赛、音乐会等
美食节	9月15日—9月30日	上海各地	在美食之都品尝到各种地方特色美食,满足您的味蕾
购物节	9月20日—9月30日	上海各商圈	作为购物天堂,举办购物节,提供各种优惠和礼品,让您尽情购物

[资料来源:

1. https://baike.baidu.com/item/%E4%B8%8A%E6%B5%B7%E6%97%85%E6%B8%B8%E8%8A%82/7810952? fr=ge_ala;

2. service.shanghai.gov.cn/SHVideo/newvideoshow.aspx? id=3AA6983CC535F3A0

3. http://www.dsxwc.com/lvyou/338170.html

(有删改)]

(1) 查阅上海旅游节相关资料,了解该节庆活动的计划管理内容。请分析其中运用了哪些项目计划管理的工具和方法。

(2) 截至2024年,上海旅游节已经成功举办35届,请从会展项目计划管理的角度分析该项目的成功之处。

4. 技能实训——××大学校园文化节资源需求的优化平衡

(1) 实训要求:

运用本章甘特图和资源平衡法的知识点,为××大学校园文化节资源需求进行优化平衡。

(2) 实训目的:

强化学生对会展项目计划管理工具的运用,加深对理论知识的理解,明确计划管理在会展项目实务中的重要性。

(3) 实训组织:

学生以2人为一个小组,对××大学校园文化节资源需求优化进行实训。

(4) 背景资料:

为丰富校园文化生活,加强师生之间的交流,并配合我校精神文明建设的深入开展,全面提高我校学生的综合素质,校学生处、团委拟举办××大学首届校园文化节。校园文化节以"知荣明辱,诚实守信,创建和谐校园"为主题,目的在于以诚信教育为主题,以学生活动为依托,营造内容丰富、形式多样、健康向上、不断创新的校园文化氛围。

本届校园文化节的主要内容有:多彩书画展,象棋比赛,拔河比赛,观看校园电影,欣赏残疾人艺术团表演,书法专题讲座,无偿献血等。这些丰富多彩的内容组成校园文化节的主体,以主题突出、特色鲜明的活动来展现我校学生的青春活力和风采。本活动项目资源需求网络图如图5.15所示。

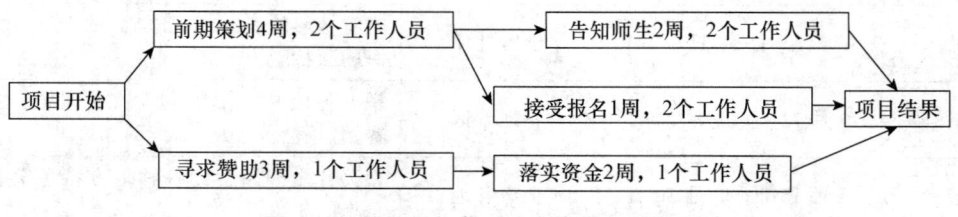

图5.15 校园文化节项目资源需求网络图

(5) 实训内容：

① 编制项目资源计划的方法很多，有专家判断法、头脑风暴法、资源平衡法等，作为活动策划者，请你简单描述资源平衡法的内涵及如何进行资源平衡优化。

② 简述甘特图的定义和优点。绘制校园文化节的资源需求甘特图。

③ 若校园文化节项目核心小组只有 3 个工作人员，如何进行资源的平衡优化？试绘制优化后的资源需求甘特图，并简述该活动的人力资源优化过程。

第六章
会展项目的财务管理

教学目标和要求

1. 掌握会展项目财务管理的含义、对象和内容,培养学生的使命担当意识。
2. 理解会展项目财务管理的目标,培养学生的家国情怀。
3. 掌握会展项目财务预测的含义和内容。
4. 掌握会展项目利润预测分析的方法,培养学生的科学思维方式。
5. 掌握会展项目财务预算的内涵和内容,培养学生的主人翁意识和节约理念。
6. 理解会展项目筹资方式。

教学重点和难点

1. 重点是会展项目利润预测分析的方法和会展项目筹资的方式。
2. 难点是会展项目利润预测的综合应用。

【开篇案例】

北京冬奥组委财务收支报告公布：结余 3.5 亿元人民币会的收入

2023年5月6日，北京冬奥组委财务收支报告公布。报告显示，为确保冬奥会和冬残奥会的成功举办，北京冬奥组委积极组织收入，加强资金统筹，强化预算管理，落实节俭办赛，保障了赛事各项资金需求。北京冬奥组委收入153.9亿元人民币，折合约22.89亿美元；支出150.4亿元人民币，折合约22.37亿美元；结余3.5亿元人民币，折合约0.52亿美元。

一、北京冬奥组委的收入主要来源于四个方面：

1. 国际奥委会资助37.8亿元，是国际奥委会按协议分配给主办城市的国际市场开发收入和电视转播权收入分成。

2. 市场开发收入111.3亿元，是北京冬奥组委根据《主办城市合同》，在国际奥委会授权下实施的国内市场开发和特许经营收入。

3. 其他收入4.8亿元，包括利息、收费卡和资产处置等各类其他收入。

4. 票务收入，按照疫情防控要求，为保障涉奥人员和观众的健康安全，北京冬奥组委未销售门票，无票务收入。

二、北京冬奥组委的支出按性质和用途划分为八个方面：

1. 体育竞赛支出13.3亿元。为满足体育竞赛要求，安排竞赛和训练场馆所需的体育器材租赁和使用支出，以及制冰造雪等场馆运行和消耗支出。

2. 场馆设施支出18.7亿元。根据国际奥委会对举办冬奥会的场馆、场地的设施要求，安排场馆临时设施和临时电力设施费用支出。

3. 技术系统支出23.2亿元。为满足国际奥委会的竞赛管理系统要求、国际冬季单项体育组织的计时记分要求、电视转播商的数据通信要求以及北京冬奥会和冬残奥会赛事组织其他信息化要求安排的各类技术支出。

4. 赛时服务支出23.6亿元。根据《主办城市合同》及往届奥运会惯例，安排的相关参赛人员的交通、住宿、餐饮支出和奥运村支出，国内外注册媒体服务支出、国际奥委会和各国家（地区）奥委会等外事服务支出。

5. 仪式、宣传和文化活动支出15.7亿元。为提升冬奥国内国际影响力，举办冬奥会和冬残奥会四场开闭幕式支出，奥林匹克文化活动支出，冬奥宣传和官方网站建设运维支出，奥林匹克火种海外采集和国内火炬接力支出，冬奥会遗产和可持续行动支出。

6. 办赛保障支出15.5亿元。为保障赛事顺利举办开展的安保、防疫、医疗、物资管理和物流支出。

7. 人力资源相关支出28亿元。支付工作人员工资，工作人员和志愿者的招募、培训、激励、制服等支出。

8. 赛事运营支出12.4亿元。北京冬奥组委行政办公、法律咨询、金融服务、参赛人员的人身保险和北京冬奥组委责任保险、财产保险等支出。

（按照中国人民银行2022年公布的美元对人民币汇率平均值6.726折算。）

（资料来源：ent.people.com.cn/n1/2023/0506/c1012-32680240.html，有删改）

第六章　会展项目的财务管理

> **案例解析:**
>
> 财务管理目标是指导会展项目财务活动的方向,评价会展项目经济效益的基本标准。财务管理目标制约着资金运动的基本特征和发展方向,因此必须明确财务管理的目标,以完善财务管理,实现资金运动的良性循环。
>
> 按照"两个奥运、同样精彩"的理念,北京冬奥会和冬残奥会各项支出已经全部在上述各类支出中统筹安排。从会展项目财务管理目标出发,该项目的收入来源多样性,筹资渠道广泛性,按照疫情防控要求,为保障涉奥人员和观众的健康安全,北京冬奥组委未销售门票,无票务收入,同时实现了社会效益和经济效益最大化双赢的财务管理目的。

第一节　会展项目财务管理概述

1. 会展项目财务管理的含义及原则

会展项目财务管理是指遵循客观经济规律,通过对会展项目资金的筹集、运用和分配的管理,利用货币价值形式对会展项目的经营状况进行综合性的管理。会展项目财务管理的原则包括以下几点。

1.1　成本效益原则

成本效益原则的核心就是要求会展企业耗用一定的成本取得尽可能大的收益,或者在收益一定的条件下最大程度地降低成本。按照成本效益原则的要求,在较长的时间内,会展企业的成本必须呈下降趋势,而效益必须呈上升趋势。这是投入产出原则的价值体现,是会展企业得以延续和发展的基本要求。

1.2　风险与收益均衡原则

一方面,投资的风险与收益成正比,高收益就意味着要冒较大的风险。另一方面,只有获利能力强的会展企业才能真正有实力维护资本经营的安全,而获利能力弱的企业在激烈的市场竞争中,往往无法避免风险。风险与收益均衡原则的核心就是要求会展企业不承担超过收益限度的风险,在收益既定的条件下,最大程度地降低风险。

1.3　资源合理配置原则

财务管理使得各项经营要素的搭配情况直接体现在有关的财务指标和各相关财务项目上。资源合理配置原则的核心就是要求会展企业的相关财务项目必须在数额上和结构上相互配套与协调,以保证人尽其才、财尽其用和物尽其用,从而获得较为满意的效益。

1.4　利益关系协调原则

利益关系的协调直接影响会展企业财务管理目标的实现。利益关系协调原则的核心就是要求会展企业在收益分配中(包括税金的缴纳、奖金的发放、利息的支付、工薪的计算等),既要保证国家的利益,也要保证自身和员工的利益;既要保证投资人的利益,也要保证债权人的利益;既要保证所有者的利益,也要保证经营者的利益,并且不断改善财务状况,增强财务能力,为提高效益创造条件。

2. 会展项目财务管理的对象

财务管理的对象是企业的资金运动。会展项目的资金运动主要包括资金的筹集、耗费和回收等三个环节,其中资金的筹集和回收是会展项目的现金流入,而资金的耗费则是会展项目的现金流出。现金流转的平衡是财务管理中最基本的平衡。

2.1 现金流转的概念

在生产经营中,现金变为非现金资产,非现金资产又变为现金,这种周而复始的流转过程称为现金流转。这种流转无始无终,不断循环,又称为现金的循环或资金循环。由于会展项目最终交付的是会展项目服务产品,而不是实物产品,所以会展项目的现金流转主要反映为资金的耗费,如用现金租借活动场地、支付人工成本、支付营销费用等。这些被耗费的资金是活动主办方制订活动各项收费价格的参照基础,通过出售门票、出租广告牌位、出租摊位、赞助等方式取得收入而得到价值补偿。

在会计记账中,有两种记账原则:权责发生制和收付实现制。一般企业都是按权责发生制原则记账,而会展项目的记账则遵循收付实现制。收付实现制可以准确地反映会展项目的现金流动和现金支付能力。在会展项目主办方进行财务管理时,再结合权责发生制原则分析根据收付实现制原则所记载的各项收入和支出项目。

2.2 现金流转的平衡

在会展项目中,如果在同一会计期间现金流入量和现金流出量相等,财务工作将大大简化。但在会展项目实际运作过程中,现金收支平衡的情况极少,而会展项目财务管理的目的就是要使会展项目的现金流不中断。

不同会展项目的现金流转情况是不同的。对于一些不以营利为目的的会展项目,主要依靠举办单位拨款或其他企业赞助获得收入,由于在活动筹备前期已经获得大部分收入,在此类会展项目的前期准备中,现金收入应该是大于现金支出,最后活动是否盈利要看收支差额,一般其现金流转比较顺畅。而营利性质的会展项目主要是靠销售摊位、销售门票、提供其他服务等方式获得收入,活动参与方只是提前交纳部分预订费,大部分收入在活动举办前期才能收到,现金流转不平衡,需要依靠其他筹资方式获得现金,如获取赞助收入或借款等。在日常财务管理工作中,应将按权责发生制编制的净利润还原成收付实现制下的经营活动净现金流量,并且将经营活动应得现金与实得现金加以比较分析,找出差异,对现金流量(流入、流出)项目进行深入分析,发现不平衡,加强对现金流量的管理,使之逐步地从不平衡走向平衡。

3. 会展项目财务管理的内容

3.1 筹资管理

为了保证会展项目如期成功举办,必须预先筹集一定数量的资金。会展项目的主要资金来源包括主办单位拨款、预收摊位费、报名费、赞助费、代办费等,其内容多,弹性大。

筹集资金必然要付出一定的代价,不同筹资方式下的资金成本有高有低,会展项目组织者要考虑通过多种渠道、多种方式来筹集资金,要考虑资金的使用期限、附加条款和使用成本的大小等,科学预测资金需要量,尽量合理确定筹资规模,选择经济可行的筹资方式;要正确处理资金成本和财务风险之间的关系,把成本和风险控制在安全范围之内;同时要考虑资金的时间价值,合理安排资金到位时间,既要避免资金闲置,又要防止资金滞后。任何决策都有一定的风险性,因此必须做可行性分析,对于新的投资项目,必须做更加深入细致的分析和研究。如筹备一个新主题的会展项目,需要先做详细的会展项目主题策划和可行性研究,进行收益预测和成本费用预算。

3.2 营运资金管理

营运资金是流动资产减流动负债的余额。营运资金在会展项目的全部资金中占相当大的比重,而且周转速度快,形态易变,所以是财务管理的一项重要内容。由于许多参与方在会展活动举办的前期才支付参加费用的余款,很多会展项目服务活动在签订外包合同时只预付一部分定金等,这些造成会展项目的应收款项增加,而会展项目的周期一般需要数月到数年,在这期间,还会产生会展项目场馆预订费、广告宣传费、邮电费、差旅费、经营人员工资、交际应酬费、水电费、折旧费及其他费用开支。

为了保证资金的正常周转,会展项目组织者必须重视营运资金的管理,合理预测会展项目的规模和成本费用,确定营运资金需求量;在保证会展项目顺利进行的前提下,节约使用资金;加速营运资金周转,提高资金利用效率;合理安排流动资金和流动负债的比例,降低偿债风险。

3.3 成本费用管理

成本费用管理也就是对资金耗费的管理,降低成本费用是提高会展项目利润的根本途径。会展项目的成本费用管理是指项目组织者为保证项目目标的实现而制定成本预算,并对项目实施过程中发生的成本费用进行检查、监督和控制,努力将实际成本控制在预算范围内的管理过程。

会展企业的产品说到底就是服务,而服务具有无形性的特点,会展企业产品的特殊性使成本控制的复杂程度提高。在进行会展项目成本控制管理时要正确处理成本、服务质量和服务价格三者的关系,在保证服务质量的前提下,合理控制成本,努力提高经济效益。

3.4 利润管理

利润是一定时期内的经营成果,是会展项目在经营期内的收入减去成本后的总额,提高经济效益是一切经济工作的出发点和归宿。会展项目组织者通过合理制定项目的目标利润规划,采取各种有效措施,挖掘各项资源的潜力,尽可能地提高项目的盈利水平。

利润管理要综合分析和预测会展项目的规模、各项成本和价格定位等因素对目标利润的影响,合理制定目标利润;注意开源节流、讲求实效,采取各项措施增收节支,提高经济效益;认真进行税务策划,依法履行纳税义务,在兼顾各方利益、正确处理眼前利益和长期利益的前提下,制定合理利润分配政策。例如,某会展项目在创办之初不一定是以营利为目的,而是要通过优质的服务等特点创建品牌。

4. 会展项目财务管理的目标

明确会展项目财务管理的目标是有效组织财务工作的前提,同时也是合理评价财务管理工作质量的客观标准。财务管理的目标具有可变性、层次性和多元性的特点。例如,世博会这样大型的会展项目,其财务管理目标是由总体目标、分部目标和具体目标三个层次组成的目标体系。一些较大规模的会展项目,其筹备时间长,一般需要3~5年,其间存在很多不确定性因素,其财务管理目标可能发生变化,如汇率的变动会带来预期收益的变化。会展项目的核心财务管理目标应是达到利润最大化并实现各方面共同的利益。

第二节　会展项目财务预测

1. 会展项目财务预测的内容

财务预测是指根据财务活动的历史资料,考虑现实的要求和条件,对企业未来的财务活动和财务成果做出科学的预计和测算。会展项目财务预测是指会展项目组织者对会展项目未来资金的估计,具体包括投资、销售收入、成本、筹资、利润这五个方面。通过财务预测可以提供日常控制所需要的财务信息,找出资金筹措安排中的规律,有利于企业财务管理人员根据变化适时调整,保证财务收支的综合平衡,保证财务目标的顺利实现。会展项目财务预测包括以下内容。

1.1　投资预测

研究会展项目所处的投资环境,预测环境因素对会展项目的影响方向和影响程度,预测会展项目可能达到的规模水平,估计投资额发生的时间和数量,估算投资项目引起的现金流量情况和预计投资效果等。

1.2　销售收入预测

预计会展项目销售摊位的数量和租赁设备、赞助收入等的变化趋势及程度,进而预测会展项目的现金流入量和流入速度的变化情况。

1.3　成本预测

预测会展项目现有规模下的成本水平,预测合理化建议、科学的管理、原材料市场变化、劳动力市场变化等诸多因素对成本的影响方向和影响程度,预测会展项目现金流出量和流出速度的变化情况。

1.4　筹资预测

考虑会展项目的性质、规模等综合因素的平衡,预测会展项目各种资金的动态需要量和期末的应有数额,做出是否筹资的决定。进行筹资预测时,要对各种筹资渠道和筹资方式、筹资时机和期限、筹资成本和风险、筹资环境等进行分析和研究,预测会展项目的最佳资金结构。

1.5　利润预测

根据会展项目未来发展的需要、现有的运营能力和今后的发展潜力,分析影响利润的有关因素对利润的影响方向和程度,预测会展项目未来一定时期的利润水平。利润预测应建立在销售收入预测和成本预测的基础上,科学的利润预测有利于会展项目现金净流量的预测。

会展项目财务预测较复杂,这里重点介绍筹资预测和利润预测。

2. 会展项目筹资预测需要考虑的因素

不管会展项目采取何种筹资方式,均应从筹资数量、筹资成本、筹资风险和筹资时效这四个方面综合考虑。

2.1 筹资数量

筹资数量指会展项目筹集资金的多少,它与项目的资金需求量成正比,因此必须根据会展项目资金的需求量合理确定筹集数量。

2.2 筹资成本

筹资成本指会展项目为取得和使用资金而支付的各种费用。商业信用的成本主要是现金折扣成本,吸收直接投资、联营筹资的成本主要是谈判费和劳务费等,内部积累的成本主要是机会成本,银行借款的成本主要是借款利息,信托筹资的成本主要是借款利息和手续费,融资租赁的成本主要是租金。

2.3 筹资风险

筹资风险指假使企业违约是否可能导致债权人或投资人采取法律措施以及是否可能引起企业破产等潜在风险。

2.4 筹资时效

筹资时效指会展项目各种筹资方式的时间性、灵活性如何,即需要资金时,能否立即筹措;不需要资金时,能否即时还款。通常期限越长、手续越复杂的筹款方式,其筹款时效越差。

3. 会展项目利润预测分析

会展项目利润预测是指会展企业依据会展项目筹划运营活动中有关因素的变化情况,运用科学的方法进行研究和分析,对未来一定时期内的利润数额进行预计和测算,并寻求实现预计利润的各种措施方案。利润预测是确定目标利润、编制利润计划的基本依据。销售利润在利润总额中所占比重最大,销售利润的预测是利润预测的重点。

3.1 量本利分析预测法

量本利分析预测法就是研究项目成本、销售量和利润之间函数关系的技术方法。销售收入大于总的成本费用时,项目就盈利,否则就亏损。当销售收入等于总的成本费用,即利润为零时的产销量即为盈亏平衡点,也称保本点(如图 6.1 所示)。

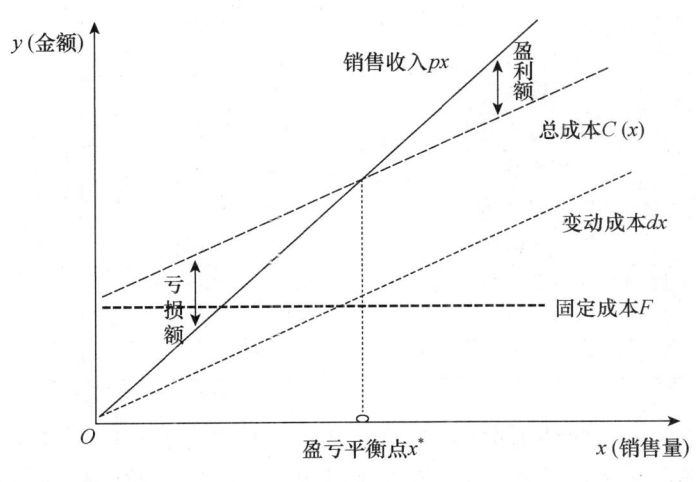

图 6.1 线性盈亏平衡图

项目利润＝销售收入－总成本费用

＝单价×产销量－(固定成本＋单位变动成本×产销量)

＝(单价－单位变动成本)×产销量－固定成本

会展项目组织者是根据会展项目广告牌位、摊位、门票等销售数量及成本、利润之间的依存关系来预测会展项目销售利润的,可用下列公式测算其利润数额:

利润数额＝销售单价×标准广告牌位(摊位、门票等)销售量－单位变动成本×标准广告牌位(摊位、门票等)销售量－固定成本

＝(销售单价－单位变动成本)×标准广告牌位(摊位、门票等)销售量－固定成本

其中:固定成本是指在一定的产销量(业务量)范围内,其发生总额不随产销量(业务量)的变动而变动,而是保持相对稳定的那些成本费用支出。固定成本总额在一定时期内保持不变,因此随着产销量(业务量)的增加,单位产销量(业务量)所分摊的固定成本将减少。

会展项目的固定成本是指在会展项目的既定规模内,不随参加者和观众人数的变化而变化的那部分成本费用支出,如项目小组成员的工资、宣传广告费、场地租金、设备租赁费、保险费和通信费等,一些大型会展项目的固定成本还包括固定资产折旧和财产税费等项目。固定成本的确定和一定时期的一定产销量(业务量)密切联系。从长期来看,所有的成本都是变化的,没有绝对不变的成本。当产销量(业务量)超过项目预定的规模时,企业就必须增加必要的设备和人员,固定成本总额也随之增加。表 6.1 为××会展公司承办的某工业展会的固定成本明细表。

表 6.1　某工业展会的固定成本明细表

单位:元

序号	项目	预算金额	实际金额
1	许可证费	6 000	
2	注册费	9 000	
3	新闻费	8 000	
4	公关费	4 200	
5	广告费	8 800	
6	日常管理费	3 300	
7	设计施工费	23 000	
8	装饰费	4 000	
9	现场办公费	3 600	
10	展品运输费	10 000	
11	展场设备租赁及相关费用	8 000	
12	工作员费	6 700	
	支出合计(1)	94 600	

变动成本是指在一定的产销量(业务量)范围内,其发生总额随产销量(业务量)的变动呈正比例变动的那些成本费用支出,包括直接材料、直接人工、流转税金和佣金等项目。与固定成本不同,变动成本总额随产销量(业务量)的变动呈正比例变动,而单位产销量(业务量)所支出的变动成本则保持不变。

会展项目的变动成本是指在会展项目的既定规模内,随参加者和观众人数或赛事活动次数的变化呈正比例变化的那些成本费用支出,如住宿费、运动员出场费、注册工本费、资料费、招待费、礼品费、交流研讨会费用等。表6.2为××会展公司承办的某工业展会的固定成本明细表。

表6.2 某工业展会的可变成本明细表

单位：元

序号	项目	预算金额	实际金额
1	餐饮费	18 000	
2	印刷费	1 200	
3	注册工本费	8 000	
4	服务费	5 600	
5	视听设备租赁费	1 000	
6	活动节目设计单费	1 500	
7	参展人员用品费	3 200	
	支出合计(2)	38 500	

(1) 预测盈亏平衡点。

盈亏平衡点也称保本点,它是区别盈利和亏损的分界点,是衡量会展项目盈亏的一个标准,在这一点上销售利润为零,即销售收入总额与成本总额相等,不亏不盈。假设某会展项目以门票收入为主要销售收入来源,其计算公式为：

盈亏平衡点门票销售量＝固定成本总额÷(销售单价－单位变动成本)

(2) 预测销售利润。

盈亏临界点分析是财务管理的重要内容之一。要理解盈亏临界点分析的计算公式,首先要搞懂边际贡献的含义。所谓边际贡献是指单位收入与这个人身上发生的单位可变成本之间的差额。而计算盈亏临界点的最后一步是用全部固定成本除以单位边际贡献。例如,××会展公司全部固定成本为94 600元,经财务人员核实,从每个参展人那里获得的收入为500元,每个人可变成本是260元,所以其边际贡献为240元。盈亏平衡点参展人数为395人：94 600元÷240元/人＝395人(人数要取整),如果参展人数少于395人,这次会展活动就是亏本的。只有参展人数超过395人,这次会展活动才是盈利的。

预测销售利润可以采用边际贡献法。其计算公式为：

单位边际贡献＝单位售价－单位变动成本

边际贡献总额＝销售总额－变动成本总额

边际贡献率＝$\dfrac{单价－单位变动成本}{单价}$ [边际贡献率与变动成本率(变动成本率,即单位变动成本和单价之比)之和为1]

盈亏平衡点销售数量＝固定成本总额÷单位边际贡献

盈亏平衡点销售收入＝固定成本总额÷边际贡献率

会展项目利润的多少,取决于成本和销售量之间的数量关系,是各种有关因素变动影响的结果。正确利用相关公式测算各种有关因素变动对最终利润的影响,对于正确进行管理具有重要作用。

假设该会展公司从每位参会者身上可以获得100元的收入,但花在每个人身上的可变成本是80元(50元的食品和30元的酒水),因此:

单位边际贡献=每个人收入-每个人可变成本=100-80=20(元)

假设全部固定成本是6 000元,其中,租金费用为4 000元,娱乐费用为2 000元,则盈亏平衡点销售数量=6 000÷20=300(人)。即如果出席活动的人数少于300人,这项活动就是亏本的。

盈亏平衡点销售收入=100元/人×300人=30 000(元)

以亏损点(290人)、盈亏平衡点(300人)、盈利点(310人)为例,列表计算利润情况如表6.3所示。

表6.3 损益平衡点分析

项目	亏损点	盈亏平衡点	盈利点
人数(人)	290	300	310
收入(100元/人)	29 000	30 000	31 000
费用合计:(元)	29 200	30 000	30 800
其中:1. 可变费用	23 200	24 000	24 800
1.1 食品:50元/人	14 500	15 000	15 500
1.2 酒水:30元/人	8 700	9 000	9 300
2. 固定费用	6 000	6 000	6 000
2.1 租金费用	4 000	4 000	4 000
2.2 娱乐费用	2 000	2 000	2 000
利润:(元)	-200	0	200

3.2 目标利润预测法

目标利润是指在销售收入一定的情况下,根据目标成本、销售费用和既定的税率来确定目标利润的方法。其计算公式为:

目标利润=预计销售收入-目标成本-目标期间费用

从量本利关系分析增加利润的途径:增加标准广告牌位(摊位、门票等)的销售数量,提高售价,降低单位变动成本,降低固定成本。以上均为项目组织者采取单项措施实现目标利润的方法。在实际工作中,单独采取某一方面的措施可能无法实现目标利润,这时应综合运用多种措施,以实现目标利润。

【例6-1】 某公司举办一个研讨会,场地租金等固定成本总额40 000元,与会人员的酒水和食品费用为每人200元,假定每位与会人员需交纳参会费400元,且除去以上成本外没有其他开支。要求:

① 求本研讨会盈亏平衡点的参会人数。
② 预计250人参会,求其边际贡献总额与目标利润。

解:① 盈亏平衡点的参会人数=$\frac{40\ 000}{400-200}$=200(人)

② 边际贡献总额=250×400-200×400=20 000(元)

边际贡献率 = $\dfrac{400-200}{400} \times 100\% = 50\%$

目标利润 = $20\,000 \times 50\% = 10\,000$(元)

(注：利用目标利润的其他计算公式也可得到上述答案。)

【例 6-2】 某公司 2024 年举办的展览会实现利润 50 000 元,参会门票每张 100 元,单位变动成本 60 元,固定成本总额 20 000 元,2025 年预计目标利润为 2024 年的 1.2 倍。试分析公司实现目标利润的途径。

解：(1) 如果其他条件不变,该公司可通过增加参会人数实现目标利润。

2024 年的参会人数 = (20 000 + 50 000) ÷ (100 − 60) = 1 750(人)

2025 年的目标利润 = 50 000 × 1.2 = 60 000(元)

2025 年的参会人数 = (20 000 + 60 000) ÷ (100 − 60) = 2 000(人)

2 000 − 1 750 = 250(人)

2025 年该会展项目需要增加 250 人参会才能达到目标利润。

(2) 如果其他条件不变,该公司可以通过降低单位变动成本来实现目标利润(V 表示 2025 年变动成本)。

1 750 = (20 000 + 60 000) ÷ (100 − V)

V = 54.29(元)

60 − 54.29 = 5.71(元)

当单位变动成本下降 5.71 元时,可以实现目标利润。

(3) 如果其他条件不变,该公司可以通过降低固定成本的方式来实现目标利润(F 表示 2025 年固定成本)。

1 750 = (F + 60 000) ÷ (100 − 60)

F = 10 000(元)

20 000 − 10 000 = 10 000(元)

当固定成本下降 10 000 元时,可以实现目标利润。

(4) 如果其他条件不变,在提高服务质量的前提下,该公司可通过提高参会门票价格(即单价)的方式来实现目标利润(P 表示 2025 年门票价格)。

1 750 = (20 000 + 60 000) ÷ (P − 60)

P = 105.71(元/人)

105.71 − 100 = 5.71(元)

当参会门票(单价)提高 5.71 元时,可以实现目标利润。

以上均为项目组织采取单项措施实现目标利润的例子。在实际工作中,单独采取某一方面的措施可能无法实现目标利润,这时应综合运用多种措施,以实现目标利润。

【例 6-3】 某公司举办一个综合性会展项目,项目主要由文艺汇演、展览会和专题讲座三项活动组成。其中文艺汇演单位变动成本为 40 元,门票定价每人 80 元,占项目收入总额的 10%;展览会单位变动成本 1 200 元,租金为每个标准展位 2 000 元,占项目收入总额的 50%;专题讲座单位变动成本 50 元,入场费每人 100 元,占项目收入总额的 40%。假定除门票费、展位租金和入场费外,项目无其他收入来源,项目的固定成本总额为 180 000 元。要求：

① 求盈亏平衡点时的收入总额和每项活动应达到的运营规模。
② 求目标利润为 22 500 元时的收入总额和各项活动应达到的运营规模。

解：各项活动的成本情况如表 6.4 所示：

表 6.4　各项活动的成本情况

项目	文艺汇演	展览会	专题讲座
单价/元	80	2 000	100
单位变动成本/元	40	1 200	50
单位边际贡献/元	40	800	50
边际贡献率	50%	40%	50%
收入额组合	10%	50%	40%
固定成本	180 000 元		

项目的加权平均边际贡献率＝50%×10%＋40%×50%＋50%×40%＝45%

① 盈亏平衡点的收入总额＝180 000÷45%＝400 000(元)

文艺汇演的参加人数＝400 000×10%÷80＝500(人)

展览会的标准展位数＝400 000×50%÷2 000＝100(个)

专题讲座的参加人数＝400 000×40%÷100＝1 600(人)

② 目标利润下应达到的收入总额＝(180 000＋22 500)÷45%＝450 000(元)

文艺汇演的参加人数＝450 000×10%÷80＝563(人)

展览会的标准展位数＝450 000×50%÷2 000＝113(个)

专题讲座的参加人数＝450 000×40%÷100＝1 800(人)

3.3　比例测算法

比例测算法是根据利润与有关财务指标的比率关系来测算未来一定时期目标利润数额的方法。其计算公式为：

销售利润率法：目标利润＝预计销售收入×计划期销售利润率

资金成本率法：目标利润＝预计资产平均占用额×计划期资金利润率

第三节　会展项目财务预算管理

1. 会展项目财务预算的内涵

财务预算是会展项目财务决策的具体化，是控制整个会展项目资金运动的重要依据。制定财务预算有利于控制项目的各项收支，有利于项目资源得到充分利用，从而获得良好的经济效益。会展项目财务预算是对会展项目未来一定时期内的各种资源的来源和使用的详细计划，以数字形式对会展项目未来一定时期内的经营活动进行概括性表述。会展项目组织者通过对某具体会展项目举办期间所需要的经费和预期收入进行初步的预算，根据每个会展项目的签约商和供应商提供的准确报价而形成，核算预期的收支。财务预算表达的主要是资金、收入、成本、费用和利润之间的关系，其中利润目标是会展企业的主要奋斗目标。

整个会展项目预算体系的基础是对市场情况的预测与分析,因此会展项目组织者要确定"面向市场编制预算"的出发点。为了应对市场的变化,会展项目组织者制定的预算指标值应该具有一定的弹性,为预算工作的顺利开展留有余地,减少过大的预算刚性给财务预算管理工作带来的风险。总之,会展项目组织者制定的预算指标要经得起市场的检验,如果预算计划得不周密,可能造成极大的浪费。1976年蒙特利尔第21届奥运会最初的预算为1.25亿美元,这个预算后来完全失去控制,实际开支约为24亿美元,把一个原本打算"简朴"的奥运会变成吞食巨额资金的无底洞,成为加拿大经济的"陷阱"。[①]

每种活动的财务预算都是这个活动组织者财务理念的代表,不同的活动所实现的目的自然不同。以下三类情况代表了活动组织者的财务理念,在编制预算之前,首先要明确活动的组织理念。

(1) 利润导向型活动。这类活动的收入大于支出,其典型代表是公司为了掀起新一轮的促销而举办的活动。

(2) 收支平衡型活动。这类活动的收入与支出保持平衡,最具代表性的例子是协会举办的年会活动。

(3) 领导人或主办方亏损型活动。这类活动自一开始就是准备亏本的。代表性的例子是慈善性活动、大学毕业典礼或政府组织的庆典。这类活动的举办目的一般是为了推动一项事业或发起一个有目的的运动,而不是为了保持收支平衡或盈利。

2. 会展项目财务预算的实施模式

在会展项目管理中,预算是在预测的基础上进行的,会展项目组织者可能忽略一些意外事件造成的预测数据不完全准确,所以预算要在一定的幅度内,即实行弹性预算。弹性预算是在固定预算模式的基础上发展起来的一种预算模式,它的主要用途是控制成本支出。在会展项目计划期开始时,弹性预算提供控制成本所需要的依据;在会展项目计划期结束时,可依据弹性预算数据评价和考核实际成本。

3. 编制逻辑与框架流程

一般来说,会展项目的预算编制根据以下几个要素进行:以往相同或类似会展的历史资料;基于专业知识的合理判断和准确的预测;使用目前的资源期望得到的合理收益;为会展项目筹措资金而选择适用的财务类型,如预付款、现存资金、借贷资金等。编制预算的流程为编制会展项目的固定支出、可变支出、会展项目的预算收入,一般大型会展企业正是按照这个程序进行的,如会展企业的财务人员在编制会议项目预算时,一般是按照如图6.2所示流程进行的。

4. 会展项目财务预算内容

预算是实现会展项目目标所需要的资金计划,是针对预测结果而采用的一种预先的风险补救及防御系统。一旦确定了预算开支,就需要从内部、外部和客户三个角度来寻找支持预算的财源,如寻求赞助等方式。在会展项目中,如何计算赞助商的投资回报,并对赞助商

---

① 杨帆.为北京2008年奥运会算一笔账[EB/OL].(2001-07-14)[2024-12-18]. https://sports.sina.com.cn/r/14161277.shtml.

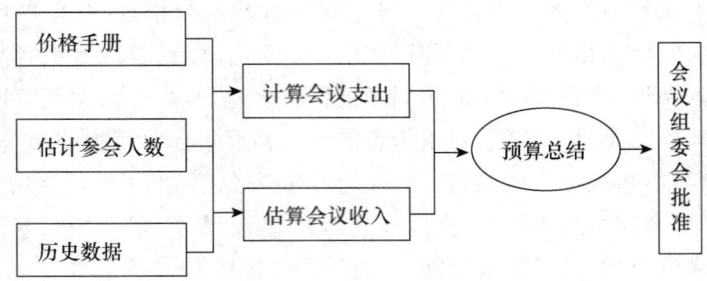

图 6.2　会展企业会议项目预算编制流程

的赞助行为进行激励是非常重要的。会展企业的预算内容包括收入预算、支出预算和现金预算等。

4.1　收入预算

销售收入是企业现金流入的主要来源,也是实现利润的基本前提,而且很多财务项目是随着销售量的变化而变化的,如销售成本、销售费用等,所以销售预测的精确与否对现金预算的可靠性影响很大。一般大型会展项目的收入预算包括广告收入、优惠销售收入、捐款、投资利息收入、注册费收入、商业销售收入、大型活动票房收入、经销商佣金收入(酒店支付)等。会展项目组织者通过出租摊位费、设备租赁、赞助费、代办费等方式取得销售收入,可以根据上年、上届、同类会展项目等的销售情况预测本年、本届、同类会展项目的销售收入,为编制收入预算提供更详尽的资料。会展项目组织者收入预算的主要内容是销售预算。销售预算是在销售预测的基础上编制的,即通过分析会展项目过去的销售状况、目前和未来的市场需求特点及发展趋势,比较竞争对手和本企业的经营实力,确定会展项目组织者在未来时期内为了实现目标利润而必须达到的销售水平。

在编制销售预算后,就可以进行应收账款的预算。应收账款是按照规定日期应付给组织者的款项,必须及时收回到期的应收账款,以便清算欠经销商的应付款。很多活动参加者在预订摊位时只是预付部分定金,组织者真正收到出租摊位收入的大部分余款是在会展项目开展前夕,会展项目组织者把会展项目服务承包出去时,通常也只是在签订合同时交纳小部分定金,余款在会展项目服务提供之前或之后支付,故会展项目组织者存在较多的应收账款,编制应收账款预算主要是对应收账款的收回情况做出计划,保证企业现金的正向流动,为编制现金预算提供资料。表 6.5 为××会展公司的收入预算表。

表 6.5　××会展公司的收入预算表

单位:元

序号	项目	收入预算
1	广告收入	20 000
2	优惠销售收入	7 200
3	捐款收入	10 800
4	博览会或展览会展台租金收入	56 000
5	礼品(按成交价值计算)	4 000
6	赠款和合同收入	3 000

续表

序号	项目	收入预算
7	大型活动票房收入(1)	12 000
8	商业销售收入	5 000
9	注册费收入	6 000
10	大型活动票房收入(2)	6 800
11	赞助费收入	36 000
12	经销商佣金收入	3 200
	收入合计	170 000

4.2 支出预算

为实现销售预算,必须支付日常管理费、印刷费、邮资、交通费、保险费等相关费用,有些是固定费用,有些随会展项目的规模和数量而变化,在进行支出预算时要加以注意,尽量细化预算方案。一般大型会展活动的支出预算包括:

(1) 会计费用。

(2) 市场营销费用:广告费、专项广告费、宣传手册设计费、宣传手册邮寄费、宣传手册印刷费、公共关系费等。

(3) 日常管理费用:装饰费用、保险费用、现场电话费、法律咨询费、执照费、许可证、复印费、摄影费、邮费、活动节目单编辑设计和印刷费、报告编制与出版费、按比例分摊的日常管理费等。

(4) 职员/志愿者费用:职员住宿费、志愿者住宿费、志愿者表彰和奖品费用、合同工注册费等。

(5) 劳务费:视听人员劳务费、音响人员劳务费、照明人员劳务费等。

(6) 租赁费:视听设备租赁费、汽车租赁费、照明设备租赁费、音响设备租赁费、现场办公家具租赁费、场地租赁费等。

(7) 运输费:材料运输费、杂费、宾客交通费、职员交通费等。

(8) 评估费:咨询师聘用费、评估费等。

(9) 注册费:注册材料费、补充注册和入场费等。

以奥运会为例,从奥运会的历史来看,现代奥运会的开支主要涉及以下两个方面:

(1) 奥运会的组织支出:规模庞大的现代奥运会的组织工作是一个复杂的系统工程,需要相当数量的组织支出,包括制订各项计划、组织管理、文化活动、竞赛、交通、奥运村和主新闻中心、通信、医疗、保险、安全、礼仪和其他支出,都是筹备奥运会必不可少的,必须通过制订周密的计划提高管理水平和工作效率,大大提高其经济效益。

(2) 奥运会的工程支出:奥运会工程的直接支出是用于新建、改建、扩建举办奥运会必须使用的比赛场馆、奥林匹克主体育场、奥运村等的支出,另外,还有奥林匹克公园、新闻中心、记者村等,这也是成功举办奥运会必不可少的工程支出。奥运会工程的间接支出是指为了举办奥运会用于新建、改建、扩建城市基础设施、环境保护、宾馆饭店与餐饮服务设施和其他支出,城市基础设施建设包括交通、通信、电力、供水和排水等。

4.3 现金预算

现金预算是财务预算的重要内容,也是财务计划不可缺少的部分。现金预算是对会展项目组织者未来特定时期的现金流入和现金流出所作的预计,也是对现金收支差额提出平衡措施的计划。通过现金预算的编制,可以使财务人员了解企业现金需求,以便更好地筹措资金,控制现金的流转。会展项目组织者可以按会展项目的周期编制现金流量预算,也可以按月编制现金流量预算。时间越短,编制的现金预算准确性越高。

现金预算是汇总反映预算期内由于生产经营引起的一切现金收支及其结果的计划,一般包括现金收入、现金支出、现金余缺和现金融通四个部分。现金收入和现金支出的差额就是现金余缺。会展项目组织者在会展项目处于招展阶段时很可能出现现金短缺,需要采用拉赞助、政府拨款等方式筹措资金,以保证资金的正向流动。现金融通是指对现金结余和现金短缺的弥补。一般情况下,现金发生结余时,可以进行偿债或投资等;而现金出现短缺时,通常通过举债、赞助等方式弥补现金不足。

4.4 资金支出预算

资金支出预算是一种长期的具有投资性质的预算,主要包括:研究开发支出,如新会展项目策划研究费;更新改造生产设施支出,如场馆的更新改造支出;人事培训与发展支出;市场发展支出,如宣传促销费用等。

5. 在华举办国际会议经费管理

2015年7月,财政部发布关于印发《在华举办国际会议经费管理办法》的通知(财行〔2015〕371号),进一步规范和加强中央和国家机关在我国境内举办的与会者来自三个或三个以上国家和地区(不含港、澳、台地区)的年会、例会、研讨会、论坛等会议(简称国际会议)的经费管理,加强预算监督,提高资金使用效益。

5.1 在华举办国际会议应当遵循的原则

根据《在华举办国际会议经费管理办法》,在华举办国际会议应当遵循以下原则:

(1)严格审批,分类管理。各单位应当严格执行国际会议审批规定,实行分类管理。

(2)强化预算,厉行节约。各单位应当科学、规范、合理地编制和申报国际会议经费预算,并本着"勤俭办外事"的原则,严格控制会议数量、规格和规模。

(3)符合惯例,明确责任。各单位应当根据国际惯例对等接待外方参会人员,合理划分中央与地方应当负担的经费。

(4)加强监督,注重绩效。各单位应当主动配合监督检查工作,注重绩效管理,提高资金使用效益。

5.2 支出管理

国际会议的支出范围包括:场地租金、同声传译设备和办公设备租金、宴请费用、交通费用、工作人员食宿费用、志愿人员费用、翻译费用、其他会务费用以及其他经财政部批准的支出。同时,根据会议正式代表的不同,对国际会议的经费管理进行分类,以此确定支出上限。根据会议正式代表的级别,国际会议的经费管理分类如下:一类国际会议,是指以部长级官员作为会议正式代表出席的国际会议。二类国际会议,是指以司局级官员作为会议正式代表出席的国际会议。三类国际会议,是指以处级及以下官员或其他人员作为会议正式代表出席的国际会议。在华举办国际会议经费支出标准如表6.6所示。

表 6.6 在华举办国际会议经费支出标准(部分)

支出项	分类	支出上限(人民币)
会议场地	一类国际会议	人均每天 300 元
	二类国际会议	人均每天 200 元
	三类国际会议	人均每天 150 元
车辆	大巴士(25 座以上)	每辆每天 1 500 元
	中巴士(25 座及以下)	每辆每天 1 000 元
	小轿车(5 座及以下)	每辆每天 800 元
工作人员	食宿费用	每人每天 450 元

第四节 会展项目的资金筹集

1. 合理选择会展项目筹资方式

筹集资金是项目资金运动的起点,是决定资金运动规模和生产经营发展程度的重要环节。会展项目筹资是指会展项目组织者通过一定的渠道、适当的方式来获取所需资金的一种行为。对于会展项目而言,所筹集的资金是会展项目的主要收入来源,筹资工作做得好坏直接影响会展项目能否顺利成功地举办。

筹资方式是指可供组织者在筹措资金时选用的具体筹资形式。想要提高筹资效率,降低筹资风险,会展项目组织者在选择筹资方式时应注意以下几个方面。

(1) 比较项目筹资成本和项目投资回报。

会展项目投资回报是指会展项目组织者用筹集的资金投资于会展项目后取得的报酬。筹资成本是会展项目取得和使用资金所付出的代价,包括资金的筹资费用和用资费用。

(2) 分析项目筹资风险的大小。

筹资风险是指项目筹资后不能偿还到期债务的风险。风险与收益成正比,与成本成反比。由于自有资金是会展项目组织者的永久性资金,在会展企业存续期内不需要偿还,因而其筹资风险最低,而负债筹资形成的资金为会展项目组织者的债务,一般要按事先约定的期限还本付息,而偿还期限越短,筹资风险就越大,筹资期限越长,筹资风险就相对越小。

(3) 考虑资本市场状况和会展企业的经营现状。

(4) 优化筹资结构。

筹资结构是指各种筹资方式之间的比例关系。合理的筹资结构涉及两个方面的内容:

① 确立负债筹资和自有资金的合理比例。

② 确立长期筹资和短期筹资的合理比例。

会展项目组织者在进行筹资决策时,应在控制筹资风险与谋求最大投资收益之间寻求一种均衡,即可以对不同的筹资方式进行组合,得出多种筹资方案,对不同的方案分别计算出加权平均资本成本,然后选择加权平均资本成本最低的几种方案,再根据会展企业财务现状、项目预算以及市场的未来趋势等因素,综合分析选择最合适的方案,以构造合理的融资结构。

2. 会展项目资金筹集的方式

随着会展活动的发展,越来越多的会展项目以赞助收入为其主要收入来源,能否获得更多的赞助收入是决定其最终是否获利的重要因素。此外,会展项目还可以通过其他市场开发形式筹集资金,尤其是一些大型活动,更是如此。由于会展项目前期现金流出大于现金流入,为了保证现金流的正向循环,维持活动的正常运营,在无从获得其他现金流时,也可以考虑负债筹资。负债筹资是一般企业的主要筹资方式,但目前会展项目还是较少使用负债筹资。中小型会展项目初始资金的投入以会展项目组织者的自有资金为主,辅助采用赞助、借入资金等方式筹资。根据会展项目的共性和个性特点,本节介绍以下几种主要的筹资方式。

2.1 自有资金筹资

会展项目的自有资金是指活动主办机构自行拨付的款项,即拨款收入。拨款可以采用现金、实物资产等形式。

(1) 现金。

现金拨款是主办机构对会展项目进行投资的主要形式,它可以直接用于购买会展项目所需的各种材料、设备等,也可以直接用于支付场地租金、广告宣传费及人员培训费等,具有很大的灵活性和自主性。

(2) 实物资产。

除了现金外,主办机构还可以为会展项目提供所需的场地、设备、材料等实物资产,这些实物资产可以直接增强项目的服务能力。在筹资预测过程中,财务人员必须对主办机构提供的耗费性实物资产(如纸张、油墨、木材等)进行估价,根据市场租金确定主办机构提供的非耗费性实物资产(如场馆)的成本,并将这些成本统一纳入筹资成本。

2.2 借入资金筹资

借入资金又称债务资金、负债资金,按资金可使用时间的长短分为短期负债和长期负债。

(1) 短期负债筹资。

短期负债是在一年或超过一年的一个营业周期内必须清偿的债务。短期负债筹资的融资速度快、容易取得,可以解决会展项目对资金的临时性需要。但由于归还期限较短,如果会展项目资金安排不当,不能及时归还,容易陷入财务危机,所以融资风险高。短期负债主要包括短期借款、商业信用等形式,项目组织者向银行借入短期借款时,银行一般会附加一些信用条件,如补偿性余额条件和担保条件等,同时还要支付利息。商业信用产生于企业之间的日常交易,是在交易中由于延期付款或预收账款而形成的企业间的借贷关系。和短期借款相比,商业信用程序简单、成本低,在会展项目中应用较为广泛。

(2) 长期负债筹资。

长期负债是清偿期在一年以上或超过一年的一个营业周期的债务。长期负债筹资的渠道主要有银行长期借款、发行公司债券和融资租赁等,主要用于大型会展项目的筹资,如2010年上海世界博览会这样大型的活动就采用发行债券的筹资方式。通过长期负债筹得的资金一般用于项目基础设施的建设和购置其他固定资产,这些项目资金占用时间长且资金需求量巨大,单靠自有资金和短期负债难以满足其长期运营的需要。

2.3 商业赞助

(1) 商业赞助的含义。

商业赞助就是以某个活动为支点,以冠名、主办、协办、鸣谢、指定产品等为形式从企业获得资金、实物支持,然后再以一定的广告、新闻媒体的宣传作为回报的商业行为。一项活动可以有许多不同层次和地位的赞助商,而具体层次和赞助商从会展项目中获得的权益密切相关。这些权益包括使用特定名称和头衔的权利等。下面列举了几种不同层次的权益。

① 冠名权:即企业通过对某项活动出资赞助,取得用自己的商标或品牌为活动命名的权利。这是企业出资赞助的一种形式,且一般只有出资较高的企业才能获得冠名权,如上海旅游节历年的主要冠名企业。

② 展示权:允许赞助商的公司、产品与品牌的名称与赛事活动的名称并列(作为赛事名称的一部分),也可以用于赛事活动的各种标识。这类赞助身份的获得比冠名权所支付的赞助要少,因为媒体可以将赞助商的公司信息与赛事名称分开。如伊利集团连续三届赞助中国国际进口博览会(CIIE),在 2023 年进口博览会设置"全球乳业生态圈"主题展区,通过全息投影、数字互动展示产业链技术,吸引超 10 万观众体验,品牌搜索量周环比提升 45%。

③ 命名权:这种权益一般在长期赞助合约中出现,如使用赞助商的名字重新命名一个建筑物或体育馆,同样,公司名称、产品和品牌名称都可以使用。如上汽集团-通用汽车馆冠名 2010 年上海世博会,双方联合投资 1.2 亿元打造未来交通主题展馆,通过沉浸式体验展示新能源技术,累计吸引超 800 万观众,品牌全球曝光量达 12 亿次,助推上汽新能源车型销量增长 27%。又如,万科植物馆亮相 2019 年北京世界园艺博览会,万科集团以 3 000 万元获得场馆命名权,展示植物生态技术及环保理念,展期接待游客超 200 万人次,社交媒体话题阅读量破 5 亿,强化了企业绿色品牌形象。

④ 范畴权:赞助商在他们赞助经营的某一领域中享有非竞争性垄断地位,因为他们是此方面的唯一合法代表。如京东独家冠名 2023 年海南国际消费品博览会"电商直播周",投入 5 000 万元搭建智能直播基地,联动 30 家品牌直播带货,总销售额达 4.6 亿元,带动京东"海南免税专区"周访问量激增 130%。

⑤ 供应权:此权利允许赞助方向活动提供服务、设备和产品。一项活动可以拥有多个赞助商,如农夫山泉成为 2022 年中国国际服务贸易交易会(服贸会)指定饮用水,独家供应全部场馆及会议用水,定制"一带一路"主题瓶身,触达政商嘉宾超 10 万人次,展会期间北京区域销量环比增长 22%,品牌高端商务形象提升 18%。

资料链接 6-1

广州队寻求一线队 & 梯队冠名权

（2）商业赞助的分类。

按内容区分，商业赞助可分为现金赞助、实物赞助、现金和实物结合赞助；按主题区分，商业赞助可分为体育赛事赞助、重大节庆活动赞助和公益活动赞助等；按形式区分，商业赞助可分为独家赞助和联合赞助；按对象区分，商业赞助可分为单项赞助、多项赞助、冠名权赞助等；按赞助的类型区分，商业赞助可分为全额赞助或部分赞助。

商业赞助是一种商业交易/投资，而不是无偿的捐款，赞助企业通过赞助可以提高知名度、宣传企业形象、推广企业产品等，赞助类型选择得当与否，多数情况下对赞助效果会产生直接影响。从赞助中获得的回报最终将对企业的利润产生积极而深远的影响。

资料链接 6-2

中国西部教育博览会冠名赞助方案

（3）赞助商决定赞助会展项目时考虑的因素。

赞助商在决定赞助会展项目时一般会从以下几个方面考虑：
- 比较在会展项目前后某一特定时段的销售量与前几年同一时段的销售量。
- 比较在会展项目举办地区的销售量与国内其他区域相同市场上的平均销售量。
- 分析能刺激购买的促销方法（打折票或凭优惠券打折购买）。
- 在会展项目举办前后追踪分销商数量的变化。
- 衡量会展项目的覆盖范围。追踪会展项目在电台或电视台、网络上的曝光率以及在纸质媒体上的版面大小，从而直观地了解所获得的曝光度与付出的代价之间的比例关系。赞助商也可能会关心媒体曝光的类型，如是全国性新闻还是地方性新闻，是全国性媒体还是地方性媒体。

（4）赞助的程序。

赞助的程序（时间和操作步骤）可能因不同的情况而有所不同，但主要内容基本是相同的。

① 评估活动方案。

在开始寻找赞助商以前，需要花一定的时间来评估活动方案，该活动是高品位的吗？计划周详（新颖/创意/有趣）吗？谁将要出席？能否吸引媒体报道？换句话说，从赞助商的角度看，活动是否值得赞助？赞助商如何支持活动？活动所需要的支持是什么（资金、设施、服务、志愿者等）？需要一个赞助商还是几个赞助商（避免相同类别行业中的赞助商之间的冲突）？

② 确定赞助商的机会。

在确认了活动有赞助价值之后,就需要开始撰写赞助计划书,在计划书中应列明所有赞助商的获利点。如果可以,应尽量写明可评估的等同价值,如媒体报道的广告等同价值。

对赞助商有价值的要点:
- 在活动期间,赞助商是否有机会进行产品或服务促销。
- 对潜在赞助商最有价值之处可能是展露度。
- 活动是否会得到媒体报道。
- 活动的地点和经费。
- 其他宣传/展露的可能性:门票、横幅、海报、气球等悬挂物及其他带有公司标记的印刷材料。
- 其他增值和扩大影响的活动。
- 是否有允许赞助商的员工参与活动的机会。大公司可能是志愿人员的主要来源,公司参与可以振作员工士气。

③ 定义潜在赞助商。

寻找潜在赞助商是一项费时且需要耐心的工作。任何与主办方有业务往来的公司都可能成为赞助商,但需要记住:不能同时要求相互之间有竞争关系的公司成为赞助商。

定义潜在赞助商时必须考虑活动的类型和规模等因素:
- 目标受众是谁?主办方是否了解他们?
- 活动在一年中的哪个时间段进行?
- 参与活动的人数是多少?
- 赞助商宣传、展露和参与的机会点有哪些?
- 促销的机会点有哪些?

必须考虑赞助的形式是现金、实物,还是人力,不要忽视实物赞助和提供的服务(如旅行),这些能抵消成本的赞助形式与现金同等价值。结合企业的目标市场和经营目标,根据以上考虑因素列出适合赞助本次活动的公司名单。

④ 研究潜在的赞助商。

在接触潜在的赞助商以前,需要对赞助商的业务进行研究,了解其以下内容:
- 该公司的经营理念。
- 该公司有没有赞助经费。
- 该公司做预算需要的时间。
- 该公司过去所赞助的活动类型。
- 最近有关该公司的媒体报道。
- 该公司所在行业的发展趋势。
- 购买和使用该公司产品、服务的顾客类型。
- 该公司的广告策略。
- 该公司在企业形象、宣传推广、顾客关系和经济发展方面的目标。
- 该公司赞助的决策者。
- 该公司的信息渠道,如公司的年报、报纸杂志、合作伙伴等。

资料链接 6-3

2024北京城市副中心马拉松成功举办

（5）撰写赞助建议书。

赞助商的类型分为独家赞助商、联合赞助商、实物赞助商、媒体赞助商。应根据每个赞助商的需求特点单独撰写一份正式的赞助建议书。赞助建议书的内容应简洁（不要超过6页）。赞助建议书的目标有两个：避免对方说"不"和确保下一步的会谈。

赞助建议书的基本格式如下：

- 综述：简单、扼要地介绍活动方案，赞助商的宣传点或获益点，赞助商的投资及决策期限。
- 简介：包括主办单位的简介，活动的背景资料，活动构思和主要参与者。
- 活动方案：活动的时间/期限、地点、内容、参与人数和目标受众，活动的目标，以及过去类似活动的资料，如新闻报道等。
- 赞助投资方案：包括详细的赞助内容，如现金、产品、奖金、广告、促销、服务、专业咨询等，每项内容必须转换成定量的价格，必须明确所有成本和利润的数量；同时，赞助的投入应与所提供的回报相关联，不要过低估计成本，也不要高估活动的商业价值。
- 赞助商的获益点：明确列出赞助商所有的展露点、宣传机会和获益，包括无形的利益，如提高形象、增加公众认知度。如果可能，应将所有回报进行量化。
- 决策的期限：即最后答复的日期和联系信息。
- 附录：其他相关材料，如赞助计划书和大概的预算、推荐函或支持函、新闻报道、照片、以前活动的方案以及其他可能增强说服力的材料。

2.4 市场开发

市场开发是指以会展项目的标志、名称、形象等所有知识产权的转让为条件而获得资金、物资、技术和服务的行为。市场开发是大型活动如体育赛事的重要收入来源，奥运会就是一个很好的例子。

总体而言，财务人员应根据会展项目的性质和规模并结合主办机构的实际情况来进行筹资预测，考虑筹资方式的选择对筹资额和筹资成本的影响，综合利用多种筹资方式，尽可能以较低的成本和风险获取所需资金。

总结与实践

1. 本章小结

会展项目财务管理是指遵循客观经济规律,通过对会展项目资金的筹集、运用和分配的管理,利用货币价值形式对会展项目的经营状况进行综合性的管理。会展项目财务管理一般包括筹资管理、营运资金管理、成本费用管理和利润管理等内容。会展项目财务预测是指会展项目组织者对会展项目未来资金的估计,具体包括投资、销售收入、成本、筹资、利润等内容。

会展项目财务预算是对会展项目在未来一定时期内的各种资源的来源和使用的详细计划,以数字形式对会展项目未来一定时期内的经营活动进行概括性表述。会展项目财务预算提供了会展筹备期间的收支预算,从而确保会展项目的各项财务支出充足、合理和高效。会展企业的财务预算是以收付实现制为基础,预算内容包括收入预算、支出预算和现金预算等。会展项目所筹集的资金是会展项目的主要收入来源,其筹集的方式主要包括自有资金筹资、借入资金筹资、商业赞助、市场开发等。筹资工作做得好坏,会直接影响会展项目能否顺利成功地举办。

2. 案例分析

北京冬奥组委财务收支报告

在以习近平同志为核心的党中央坚强领导下,在冬奥会工作领导小组直接指挥下,在全国人民大力支持下,北京冬奥组委与国际奥委会等国际国内各方面紧密合作,共同举办了一届"简约、安全、精彩"的奥运盛会。为确保冬奥会和冬残奥会的成功举办,北京冬奥组委积极组织收入,加强资金统筹,强化预算管理,落实节俭办赛,保障了赛事各项资金需求。北京冬奥组委收入153.9亿元人民币,折合约22.89亿美元;支出150.4亿元人民币,折合约22.37亿美元;结余3.5亿元人民币,折合约0.52亿美元。

一、北京冬奥组委的收入主要来源于四个方面

一是国际奥委会资助37.8亿元,是国际奥委会按协议分配给主办城市的国际市场开发收入和电视转播权收入分成。

二是市场开发收入111.3亿元,是北京冬奥组委根据《主办城市合同》,在国际奥委会授权下实施的国内市场开发和特许经营收入。

三是其他收入4.8亿元,包括利息、收费卡和资产处置等各类其他收入。

四是票务收入,按照疫情防控要求,为保障涉奥人员和观众的健康安全,北京冬奥组委未销售门票,无票务收入。

二、北京冬奥组委的支出按性质和用途划分为八个方面

一是体育竞赛支出13.3亿元。为满足体育竞赛要求,安排竞赛和训练场馆所需的体育器材租赁和使用支出,以及制冰造雪等场馆运行和消耗支出。

二是场馆设施支出18.7亿元。根据国际奥委会对举办冬奥会的场馆、场地的设施要

求,安排场馆临时设施和临时电力设施费用支出。

三是技术系统支出 23.2 亿元。为满足国际奥委会的竞赛管理系统要求、国际冬季单项体育组织的计时记分要求、电视转播商的数据通信要求以及北京冬奥会和冬残奥会赛事组织其他信息化要求安排的各类技术支出。

四是赛时服务支出 23.6 亿元。根据《主办城市合同》及往届奥运会惯例,安排的相关参赛人员的交通、住宿、餐饮支出和奥运村支出,国内外注册媒体服务支出、国际奥委会和各国家(地区)奥委会等外事服务支出。

五是仪式、宣传和文化活动支出 15.7 亿元。为提升冬奥国内国际影响力,举办冬奥会和冬残奥会四场开闭幕式支出,奥林匹克文化活动支出,冬奥宣传和官方网站建设运维支出,奥林匹克火种海外采集和国内火炬接力支出,冬奥会遗产和可持续行动支出。

六是办赛保障支出 15.5 亿元。为保障赛事顺利举办开展的安保、防疫、医疗、物资管理和物流支出。

七是人力资源相关支出 28 亿元。支付工作人员工资,工作人员和志愿者的招募、培训、激励、制服等支出。

八是赛事运营支出 12.4 亿元。北京冬奥组委行政办公、法律咨询、金融服务、参赛人员的人身保险和北京冬奥组委责任保险、财产保险等支出。

按照"两个奥运、同样精彩"的理念,冬残奥会各项支出已经全部在上述各类支出中统筹安排,故不再单独列示。

* 按照中国人民银行 2022 年公布的美元对人民币汇率平均值 6.726 折算。

北京 2022 年冬奥会和冬残奥会组织委员会
2023 年 5 月 6 日

(资料来源:https://www.beijing.gov.cn/ywdt/yaowen/202305/t20230506_3088472.html)

(1) 结合会展项目财务管理的知识,选取某届奥运会为例,梳理其财务收支状况。

(2) 结合案例资料,谈谈你对"奥运会靠什么赚钱"的理解。

3. 复习与思考

(1) 简述会展项目财务管理的概念、特点和主要内容。

(2) 谈谈你对会展项目财务管理目标的认识。

(3) 会展项目财务预测包括哪些主要内容?

(4) 会展项目筹资预测需要考虑哪些因素?如何进行筹资方式的选择?

(5) 会展项目的利润预测有哪些方法?

(6) 会展项目预算工作的程序是怎样的?

(7) 会展项目预算管理的主要内容有哪些?

(8) 会展项目筹资方式有哪些?

(9) 某机构计划举办第一届星峰杯上海市高校男生足球友谊比赛。① 作为一名项目策划者,请问你如何策划该机构去获取商业赞助?② 请你列出拟选择的 6 家潜在赞助企业名单(同一行业只选一家企业),并选择其中 1 家潜在赞助企业,说明选择该企业的理由。

4. 技能实训

——会展项目实现目标利润的途径分析

(1) 实训要求:

会展项目财务预测有利于企业财务管理人员根据变化适时调整,保证财务收支的综合平衡,保证财务目标的顺利实现。会展企业应依据会展项目在筹划运营活动中有关因素变化情况,运用科学的方法进行研究和分析,对未来一定时期内的利润数额进行预计和测算,并寻求实现预计目标利润的各种措施方案。请运用目标利润法对会展项目的目标利润实现途径进行分析。

(2) 实训目的:

强化学生对会展项目财务管理工具的运用,加深对理论知识的理解,明确目标利润管理在会展操作实务中的重要性。

(3) 实训组织:

学生以 2 人为一个小组,对会展项目的目标利润实现途径进行分析。

(4) 背景资料:

某会展公司 2024 年举办的某小型展览会实现利润 100 000 元,参会门票每张 100 元,单位变动成本 50 元,固定成本总额 40 000 元,2025 年预计目标利润为 2024 年的 1.2 倍。

(5) 实训内容:

① 会展项目财务预测的内容包括哪些?

② 从量本利关系分析增加利润的途径有哪些?

③ 结合本例数据,试采用目标利润预测法具体分析该会展项目实现目标利润的途径。

——运用量本利分析预测法分析展销会项目盈利情况

(1) 实训要求:

量本利分析法就是会展项目组织者根据会展项目广告牌位、摊位、门票等销售数量、成本和利润之间的依存关系来预测会展项目销售利润的方法。项目的盈亏主要取决于项目产品的销售收入和成本费用。销售收入大于总的成本费用时,项目就盈利;否则就亏损。当销售收入等于总的成本费用,即利润为零时的产销量为盈亏平衡点,也称保本点,它是区别盈利和亏损的分界点,是衡量会展项目盈亏的一个标准。请运用量本利分析预测法分析展销会项目盈利情况。

(2) 实训目的:

强化学生对会展项目财务管理工具的运用,加深对理论知识的理解,理解固定成本和变动成本的含义,明确量本利分析预测法在会展操作实务中的重要性。

(3) 实训组织:

学生以 2 人为一个小组,对展销会项目盈利情况进行实训。

(4) 背景资料:

某展览公司拟举办一个小型展销会,场地租金等固定成本总额 100 000 元,参会单位的标准展位费为 1 000 元/个,假定举办该展销会的人工、材料等单位变动成本为 600 元,且除去以上成本外没有其他开支。

(5) 实训内容:

① 阐述会展项目中固定成本和变动成本的含义,并结合案例分别列举出至少四项相关的固定成本和变动成本。

② 求该公司在盈亏平衡点的参展单位数量,并结合案例解释该盈亏平衡点的经济含义。

③ 预计该展销会有 400 个单位参展,求其边际贡献率与目标利润,并解释该边际贡献率的经济含义。

第七章
会展项目现场管理

教学目标和要求

1. 掌握会展场地布置与管理方法。
2. 掌握会展开幕式程序和礼仪，培养学生增强文化自信，弘扬民族文化。
3. 熟悉会展现场后勤管理，培养学生的服务意识和奉献精神。
4. 掌握会展现场人员管理。
5. 掌握会展现场突发事件应急预案，培养学生的应变能力和忧患意识。

教学重点和难点

1. 重点是会展开幕式程序、现场人员管理和突发事件应急预案。
2. 难点是会展现场布置与管理、后勤管理。

【开篇案例】

超 2 400 家!2023 年服贸会线下参展企业规模扩大

服贸会是中国扩大开放、深化合作、引领创新的重要平台。2023 年服贸会于 9 月 2 日—6 日在国家会议中心和首钢园区举办,广泛邀请境外国家和地区、国际组织、境内外机构和知名企业参会参展、洽谈合作。参展企业国际化、专业化水平提高,59 个国家和 24 个国际组织设展办会,总数比上届多 12 个,整体国际化率超过 20%。参展企业规模扩大,共有 2 400 余家企业线下参展,其中世界 500 强和行业龙头企业 500 多家,展览展示总规模 155 000 m^2,均超过上届。

(资料来源:http://m.ce.cn/bwzg/202308/31/t20230831_38696106.shtml,有删改)

案例解析:

随着会展项目规模的不断扩大,现场管理难度也在随之加大,各参与方的利益诉求在不断变化,给会展项目管理人员带来了新的挑战。如何运用先进的管理理念和信息系统?如何将各板块人员的工作安排到位?如何举办一场令人难忘的会展项目?这些需要管理者的智慧与能力。

会展项目现场管理工作主要集中在人、财、物的集中管理及调配。鉴于会展项目中有主办和承办之分,对于会展项目现场管理的要求也有所不同。针对一些在会展场馆举办的项目,须根据要求提前完成公安、交管及消防部门报批(如表 7.1 所示)。本章我们主要介绍展览主办项目和会议承办项目的现场管理过程。

表 7.1 展览项目报批一般材料目录

序号	申请材料	
1	大型群众性活动安全许可申请表	
2	商务部门备案材料或贸促会批复	
3	到场人数预估及使用面积说明	
4	主办者 承办者	1. 营业执照
		2. 法人身份证明
5	联合承办协议书	
6	安全责任人授权委托书	
7	安全责任人身份证明	
8	大型群众性活动安全管理承诺书	
9	场地租赁合同	
10	活动方案	

续表

序号		申请材料
11	安全工作方案	1. 活动的时间、地点、内容及组织方式
		2. 安全工作人员的数量、任务分配和识别标志
		3. 活动场所消防安全措施
		4. 活动场所可容纳的人员数量以及活动预计参加人数
		5. 治安缓冲区域的设定及其标识
		6. 入场人员的票证查验和安全检查措施
		7. 车辆停放、疏导措施
		8. 现场秩序维护、人员疏导措施
		9. 应急救援预案
		10. 证件管理方案（各类证件样式、发证数量、通行范围、防伪措施、发放申领证件管理规定）
		11. 票务方案（票务销售合同、票务销售公司营业执照、法人身份证明、数量、票样、票价分布图）
12	搭建	1. 搭建合同
		2. 营业执照
		3. 法人身份证明
		4. 搭建资质证明
		5. 搭建平面图纸
13	安保（包含临检）	1. 保安工作方案
		2. 安保合同
		3. 保安公司营业执照
		4. 保安公司保安服务许可证
		5. 保安公司法人身份证明
14	实名入场	1. 实名入场方案
		2. 营业执照
		3. 法人身份证明
		4. 合同
15		消防安全意见
16		安全风险评估
17		保险单（如有）

第一节　会展场地布置与管理

1. 会展场地布置与管理

会展场地布置是指在会展活动中，利用空间环境，采用建造、工程、视觉传达等手段，借助展具设施将所要传播的信息呈现在公众面前，包括展台、空间布局设计、平面设计、照明道具设计以及相应的展馆设计及展位、展台布置，各种声、光、电综合效果包装等。

1.1 参展商展台设计规定

（1）展台设计规定概述。

展览场馆对展览设计、搭建有各种各样的管理规定和限制。因此，在进行展台设计前，必须将有关要求和规定知会参展商，让参展商设计符合安全、环保要求的展台。

展台分为标准展台和特装展台。标准展台是用统一的、简便的标准展架搭建而成，展架展板材料一般为铝合金，重量轻，结构简单，结构的安全性较高。

国际通行的标准展位构成如图 7.1 所示。

图 7.1　国际通行的标准展位构成

① 每个标准展位的面积一般为 3 m×3 m，高度为 2.5 m。

② 在标准展位正向上部提供写有中英文参展商名称和展位号的楣板，楣板高度为 20 cm。

③ 展位框架为铝合金，装三面墙板，蓝色地毯，顶部安装有两支照明灯。

④ 为每个标准展位提供一张咨询桌、两把椅子及一个 220 V/50 Hz/500 W 交流电源插座。

⑤ 位于拐角处的标准展位，默认去掉通道一侧的墙板，增加一面楣板。

⑥ 同一参展商的两个或多个相邻标准展位，默认去掉中间的墙隔板。

⑦ 使用标准展位的参展商如还需其他展具，可向展馆租赁，费用自理。

⑧ 参展商可在每面墙板上挂三块宣传图文板，每块板的尺寸 900 mm×1 200 mm。宣传图文板用挂绳和挂钩挂在展架上部，下面用双面胶带固定。为了确保展架墙板能够在展览结束后清理干净，主场搭建商一般要求使用在展馆现场服务处购买的双面胶带，如自带，则需经主场搭建商同意方可使用。

会展业两项国家标准实施,填补重点领域空白

特装展台是展会上需要进行特别装修的展台,它可在展馆室内或室外按任意面积划出的展出空间上搭建。展会对特装展台有更多限制规定,尤其对双层展台、楼梯、展台顶部向外延伸的结构等限制更严。

展馆往往对双层展台有高度限制,不过限高不是禁止超高,如果办理有关手续并达到技术标准,可允许搭建超高展位。通常室内展台、展架的高度要求在6 m以下,公共区域的展台不得超过3 m,室外展场展台不得超过7 m,横梁跨度也不得超过6 m。展台顶部不允许封顶,以免对展馆消防喷淋系统形成遮挡。展台内部不允许建立全封闭的空间。有规定展台有顶板的,顶板面积不允许超出展台面积的三分之一。

(2) 展台结构设计的现场改进。

展台设计审批完成并不等于展台照图施工完成即可,而是在施工开始直至竣工都要跟踪检查,发现不合理的和展台不稳定的施工和安装,要立即要求整改。超过6 m的横梁必须在中间增加立柱支撑来加固,并使跨度减小到6 m以内。

展架、展台结构不牢固或不稳定的,必须采取加固措施,确保安全。有的特殊展架还要通过安装吊线的方式,用吊线将展架与展厅顶部承重梁相连接,以此种方式来加固展架,但需注意各场馆对于吊点承重的提示。

展台加固的方式还有几种,例如将稳定性较低的展板与展台或货柜相连接,以增强展板的稳定性。将展台顶部增加横梁或横拉、斜拉钢丝进行加固。

由于国家目前尚未对展览搭建行业制定通用技术标准,一些施工单位认为三五天就要拆除的展台,没有必要用价格高昂、结实坚固的材料,因而在搭建施工中往往存在侥幸心理,以次充好和偷工减料,因此现场施工监督检查必不可少。

1.2 展台搭建施工管理

(1) 展台搭建所用材料。

通常展览项目所用的搭建材料,包括展架、展板、面板、特殊装修展台、供表演用的舞台等,必须采用不燃烧材料或阻燃材料。对因布展需要,确需使用少量可燃材料的,应事先对可燃材料作符合要求的防火阻燃处理。木材、胶合板材必须在表面涂刷防火涂料。

布展时的包装盒等可燃材料应及时清出馆外或者放在馆外指定的安全场所。

限制和禁止使用塑料制品及危险化学品。一些展览面积较大的展览项目,通常会在展台四周悬挂大型宣传喷绘,为了保证展览项目的安全性,这些宣传喷绘往往要经过防火处理。

展架展台的玻璃必须使用钢化玻璃。要在进场施工前对所有建材进行检查,材料合格才允许进入展馆。

展板展架构建要有金属立柱和金属横梁等,不得全部采用细木条加薄板的结构。

进馆的电缆均须包上蛇皮管和使用护套线缆,不得使用未加套管的电线。电源线接头必须使用专用接线盒,不得将电线直接连接或用胶布缠上。

(2)施工手续和材料检查。

各类装修、搭建施工必须提前申报,根据各场馆要求,办理施工证后方可进行施工布展。施工人员证件办理流程如图 7.2 所示。

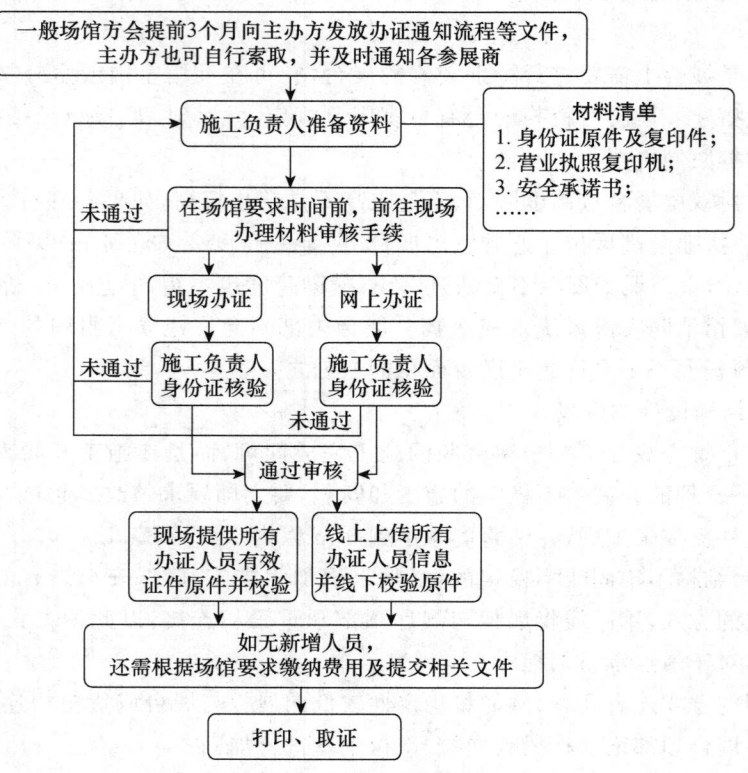

图 7.2　施工人员证件办理流程

对展台搭建所用的各种材料都要严格审查,搭建施工前、施工过程中,要不断巡视检查,发现不合格材料要及时要求施工单位更换。

(3)展览门头的管理。

展览门头是指设置在展览馆主入口处的、带有展览主题或展会名称标识的大门框(如图 7.3 所示)。门头的安装一定要稳固,要将前后左右拉线固定于地面混凝土墩等重物上,防止大风刮倒门头,发生意外事故。对室外的顶部未封闭的门头,要注意门头顶部盛水的排水问题,否则,遇到下雨天气门头盛水过多可能会压垮门头。

(4)展馆环境和主体结构安全。

展台构件应在展馆外部制作,不得在馆内进行粉刷涂料(如喷漆、油漆等)、电锯、电刨、电焊等施工作业。严禁在展馆墙面、地面打孔、钉钉子,高空、屋顶、柱子等未经批准禁止悬

图 7.3 展会室内门头

挂物品。不得破坏展馆内的一切设施或改变其使用性质和位置。经过批准而做的处置,闭馆后应恢复原状或赔偿损失。展场内禁止擅自粘贴,如确需在展板及展架上粘贴 KT 板、万通板或即时贴类宣传品,应自带或到指定地点购买专用贴进行粘贴。

(5) 施工时间和施工人员。

展场内布展、撤展施工应在规定时间内完成,如确有特殊原因需加班的施工单位,须于指定时间(通常在当日 15:00 前)到展馆服务中心申请,并交纳相关费用。施工人员进入展馆必须着装整齐、佩戴施工出入证,并戴安全帽,文明施工。各参展单位必须要有专业电工进行电气施工,且执行持证上岗制度,不得向非电工人员提供电源。布展的电气施工人员必须熟悉本展位的电气线路,开展后须有该类电工值班,确保本摊位的用电安全。

(6) 消防设施及疏散通道。

展览项目在举办之前,需完成消防报批手续,提交的文件各地略有不同,主要包括:展览项目批文(备案)复印件、展览项目平面图、《大型展览消防审核申报表》《消防安全检查申报表》《展览项目主办单位消防规定及管理职责》《展览项目主办单位消防灭火、疏散应急预案》、展览项目疏散平面图、租馆合同复印件、搭建材料型式检验报告、主(承)办单位营业执照复印件、主场施工单位营业执照复印件、主场施工资质证明复印件、消防安全管理制度等材料。其中,展览项目疏散平面图需标注展览项目紧急疏散出入口位置、展览项目紧急疏散标识(地贴)位置、消防设施位置等内容(每个"地贴"尺寸一般不小于 40 cm,相邻"地贴"间距一般不小于 20 m 或保持持续可见,一般要求使用反光材料)。

所有的展台、展品、广告招牌的布置不得影响展厅内的消防通道以及消火栓、水泵接合器等消防灭火设备的使用,包装物品、集装箱等必须存放在指定地点。展位、摊位的布置应留有足够的疏散通道,主通道宽 5~6 m,次通道宽 3 m。

不得在消火栓、安全出口附近、防火卷帘下方及附近布置展台,不得占用安全疏散通道。保障疏散通道、安全出口的畅通,并设置符合国家规定的消防安全疏散标识和警示标识。

(7) 电气线路敷设及安全用电。

所有的电器线路容量配备应均衡,其线路敷设均应架空或采取有效保护措施,其负载设备上均应有良好的接地装置。电源控制盒及插座、易发热电器设备、高温灯具事先申请,同意后方可使用,高温灯具周围(一米范围内)不得有可燃、易燃物品。

参展单位应如实向展馆提出所需的用电负荷数据;电气线路应采用护套线和线管穿线,其敷设应符合安全要求;镇流器不得直接安装在可燃物上;大功率灯具应与可燃物保持安全距离;严禁使用电热水壶、电熨斗、电炉、热得快等大功率电气设备;不得擅自使用超过场馆规定的用电限量或任意开启、拆撬馆内配电设备,如有需要,必须事先向主办单位申请。

展馆内严禁使用花线、胶质线、铝芯线,应使用阻燃的双层绝缘护套线。各参展单位使用的电气材料,必须是经消防部门检验认可的合格产品;展台、摊位内装修必须符合防火要求,灯箱须设通风孔,射灯、太阳灯必须有石棉垫等防火隔热措施;木结构内必须刷防火涂料,走线穿线管。

布展期间各种电源线路应固定,通道地点应使用双层绝缘护套线并加盖保护。

严禁圈占、遮挡展览中心提供的分电箱及地插,以便进行安全检查及维护。

(8) 禁止危险品及危险作业。

展厅内严禁使用汽油、煤油、酒精、香蕉水、强异味品以及展馆管理部门认为可能威胁展馆安全的化工产品。受压容器、各类受压气体钢瓶应设置在展厅外。各种易燃易爆的展品均以模型代替。

展厅内严禁吸烟。展厅里严禁使用明火(电焊、气焊)作业。禁止超标准噪声施工。

机械展品如内燃机车、汽车、拖拉机及各类汽油、柴油发动机等均应在室外展出,若在室内展出,不应操作、维修,油箱内的燃油不应超过一天展出发动的用量。

充装氢气球应事先向市公安消防机构申报,经批准后在指定的地点、时间内充装完毕。严禁充装小氢气球。

(9) 展品及材料等物品存放。

参展单位不得在大厅大量堆放所展物品,如确需临时存放,应向展览中心申请批准后存放在指定的仓库。

(10) 消防安全检查。

展览期间,主办单位应组织管理人员与展览保安人员共同进行防火巡查,督促参展单位落实消防安全措施,及时发现并消除火灾隐患。每日闭馆前,应进行安全检查,确认无遗留火种并切断电源后方可闭馆。

(11) 重物的分散承重。

展品展具不得超重进场,过重展品应放置于分散承重的装置上,展台不得在无保护的状态下强拖硬拉,以免造成展厅地面损坏。

严禁参展单位、施工单位破坏展馆内任何建筑物(如地面、墙体、柱子等)。

(12) 展位电源使用。

展位电源插头只限于接驳小型电器。如电视机、VCD、充电器,原则上不得使用展位电源插头接照明和动力用。严禁私拉乱接灯具及其他用电器具。

(13) 标准展台禁止改建。

参展单位不得对搭建的标准展位擅自进行改建、嫁接。

(14) 包装材料处理。

展览样品撤箱后,包装箱、碎纸、泡沫和木板等物品必须及时清出展馆,不得在展位外存放包装箱和展品。如需存放物品,须与展馆管理部门联系,办理手续并存放到指定地点。

1.3 展览高空作业安全管理

(1) 必须严格按照国家相关法律法规进行施工,高空作业人员必须持有劳动部门颁发的高空作业操作证。

(2) 高空作业人员在高空作业时,应使用安全合格的提升工具及操作平台,施工人员应系好安全带。为保护人身安全,周围要设置安全区,并有专人看护。安全区须设明显的警告标志。

(3) 施工作业过程中,所发生的一切安全事故和责任,由施工单位负责,并承担由此给组委会及场馆造成的所有经济损失。

1.4 开展期间现场管理

开展期间除了继续做好布展施工期间所要求的安全管理内容之外,还应做好以下需要特别强调和提出的管理细节:

(1) 爱护展馆各项设施,展位装饰需使用布质双面胶或黑色电工胶带;禁止使用纸质、泡沫双面胶及黄色透明胶带等,避免损坏展具。

(2) 凡与展馆提供的展具和物品相同的展具及物品禁止进馆,以免造成混淆。

(3) 禁止在展馆进行一切非授权的经营活动。这是现场管理中常常遇到的一大问题。往往有不法商贩趁机销售,甚至打着展会名义浑水摸鱼,兜售假冒伪劣产品,侵害消费者利益。

(4) 开展期间,各展位要控制视听设备的音量,严禁噪声污染,保持良好环境。

(5) 对布展不协调部分,展馆有权要求做修改或拆除。

(6) 展厅内禁止吸烟,禁止动火,禁止超负荷用电。这是展览现场要反复强调和巡视督查的。

(7) 参展单位应妥善保管自己的物品和展品、办公用品和贵重物品,谨防丢失。每次大型展览都有各类贵重物品丢失、被盗,为加强防盗,要适当通过广播系统进行安全提示。

(8) 保持展厅卫生,垃圾放进垃圾桶里。

(9) 各参展单位应当拒绝接受未经展馆批准的餐饮、租赁等服务。

(10) 各参展单位须自觉维护展会秩序,所有商业、宣传活动(如派发产品资料、目录、纪念品等)仅限于在承租展位范围内进行,不得在展位外进行,不得进入未经许可的区域。

(11) 闭馆时,各参展单位应整理好自己的展品、关闭电源,小件贵重物品应带走。

1.5 撤展管理

(1) 参展单位应自行将特装展台撤出展馆。展会结束前,参展单位不得收拾展品,以免影响展会的正常工作。

(2) 撤展期间,各展台自行保管好自己的物品,谨防丢失。这期间现场人员和物品进出极其频繁,很容易发生物品丢失,电脑、手机、照相机等贵重物品丢失事件常有发生,一定要保管好。

(3) 撤展期间注意安全施工,禁止野蛮施工,禁止堵塞通道。

(4) 除非参展单位有特别要求并经得同意,撤展后遗留在现场的一切物品或展品将被视为废弃物。

(5) 展会期间租赁的物品应于闭馆前到原办理租赁的现场服务台办理物品退还和押金退还手续。

（6）在撤展结束前,参展单位应将展台的垃圾清运到指定地点或带走,禁止丢弃在展馆周边。未清理垃圾的展台将不予退还清洁押金。

总之,做好展览现场布置与管理,需要从环保、安全、经济、服务特色等方面综合考虑,在此基础上实施具体的管理措施。

资料链接 7-2

展览项目活动安全方案说明

2. 会议场地布置准备及管理

会议多在高星级酒店举办,场地布置一般分为场内和场外,场内指的是宴会厅内及外部前厅部分的搭建与布置;场外指的是除场内部分以外的空间搭建与布置,包括大堂、电梯口、自助餐厅等。

2.1 进场运输管理

会议搭建所需物料的进场时间,如在高星级酒店举办,一般需要和酒店销售部门协商确认时间,如果举办全天会议或上午半天会议,一般在前一天晚上 10 点后进场,如果举办下午半天会议,则一般在当天早上 6 点前进场。

2.2 搭建管理

搭建的时间管理需要结合进场运输来确定。一般中小型会议搭建时间需 0.5～1 天,大型会议搭建时间需 2～3 天,同时,还需考虑设备调试与彩排时间。如是在晚上搭建,一般场地方不收取场地租赁费;如果需要全天搭建,场地方(特别是高星级酒店)将额外收取一笔场地租赁费。

在进场运输和搭建环节,搬运物料时,应根据场地方的要求,在地面铺设地板或地毯,以保护地板、地毯和大理石地面。

在搭建过程中,还需注意限高要求,除了明确的会场灯下高度、天花板灯带高度等以外,对于酒店搭建的限制高度也需提前了解,避免不必要的损失。

2.3 安全管理

会议项目如在会展场馆举办,相关要求可参考展览项目执行;如在高星级酒店内举办,部分报批事项可相应省略。

3. 展览现场布展、撤展事务的协调与管理

展会期间,参展商在布展或撤展的过程中,往往需要展会组织方予以帮助。参展商需要帮助的事项,主要发生在其与展会组织方、展览场馆、展品物流机构之间。

展会组织方应从自身的角色定位出发,积极发挥协调者的作用。在协调参展商与展览场馆或展品物流机构的矛盾时,应努力维护参展商的利益,尽量满足参展商的要求。

展会组织方协调与管理布展或撤展事务时,一方面要考虑参展商在布展或撤展过程中提出的要求,另一方面还要考虑展览场馆或展品物流机构提出的要求。

对于参展商提出的要求,一般按以下几种情况分别处理:

(1)凡展会组织方在展会前制发的《参展服务指南》有明确规定的,应耐心向参展商说明或解释,说服其按照《参展服务指南》的规定办理。

(2)凡《参展服务指南》有规定但相关服务未履行规定的,或服务质量未让参展商满意的,应及时向参展商致歉并予以改进。其中,涉及展览场馆或展品物流机构的,应帮助参展商与之沟通,争取达到参展商的满意。

(3)凡《参展服务指南》未作明确规定的,应及时了解参展商提出的问题并酌情处理。如参展商要求合理且不难办到的,应按其要求及时办理;其中,涉及展览场馆或展品物流机构的,应帮助参展商与之沟通,争取按参展商的要求办理。

(4)凡参展商要求不尽合理且难以办到的,则应耐心说明,取得参展商的理解。

(5)对于参展商与参展商之间发生的矛盾,应及时了解详细情况,并以矛盾双方基本可以接受的方式予以调解。

对于展览场馆或展品物流机构提出的要求,一般按以下两种情况分别处理:

(1)凡涉及双方关系或责任的事项,如双方合同有约定或《参展服务指南》有明确规定的,应要求其按照约定或规定办理。如双方合同未约定且《参展服务指南》没有明确规定的,如要求合理,且不难办到的,应酌情按其要求办理;如要求不合理,应表明态度不予同意;如事关重大,双方应另行协商处理。

(2)凡涉及参展商的事项,应及时了解情况,其处理方式可以比照参展商涉及展览场馆或展品物流机构的事项。

4. 会场布置

4.1 展览项目

展览项目多为展带会模式,使用场地多为会展场馆,部分布置工作需要供应商提供,并提供相应设施设备。

(1)物品准备。

① 清洁卫生,摆放好会议桌和足够数量的座椅,调整好座椅位置(同一水平线、面对面)。定做欢迎条幅,可挂在会场门口,也可挂在室内适当位置。

② 摆放花卉,如在椭圆长桌中间空地、会议室角落,另外会议桌上也可摆放定做的鲜花花束,但要把握好尺寸,不可过大过高,花卉颜色应视会议主题而定。

③ 确定与会人数、人员,做好座次牌,准备签字笔、笔记本等物品(每人一套)。

④ 准备多媒体设备,完成调试工作。

⑤ 桌面物品:正前方座次牌,右手正前方杯垫及水杯(杯把向右侧转 45 度),靠近水杯位置摆放消毒湿巾(可不备),左手前方可放置水果或瓶装纯净水(以防有的参会人员不喝茶水),正中放置笔记本,笔记本右侧放签字笔。其他物品,如抽取式纸巾等可随机摆放,注意桌面整齐划一,不可过于拥挤、杂乱。

(2) 会场布置方式。

① 相对式：主席台与代表席采取面对面的形式，突出主席台的位置，分为礼堂形、教室形、弦月形。

② 全围式：不设专门的主席台，所有与会者均围坐于一起，分为圆形、椭圆形、长方形、多边形。

③ 半围式：介于相对式与全围式之间，设有主席台，但在其正面和两侧安排了代表席，这样既突出了主席台的位置，又有融洽的氛围，比较适合中小型工作会议，分为马蹄形、T字形、拱桥形。

④ 分散式：将会场分为若干个中心，每一个中心都有一个主桌，在一定程度上既能突出主桌的位置和作用，又给与会者提供多个交流的机会，气氛较轻松和谐，分为圆桌形、方桌形、V字形。其中，布置主席台时，前排必须是通栏，后排可根据需要安排通栏或分栏；主席台上可设讲台、话筒，以突出发言的重要性；重要大会的主席台旁还应设休息室。

(3) 会议座位安排。

先确定在主席台就座人员的名单，再确定身份最高的人员就座于主席台前排中央，其他人员按先左后右、一左一右顺序排列，这是中国的政务礼仪要求。在其他商业场合，尤其是外事场合，则反之，遵守右为上原则。

会场人员座次安排：

① 横排法：按照会议人员名单，以姓氏笔画或单位名称笔画为序，从左至右横向依次排列。

② 竖排法：将横排法中从左至右改为从前至后纵向排列。

③ 左右排列法：将横排法中从左至右改为以主席台为中心，向左右两边交错排列。

(4) 会场气氛的营造。

会场气氛直接影响与会者的情绪，关系到会议的效果。营造良好的会场气氛是会展布置人员创造力和想象力的重要表现。营造会场气氛一般围绕以下几个元素。

会标。将会议的全称以醒目的标语形式悬挂于主席台前上方，即为会标。会标能体现会议的庄严性，激发与会者的积极参与感。

会徽。即能体现或象征会议精神的图案标志，一般悬挂于会场前上方中央位置。

会徽、会标内容设计应符合举办地国家（或地区）相关法律规定。

灯光。要注意灯光的亮度，一般主席台上的灯光要比台下代表席的灯光亮。

色调。要注意不同色调会给与会者不同的感官刺激，如红、粉、黄、橙亮丽明快，使人感觉热烈辉煌，适合庆典类会议，蓝、绿、紫庄重典雅，使人感觉严肃端正，适合一般工作会议。

旗帜。重要的会议宜在会场内外插一些旗帜以烘托气氛。

标语。简洁明快的标语口号能振奋与会者的精神，强化会议主题。

花卉。适当的花卉装饰能给人以清新活泼之感，既能营造好的会议氛围，又能缓解与会者的疲劳。

4.2 会议项目

会议项目多选择高星级酒店（或会议中心），因为高星级酒店（或会议中心）设施设备较为齐全，便于承接各类会议活动，有利于保障会议接待服务质量。

（1）会场桌椅。

会场桌椅一般由酒店提供，如遇人数较多或特殊需求，会展企业可另寻供应商提供，特别是沙发、高脚椅等。同一家酒店的同一类型的桌椅尺寸都基本一致。在布置会场时，应根据会议内容、会议室容量等规划会议台形，常见会议台形有：剧院式（适合不需要做会议笔记，同时考虑尽可能容纳更多与会者，如图7.4所示），课桌式（适合需要做会议笔记，如图7.5所示），U字形（常见为1U和2U，适合小型会议，如图7.6所示），口字形（适合小型会议且无特定发言人的会议，如图7.7所示），workshop式（类似宴会桌，但一般每个圆桌只放一半椅子，避免背靠讲台，如图7.8所示），鱼骨形（常见于培训项目，如图7.9所示），董事会式（如图7.10所示）等。

图7.4　剧院式

图7.5　课桌式

图 7.6　U 字形

图 7.7　口字形

第七章 会展项目现场管理

图 7.8　workshop 式

图 7.9　鱼骨形

图 7.10 董事会式

对于一些大型会议，如果会议室面积较大，可结合会议嘉宾情况规划多种台形共存方式，提高与会者的感受度（见图 7.11）。

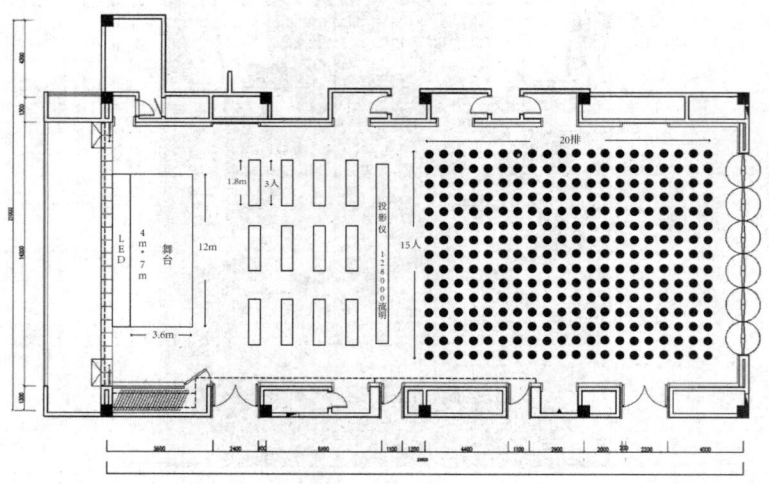

图 7.11 会议室多种台形

(2) 会场舞台。

无论是会展场馆还是高星级酒店，舞台基本都非固定模式，一般都是用可折叠舞台板搭建的，通常其尺寸为 2.4 m（长）×1.8 m（宽）×0.4 m（高）左右，舞台折叠板的使用数量可根据舞台面积进行测算。舞台的高度与后部 LED 屏幕或背景板高度有关，而 LED 屏幕或背景板高度与会议室的层高有关，搭建前需与场地方认真沟通。舞台上的家具可结合不同的场景需要进行摆放（如图 7.12、图 7.13 所示）。

第七章 会展项目现场管理

图7.12 亚洲宠物盛典年度论坛舞台

图7.13 中国会议与商务旅行论坛暨交易会互动环节

舞台与会场第一排的距离一般不少于3 m,同时,还需考虑此空间内是否摆放提字设备、声光电设备、摄影摄像设备等,适当可增加一定的距离。

(3) 会议餐饮。

会议项目中餐饮板块尤为重要,重点应关注茶歇、午餐和晚宴。一般来说,大型会议的整个会期中会安排一次欢迎晚宴;午餐一般以西式自助为主,多直接使用酒店自有的西餐厅,如遇人数较多,无法同一时间接待,可结合酒店空间情况,单开部分会议室进行人员分流;晚宴通常以中式围桌为主,中式晚宴的菜单需要根据预算及酒店制作标准,一般会让酒店餐饮部门提供两套不同价位的菜单以供选择。

茶歇是会议期间片刻的休闲环节,是在会议进程中的休息时间段安排一些热饮(以咖啡/茶为主)和甜品、水果等,有时也会根据会议组织者的要求和季节的变化,增加一部分软饮料(可乐、果汁、矿泉水等)和一些三明治。

如果是全天会议,一般会在上午和下午各安排一次茶歇,会议进行到 1.5~2 h 后进行一次茶歇,时长一般在 20~30 min,以缓解与会者的倦意。如果会议举办地是在展览中心或者会议中心,茶歇供应商的资质需得到场地方的许可,并提供食品流通许可证,或使用场地方推荐的供应商,这样可能价格略微贵一些,但资质审核流程方面就会比较简单。

如果会议在星级酒店举办,则由酒店方提供茶歇服务,价格一般按位算,有保底人数要求,同时提供餐单选择,不同种类的搭配,其价格也不同(如图 7.14 所示)。

图 7.14 酒店特色茶歇

茶歇服务好坏,决定了大会规格档次高低。另外,好的茶歇服务,其摆放的环境也比较有创意。

第二节 开幕式环节管理

1. 会展项目开幕式的积极作用

开幕式的积极作用主要体现在以下几个方面:

(1)提振士气。多数情况下,会展项目开幕当天的参展、与会企业代表较多,人员较为集中,与会的各方面领导多,气氛热烈,有利于提振参展商和观众的士气。

(2)宣传推广。会展项目开幕式既是大型活动的一个环节,又是展会正式开幕的标志。隆重的展会开幕式现场要布置拱门、气球、礼花、地毯、鲜花、音响设备等,以烘托气氛,这样的环境布置不仅是为了吸引周边人群的关注,更是一个重要的展会营销渠道。

(3)拓展人脉。会展项目开幕当天,一些相关政府部门领导、企业高层及行业专家等会来参加,这就为企业拓展人脉、发掘潜在客户、寻找合作伙伴提供一个难得的机会。

2. 会展项目开幕式程序策划要点

要办好会展项目的开幕式,需考虑好以下内容:

2.1 主题

会展项目的开幕式应该围绕一个鲜明的主题来开展。一般来说,这个主题与本届展会的定位是一脉相承的。明确了开幕式的主题后,活动程序、领导发言稿和新闻通稿的撰写、表演活动等便有了基调和依据。

2.2 时间和地点

会展项目开幕式的时间应遵循"三不宜"原则,即不宜过早、不宜过晚、持续时间不宜过长。因此,大部分展会都将开幕式的时间定在早上9点钟左右。至于地点,则一般选择在场馆前的广场上举行,舞台往往需要临时搭建。

另外,确定开幕式的时间和地点时,主办方还应该充分考虑当天的天气状况。

2.3 程序

开幕式程序应制定得紧凑、简短,避免拖沓。会展项目开幕式的基本程序一般为:开幕前气氛渲染——礼仪小姐引领嘉宾走向开幕式主席台就位——主持人宣布仪式开始并介绍到会的各位嘉宾——举行升旗仪式——嘉宾致词——剪彩或开幕式表演活动——主持人宣布展会开幕式结束——由工作人员带领、主办方负责人陪同嘉宾进入展会现场参观。

有时候,会展项目主办方还会在开幕式当天举行晚宴或酒会,以答谢主要参展商和相关人士。

2.4 出席嘉宾

一般情况下,会展项目主办方会邀请行业主管部门的领导、行业协会的主管人员、外国驻华机构代表和专家及其他相关人士作为嘉宾出席开幕式。对于所有应邀嘉宾,会展项目主办方应提前沟通并确认,落实好接待人员、翻译人员、礼仪人员以及嘉宾在开幕式主席台上的位置等事宜。

2.5 讲话稿和新闻通稿

会展项目开幕式上,主要领导的讲话稿和主办单位的新闻通稿是媒体及广大公众全面了解该展会基本情况的重要材料,且往往是新闻媒体报道的基调,因而必须认真准备。领导的讲话稿和新闻通稿在核心内容上大同小异,两者都会说明该会展项目的亮点、创新之处以及对整个行业发展的重要意义,但相比较而言,前者更加口语化,而且可以带有个人的感情色彩;后者则是对会展项目的全面介绍,可为新闻记者提供一些背景资料。

2.6 应急预案

会展项目主办方在策划开幕式时要充分考虑天气状况,可求助当地气象部门,提前了解开幕式当天的天气状况。如果逢炎热天气或雨天,应提前通知嘉宾、媒体记者等,便于其做好相应准备。对可能会出现的情况,要预先做好预案,以保证开幕式的圆满成功。

3. 会展项目开幕式礼仪

给会展项目开一个好头,等于为展会的成功打下了良好的基础,所以开幕式也就显得格外重要。下面是不可忽视的开幕式礼仪方面的注意事项。

(1) 如果邀请国外、境外人士前来参加活动,应至少提前半年发出邀请,并寄送相关说明资料。

(2) 由多个机构共同举办的活动,要事先明确各自的职责和分工,避免多头指挥、多头对外,让嘉宾无所适从。

(3) 确定开幕式时间时应充分考虑当地的交通、气候特点及人们的工作习惯等,开幕式应避免时间过长。

(4) 开幕式主持人应以适当方式说明自己的身份(请礼仪小姐担任主持人除外)。

(5) 开幕式上宣布的出席活动的领导人名字不宜过多。在介绍"出席××活动的领导、贵宾"中,不应包括主办单位的领导人,而应是外宾、外单位领导人。一般情况下各主办单位领导的名字应排在宾客后面(主办单位领导是国家领导人的则应先报);如有外国驻华大使参加,其位置则应排在前面(因其是外国元首的代表)。

(6) 开幕式剪彩活动能免则免,确需安排剪彩活动的,剪彩人不宜多。为节约起见,应以彩带代替绸带。

(7) 在开场称呼中,可按国际惯例称"女士们、先生们",或"贵宾们、女士们、先生们",后面不必再加"朋友们、同志们"。

(8) 讲话中"欢迎""感谢"之类的句子要尽量归纳,以节省鼓掌时间。使用现场翻译时,应尽量控制场面,使讲话人与翻译人员相配合。

(9) 考虑到翻译上的困难,讲话中避免使用国内工作中常用的缩略语或惯用语或引用古诗、谚语。

(10) 介绍地方或企业情况时,要突出重点,语言简练,一忌长篇大论,由古至今,人文地理,面面俱到;二忌数字堆砌(如有必要,可提供文字资料)。

(11) 展会开幕式不同于报告会,主办者或领导人的发言不宜过长,应尽量简明具体,不必多说客套话。

第三节　会展现场后勤管理

1. 会展现场后勤管理的含义

会展现场后勤管理是一系列后勤活动管理的统称,主要是对现场主要物资与供应中心的管理,包括会展现场物流和交通管理、会展现场设备管理、餐饮以及酒店住宿管理等。

2. 会展现场后勤管理的目的

(1) 有利于展会安全、顺利地举行,提高展会的质量和品质。

(2) 有利于增强现场管理人员对大型活动的驾御能力、控制能力、操作能力,降低意外事件发生率。

(3) 有利于稳定展会环境,营造舒适的展会交易气氛,促成贸易成交。

(4) 有利于提升展会的知名度和美誉度,促进展会品牌的形成。

(5) 有利于及时维护参展商的合法权益,吸引本届参展商和观众继续参加下届展会。

3. 会展现场后勤管理服务的具体内容

3.1 展览项目

(1) 物流、交通管理。

对会展现场物流和交通的控制是对展览项目全面控制的至关重要的部分。

在整个会展流程中,展品、宣传资料以及展具、道具等相关设备的运输是一项重要而且专业性很强的工作。在实际工作中,会展主办单位往往会委托一家专业运输公司来负责展品运输。会展主办单位申请会展批文并在海关备案时,会同时将运输代理在海关备案。主办单位委托哪家运输公司,海关就受理哪家公司的报关业务。

事实上,交通也属于物流的范畴,只不过这里的"交通"主要指现场的交通工具、停车场及线路的规划,如展品运输车辆、巴士(往返于地铁或机场与场馆之间)、出租车、停车场等。

对于大型会展活动而言,现场交通与物流管理的负责人至少应该掌握一份联系人名单、场馆地图、展品抵达场馆的时间、现场交通规划草图、车辆调用与配发计划、紧急情况应对计划、现场联络点。

以上信息,一般需要在展览举办前,依照相关规定向属地交管部门报批,主要包括三大板块内容:活动基础信息、交通流信息、运维保障信息(如图7.15所示)。

```
一、活动基础信息
  1. 活动时间、地点、人数、票务信息、场馆
  2. 主办单位及交通安全责任人、后勤保障服务责任人联系方式
  3. 票务信息及人员、车辆证件分类及样张。
二、交通流信息
  1. 布撤展需求(时间、线路、临停、进出点)
  2. 危化品、易燃易爆品、无牌无证、超高超限车辆行驶需求
  3. 主要观展人流及团客信息
三、运维保障信息
  1. 交通辅助力量派驻数量及联系方式
  2. 餐饮保障供给
  3. 客流停车指示标牌
```

图7.15 交通安保基本信息

货运车辆涉及运输搭建物料及参展物品,在进出场馆时会影响周边的交通,为便于管理,场馆方及交管部门一般要求提交《货运车进停车场申请表》,对相关信息提前进行梳理分析,将对周边道路影响降到最低,主办单位应听从交管部门安排,了解禁行线路或禁行时段(如表7.2所示)。

表 7.2　货运车进停车场申请表

我司于_____年____月____日到____年____月____日,在××展览馆举办_____展览会,现申请展会布/撤展期间货运车辆按规定交通路线进入停车场,具体信息如下:

展会主办单位(具体实施方)	
展览日期	
布展日期/撤展日期	
所用展馆	
预计参展商数量	
预计布展车辆数量	
预计撤展车辆数量	
展馆装卸货区域	
进入指定停车场日期、时间	
展会主办单位联系人及电话	
展会车辆管理负责人及电话	

我司承诺将配合交通管理部门及展馆做好货运车辆的管理工作,并服从现场根据情况所作的调整。

申请单位(盖章):

日期:

(2) 会展设备管理。

各种类型的会议都需要使用视听设备,尤其是国际会议,在视听设备方面的要求更是严格,对音响、麦克风、放映机、银幕等都有一定的质量要求,往往需要由专业人员协助规划。

① 放映设备。放映设备是指在会议室内演讲时所用到的辅助器材,如幻灯机、投影机等。

② 音响设备。音响设备对会议的质量有相当大的影响,如果能将麦克风、录音和特殊视听系统等音响方面的基本因素考虑进去的话,将对会议质量的提高有相当大的帮助。

同时,视听设备与会场布置有密切关系。会议厅的容量、座位与舞台的安排与视听设备有直接关系,一方面,视听设备的安排影响会议室座位的容量;另一方面,座位安排对视听效果有影响。

各种类型的展览活动现场也需要相关专业设备,如投影仪、幕布、招贴支架、音响及AV、话筒、激光笔、照明设备、多媒体设备、户外展览器具、办公自动化设备、对讲机和手提电脑等,也需要配备专业的操作服务人员,在现场对各种设备进行调整和测试,以便在参展商需要时,及时高效地为他们提供优质服务。

(3) 餐饮管理。

会展现场的餐饮服务管理根据主办单位和场馆所签订的协议内容而定。

主办单位在为参展商、观众以及所有工作人员提供现场餐饮服务时,一般采取以下两种方式:

一是指定餐饮服务商。提供现场餐饮服务,绝大多数会展主办单位都倾向于指定一家餐饮代理商,负责供应展会期间的各项餐饮(包括各种快餐、自助餐、工作餐、冷热饮料等)。

当然,场馆常设的餐饮服务设施也能提供一定的服务。

二是推荐场馆及周边餐饮设施。一些小型会展项目的主办单位可能不负责现场餐饮(主要是午餐)供应,但一般会事先向参展商和观众声明,并详细介绍和推荐场馆及周边的餐饮设施。

另外,会展现场如果发现客人食物中毒,应立即报告负责人员通知医生前往诊断,并通知安全部主任、值班经理和总经理,立即对中毒客人进行紧急救护。通知中毒客人的有关单位和家属,并向他们说明情况,做好善后工作。如果是由于会展场馆提供的食品造成客人食物中毒,会展场馆应负损害赔偿责任。

(4)酒店住宿管理。

酒店住宿服务是会展主办单位为参展商提供的基本配套后勤服务项目。概括而言,常见的形式主要有:一是主办单位自行安排,二是专业代理机构或旅游代理商代为办理。

此外,由于每个会展项目的规模、性质不一样,会展项目后勤管理的具体内容会有所差异。有些会展现场后勤管理的内容还包括相关移动展具、模型的临时管理与调度,现场可移动广告载体管理与回收,现场展示租赁设备管理与回收,现场绿植管理与回收,现场非展区装饰材料管理与回收,现场成型宣传材料管理,现场各种开幕、闭幕物品的管理与回收,现场各种工作证件与服装等相关物品的领用,现场各类信息的处理、反馈与收集等。

3.2 会议项目

会议项目,如果在高星级酒店内举办,部分会议设备可使用酒店自有的;对于一些要求较高的会议项目,可由设备供应商提供搭建和调试,餐饮和住宿方面,则由酒店餐饮、宴会、客房部门提供支持与服务。

第四节 会展现场人员管理

1. 会展现场人员的分类

对会展现场人员可依照展览项目和会议项目来区分。展览项目现场人员分为现场服务人员和参展商及观众两大类,会议项目现场人员分为现场服务人员和与会者(含演讲嘉宾)两大类。

展览项目现场服务人员主要包括场馆现场服务、运营、维护、后期撤馆工作、展会现场维护、管理和协调等工作人员。其中场馆现场服务人员主要指为参展商及观众提供现场服务的人员。针对参展商的现场服务人员由展台搭建及维护、公关礼仪、展馆清洁和现场保卫等人员构成;针对观众的现场服务人员主要包括现场登记、参观引导及突发事故处理的人员。

会议项目现场服务人员主要包括各交通口岸接送、注册报到、会议现场维护、管理和协调等工作人员。为了节约办会成本,除了特定人员(VIP)外,其余服务人员将面对所有现场人员,提供包括但不限于咨询服务、会议资料分发、会场指引、餐饮服务、住宿服务、演讲幻灯片收集管理等。合作方诸如会议项目的支持单位、指导单位等,这类群体较为特别,他们与会议项目的主办单位有一定的业务合作,可将他们归为特定人员。

2. 会展现场服务人员的管理

一个会展项目涉及的工作人员众多,有专职人员,也有兼职人员,给管理带来了不小的难度。同时,工作人员对项目本身的了解程度不一,对业务流程存在不熟练等情况,也给项目的顺利进行带来了一定的阻力。

对会展现场服务人员的管理包括提前对现场服务人员进行分工和业务培训及在现场有效管理。由于会展现场有不同的工作岗位,因此有必要先对现场服务人员进行分工,然后进行严格的业务培训,要求所有现场工作人员都要按分工提前进入工作岗位,进行本岗位业务训练,熟悉岗位环境,了解工作职责和岗位服务规范。另外,还要结合岗位情况对现场工作人员进行着装仪表、言谈举止、服务操作等方面的专门训练。

会展现场服务人员的管理需要明确管理人与被管理人的联系方式,明确各自的职责,最好制定出完善的会展现场服务人员分工内容与工作指导细则。如表 7.3 为某医学会议板块分工内容及工作指导细则。

表 7.3　某医学会议板块分工内容及工作指导细则

序号	板块	内容	工作指导细则
1	总控	与客户沟通,理解需求,板块分工,协调合作,回访客户,总结经验	1. 与客户沟通项目重点问题和注意事项 2. 跟供应商进行整体的掌控 3. 对项目板块进行细分、工作分工 4. 分配板块工作,监督项目进展 5. 处理突发情况 6. 协调各板块工作 7. 跟客户保持良好的沟通 8. 跟板块负责人保持良好的沟通 9. 监督活动现场的执行 10. 总结问题,提出建议 11. 活动结束,拜访客户,获取反馈意见 12. 总结工作,解决问题,提炼经验
2	DATA	与客户沟通,理解信息录入需求,定时定期更新数据,保证数据准确性,配合引用至其他板块	1. 前期与客户持续保持沟通 2. 根据每天更新信息进行数据存档,避免丢失 3. 根据每天更新信息检查信息准确性 4. 根据每天更新信息及时反馈进度给客户 5. 根据每天更新信息配合引用至其他板块 6. 根据每天更新信息配合查询,导出各种信息
3	会议活动	根据客户需求,落实场地,场地布置形式,物品摆放,设备调试。处理会场内突发情况	1. 与客户沟通,理解其需求 2. 跟酒店落实场地 3. 跟酒店落实场地布置形式、设备调试等要求 4. 监督酒店执行 5. 邀请客户在会场布置完毕后,进行检查 6. 跟酒店落实茶歇的种类以及茶歇时间 7. 进一步细化并梳理会场工作流程

续表

序号	板块	内容	工作流程
4	酒店	与客户沟通,理解客户需求。根据客户需求跟酒店协调,安排客户住宿,确立签到入住流程,现场把控,处理突发情况	1. 客户沟通,理解需求 2. 确认入住客户名单,严格按照客户要求执行 3. 跟酒店协调,安排房间,开展入住等相关工作 4. 房间类型、数量、物品以及服务的确认,最后汇总,了解情况 5. 确立签到入住流程 6. 接受客户的咨询 7. 处理客户的一些需求
	餐饮	跟客户落实餐饮的形式、菜单、用餐场地的布置以及时间。跟酒店协调菜品供应速度和质量	1. 跟客户沟通,落实菜单、用餐形式、场地布置以及用餐时间 2. 跟酒店协调用餐的场地布置、时间以及菜品供应情况 3. 根据用餐计划,进一步细化并梳理餐饮工作流程
5	交通	与客户沟通,理解其交通需求;与供应商协作,提供优势资源;确立交通解决方案,现场执行,处理突发问题	1. 与客户沟通交通需求,理解客户需求 2. 跟供应商保持沟通,提出客户需求 3. 让供应商提供优势资源,满足客户需求 4. 要控制成本的意识 5. 制订完善的交通解决方案(预案) 6. 现场有序组织客户乘车 7. 路途中,监督司机行为,确保行车安全 8. 根据紧急预案,如发生问题则按照预案解决方案执行
6	物料	与客户沟通,理解某物料需求,及时采购及制作;配合各板块制作、统计管理物料,配合客户需求制作、统计管理物料	1. 与客户沟通物料采购、制作、统计管理需求 2. 物料来源:会务物料,第三方物料,搭建物料 3. 提前与客户确认物料来源 4. 按物料类型分类并制表 5. 提前沟通物料存放地点,设立出入登记签字流程 6. 提前按客户要求分装物料,点清数量 7. 合理化管理,支援其他板块
7	数字系统	与客户沟通,了解客户需求。根据客户需求,利用数字系统功能,简化现场操作流程,实现数字化会议/活动管理	1. 与客户沟通,了解客户需求 2. 根据 DATA 将客户需求信息录入数字系统 3. 根据客户需求,制订完善的数字化方案 4. 根据客户需求,建立网站并做好维护工作 5. 根据客户需求,针对活动现场搭建有效网络 6. 根据客户需求,制定数字签到流程 7. 通过数字系统,合理化管理房、餐、车、会议等信息 8. 通过数字系统,检测全程实时数据 9. 通过数字系统,完成活动结束后所有检测数据
8	VIP	全程负责服务 VIP,了解 VIP 的信息,处理 VIP 各种特殊的要求。跟其他各板块协商,优势资源优先满足 VIP 的需求。其他各板块的负责人都需要配合 VIP 负责人来完成工作	1. 从项目开始前,了解 VIP 的各类信息。跟 VIP 沟通其信息以及需求 2. 现场全程跟 VIP 在一起,处理其临时需求和突发情况

3. 会展现场核心利益方管理

会展项目所有的参与方都是利益的获得方，即利益获得者，他们同时也是利益的输送者。当前，会展项目的规模越来越大，对会展现场管理的要求也越来越高，多利益方、多板块、多人员的立体交叉管理，给管理增加了难度。为了更好地提升会展项目的服务质量，确保项目的可持续发展，确保客户的认可度不断提升，我们需要维护好核心利益方，确保他们的双向利益得到维护。展览项目中常见的核心利益方大致可以分为三类，即主办单位、参展商以及专业观众；会议项目中常见的核心利益方大致可以分为四类，即主办单位、演讲者、参会者以及邀请方，与展览有所不同的是，会议的演讲者或者参会者，并不完全由主办单位邀请，而是由邀请方来邀请，这些邀请方并不直接赞助此次会议，而是通过邀请人员参会来获得其他相关利益。

对上述核心利益方的服务管理是衡量会展项目质量的重要指标。

3.1 展览项目核心利益方管理

（1）参展商管理。

展前，主办单位在推广会展项目的同时向参展企业进行宣传，广泛派发邀请函以及在签约网站上添加部分参展企业名册；编制含有参展企业名册的会展快讯，现场派发给专业观众；在展会的介绍网站上开辟供求平台，参展企业在展前、展中、展后都可以在网站注册，发布产品供应信息和采购信息，为买卖双方搭建平台。

展中，主办单位安排专门人员协助参展商报到、进馆等，同时提供增值服务（如图 7.16 所示）。例如，举办现场答疑会和各类研讨会，帮助参展企业解决生产管理中的难题；举办产销对接洽谈会，为买卖双方牵线搭桥，提升买卖双方的贸易成功率；举办新技术推介会，推介新技术供参展商学习引进。除此之外，还可举行参展知识培训会，对参展商进行"如何让展位更吸引人""如何更方便撤展""参展手续"等方面的知识培训。

图 7.16 展览项目参展商报到台

（2）专业观众登记管理。

观众登记处的主要任务之一就是维护会展入口的良好秩序，确保每一位专业观众都能畅通、便捷地进入会展现场。

为了提高工作效率，绝大多数会展组织者都偏向于把预先登记的观众和现场注册的观众分开，有些会展还进一步将现场注册的观众分为两类，即有名片和无名片的，前者只需凭名片在观众登记处办好相关手续就可以换取胸卡,后者则要在工作人员的指导下填写登记表,然后在登记处办理手续。

科学的观众登记管理不仅能保证观众迅速入场,还有利于会展主办单位日后建立营销数据库,由此可见观众登记和入场管理的重要性。另外,一些会展的主办单位还在入口处设置了展览活动及论坛议程牌,这便于观众,尤其是现场注册的观众预先了解展览项目的总体结构和主要活动安排(如图 7.17 所示)。

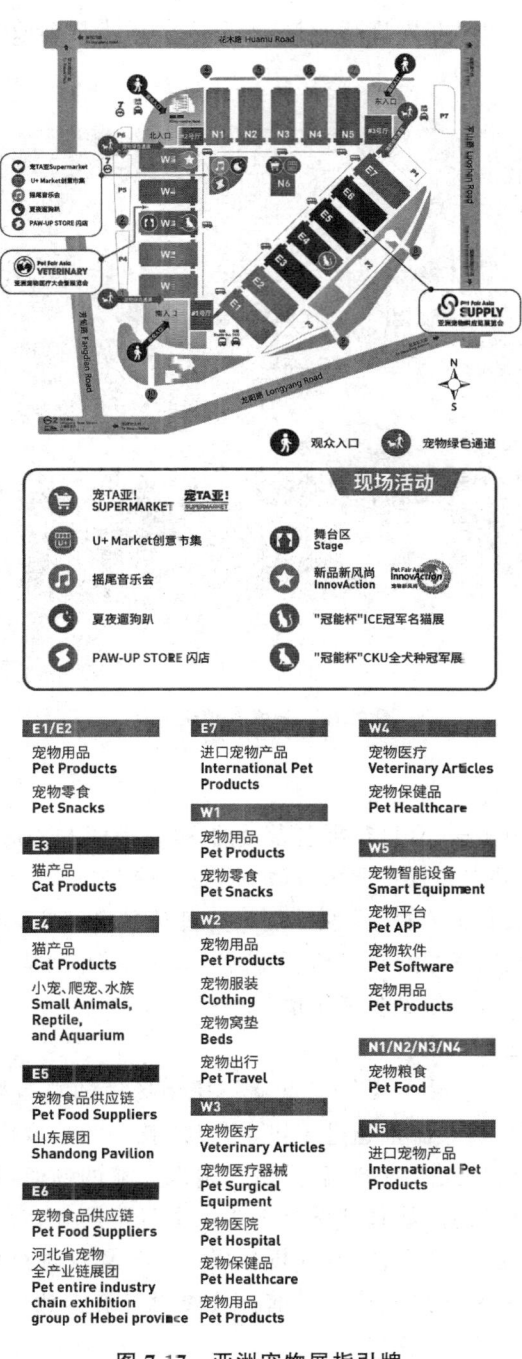

图 7.17　亚洲宠物展指引牌

3.2　会议项目核心利益方管理

(1) 演讲者管理。

会议中的演讲者多为重要嘉宾,也有一些是临时上台演讲的嘉宾,主要是发布最新的信息或对最新的研究成果进行总结分享,可以说是会议成功举办的关键要素之一。演讲者的行业地位一般都很高,除了要收集其公开信息外,还需要收集其饮食、住宿、出行等偏好或习惯方面的信息;同时,绝大部分演讲者工作事务较为繁忙,所以需要提前做好沟通和准备工作,并在其有限的时间内进行彩排,服务人员还需提前收集演讲者的幻灯片并做好测试工作(如图 7.18 所示)。

图 7.18　学术会议试片区

(2) 参会者管理。

会议中的参会者来源多样,有自行报名参会的,也有邀请方邀请的。他们在会议期间会提出自己的观点或认识,并在会议中交流互动,他们穿梭在各个会议室之间,会议的信息系统会提醒他们各自的会议日程安排,方便他们及时抵达各会议室。他们向会议演讲者提出问题,得到较为准确的回答,并结合自身已获得的信息,形成相对固化的结论,这些结论对于主办单位举办下一届会议有一定的参考价值。

3.3　现场人流管理

对于大型会展项目来说,最重要的一点就是控制场馆的总人数。特别是一些大型展览项目,瞬时人流量较大,当人流量超过场馆容量时,就必须采取措施控制入场观众人数,同时做好主要入口处和出口处人流的疏通工作,确保人流的畅通,维护场馆安全。随着信息技术的不断发展,通过现场门禁管理系统核实人员身份信息,实现有效控制人流量。在会展现场,工作人员手持扫码类设备,对入场参展人员的凭证进行验证(如图 7.19 所示),以便指引其到相应柜台办理报到手续。目前扫码类设备有扫码枪、手持机、iPad、微光、自助签到机等几种。

在大型会展项目的场内,可以通过设置不同类型人员报到台对参展人员进行分流及引导(如图7.20所示)。在场外,可通过开设出入口、设置公交车站或安排活动等来吸引观展人员按照预期线路观展。同时,在引导过程中,除了传统的海报、指示标识等,还可通过先进的信息系统,帮助观展人员迅速找到想去的地方。

图 7.19　大会参会者证件

图 7.20　学术会议注册报道台

第五节 会展现场突发事件管理

1. 会展现场突发事件管理的意义

由于会展是一个人流、物流等密集的群体活动,会展项目举办过程中随时都有可能遇到一些突发事件,如客人报失、紧急伤病、食物中毒、设备故障、停电、火灾、偷盗等,会展项目组织者在这些突发事件中扮演领导角色,要表现出足够的冷静和魄力,要提前制定应急预案,以使损失降到最低。

2. 会展现场突发事件的应对办法

会展现场突发事件可简单分为两类:可预见突发事件和不可预见突发事件。可预见突发事件是指火灾、人员伤害等事前可以预料到有可能发生的突发事件。不可预见突发事件是指事前不可测的地震、火山爆发、灾害性天气以及恐怖袭击事件等。

根据对突发事件的分类,不同类型的突发事件,其应对办法是不同的。

(1) 可预见突发事件的防范措施。

处理可预见的突发事件的原则是防患于未然,即在事故发生前就做好防范措施,尽量避免事故的发生。

第一,在会展项目实施之前,组委会就应成立紧急应急小组,根据所使用展馆特点,制定应对紧急突发事件预案,其中包括遇突发事件人员疏散、撤离方案,如有必要,应在所使用展馆进行人员疏散测试及演习。在会展项目举办期间紧急应急小组应当随时保持应对突发事件的准备状态。

第二,设专职的安全员(视会展项目的规模确定安全员的数量),安全员的主要工作就是协助展馆做好对参展商以及观展人员的安全监督工作,在会展项目实施的全过程中(包括布展、展览和撤展期),如果发现有不安全行为及隐患,应当及时制止和排除。

第三,根据会展项目规模办理保险,将突发事件发生后的损失降到最低。

第四,会展项目实施前,应根据属地要求向当地公安、交管、消防报批项目,提交安全工作方案,方案内容包括但不仅限于活动基本情况、安全工作人员配置、消防工作方案、应急预案、车辆停放和疏导方案、入场人员的票证查验和安全检查措施、现场秩序维护和人员疏导措施、票务方案、证件管理方案以及展会通讯录等,另根据需要与就近的医疗部门联系,告知会展项目召开时间及其他相关情况,以便发生突发事件后能及时得到相关部门的协助。同时,应在会展项目现场建立医务室,备足常见药品及抢救药品、医疗器械并在当地聘请有经验的医生。根据当地公安和消防部门的要求对现场进行安排,对执法人员发现的安全及消防问题要及时整改。

第五,在展馆展位搭建结束后,组委会工作人员应亲自检查展位搭建情况,保证防火通道及安全出口畅通,保证展位间所有通道达到必要的宽度,保证所有消防器械周围无异物阻挡,保证所有消防器械都能够正常使用。组委会所有工作人员都要熟悉展馆所有防火通道和安全出口位置以及所有消防器械位置。组委会所有工作人员在平时就应进行防火知识的学习,保证都能熟练使用各种消防器械。在参展商布展结束后,还应该全面细致地清理展馆地面,尤其注意清理地面由于布展、特装等遗留的水渍、油渍以及其他可能给参观者带来人身伤害的物品。

第六,根据会展项目的规模聘请安保人员;预测参观人员的数量,对于大型或热门的会展项目,应将参观人员数量控制在展馆最大安全人数范围内,以避免由于人员过度密集而发生人员伤害等突发事件。参观人员数量可以通过如控制门票发售等手段控制。安保工作方案需在展会开始前提报属地公安部门。图7.21为某展览会保安工作方案的基本信息。

<pre>
一、活动基本情况
展会名称:××××展览会
布展时间:20××年×月×日—×月×日
展出时间:20××年×月×日—×月×日
撤展时间:20××年×月×日××时开始撤展
展出地点:×××展览馆,馆号:××馆、××馆
展出面积:×××平方米
展示内容:(按照实际情况填写……)
二、……
(根据保安公司的工作事责如实申报)

                                    ××保安公司(公章)
                                        20××年×月
</pre>

图7.21　某展览会保安工作方案的基本信息

(2) 可预见突发事件发生后的处理办法。

虽然采取了各种各样的防范措施,但紧急突发事件还是可能发生的。面对突发事件时,首先应保持冷静,根据不同的突发事件采取不同的处理办法。常见的可预见突发事件包括人员意外伤害和火灾。

人员意外伤害事件是会展项目中最常见的突发事件,而这类事件很多时候是由当事人自己不小心造成的,所以也是最不容易防范的突发事件。当出现人员意外伤害事故的时候,应立即将伤者送到展览现场的医务室进行紧急救治,并视其伤势的轻重决定是否拨打120送当地医疗机构。

发生火灾时,应在第一时间拨打119联系当地的消防队救火,并拨打120联系当地医疗机构救治伤者,应立即启动应急小组和突发事件预案。组委会成员应分为两组,一组到事发现场,用展馆内的消防设施救火以及协助医务室抢救伤者,另一组按事前制定的疏散、撤离方案组织协调现场人员安全撤离出危险区域。事后要做好安抚伤者、向保险公司索取赔偿等善后工作。

(3) 不可预见突发事件发生后的处理办法。

如果遇地震、火山爆发等灾害性天气,应在第一时间与当地医疗急救部门(机构)联系救治伤者,并立即启动应急小组和突发事件预案。按事前制定的疏散、撤离方案组织协调现场人员安全撤离出危险区域,并协助医务室抢救伤者。如遇突发性传染病暴发,一方面,应当联系当地的医疗机构进行救治;另一方面,应当视其严重程度,减少展馆内人员流量,必要时

应当立即关闭会展项目。

总之,应对会展项目突发事件,主要还是应在事前充分考虑好遇到各种突发事件的应对办法,只有这样才能做到突发事件出现后不惊慌并能够冷静妥善地处理。

3. 会展现场突发事件应急预案

为了顺利应对突发事件,妥善处理紧急情况,做到遇事不惊、临危不乱,最大限度地减少突发事件和意外事故带来的损失,保障会展项目顺利有效地举行,会展项目组织者最好能列出可能发生的紧急事件,按事先设定的应急预案来处理,以防措手不及。应急预案的内容包括确定工作原则、组建指挥体系、及时汇报、快速处置,将可能造成的危害降到最低。

应急工作应遵守以下原则:风险预控与应急处置并重的原则,团队统一组织、相关单位分工负责的原则,快速通报信息、相互配合的原则。

资料链接 7-3

"首都会展"在冬奥会上再次
展示国宾服务

总结与实践

1. 本章小结

会展现场管理是一个会展项目是否成功的直观体现。即使会展前期准备工作做得非常充分,但如果没有好的现场管理,会展项目也不可能办得成功。会展项目现场管理工作主要集中在人、财、物的集中管理及调配。

由于每个会展项目的类型和规模不同,现场管理的具体要求、内容会有差异,管理人员需要提前制定服务预案。会展现场人员的管理关键是能把合适的人分配到合适的岗位上,充分发挥人的主观能动性。依照会展项目实际情况,分成若干服务板块,形成有效的服务团队。

为了更好地提升会展项目的服务质量,确保项目的可持续发展,确保客户的认可度不断提升,我们需要维护好核心利益方,确保他们的双向利益得到维护。对上述核心利益方的服务管理是衡量会展项目质量的重要指标。

2. 复习与思考

(1) 展览项目现场管理从不同角度来看都有很多内容,如何从环保、经济、安全、服务特色等方面综合考虑,做好展台设计与搭建工作?

(2) 会展项目开幕式的基本程序是怎样的?

(3) 展览项目后勤管理有哪些内容?

(4) 会展现场可预见突发事件的处理办法有哪些?

3. 案例分析

"一场展会诞生一个垃圾场",会展变绿难

进博会、服贸会、广交会、家博会、婚博会、宠博会……疫情前全国每年有一万多场展会,2019年的展会总面积连接起来,相当于两个上海市。2023年,会展业强劲复苏,商务部数据显示,第一季度,境内展览活动同比增长3.3倍。

会展经济尤为地方政府所重视。会展业有"1∶9效应"的经典说法,即每1元投入可以带动9元消费。不只是直接产生的交通、住宿、餐饮消费,更重要的是,会展的集聚效应能帮助地方政府招商引资,推动产业落地做大、转型升级。

然而,会展的健康、环保影响却往往被忽视。生命周期只有几天的木制展台散发出甲醛等有害气体,华丽的造型完成展示任务后即被破碎甚至送到垃圾焚烧厂。业内有个很形象的说法:"一场展会结束,就是一个垃圾场的诞生。"

(资料来源:https://static.nfapp.southcn.com/content/202307/24/c7927352.html,有删改)

(1) 推动绿色会展的意义是什么?

(2) 推动绿色会展的难点体现在哪些方面?

4. 技能实训——解决大型会展项目人流的拥挤问题

(1) 实训要求：

运用本章所学会展现场管理知识解决会展实践中存在的问题。

(2) 实训目的：

强化学生对会展现场人员管理技能的掌握。

(3) 实训组织：

学生以 4~6 人为一个小组，讨论解决大型会展项目人流拥挤问题的办法。

(4) 背景资料：

2023 年 5 月 26 日至 28 日，以"数实相融 算启未来"为年度主题的 2023 中国国际大数据产业博览会（以下简称"数博会"）在贵阳市举行。5 月 28 日是 2023 数博会专业展公众开放日。刚一开放，61 000 张免费门票就全部预约完毕。随后，贵州省文化和旅游厅也发布通知：目前，现场人流过多，排队时间预计超过 2 小时，请未预约未到场的市民谨慎前往。

(5) 实训内容：

① 会展现场人员管理的具体内容有哪些？

② 会展现场人流管理的技能有哪些？

③ 如何运用事前管理有效管理好现场人员排队问题？

第八章
会展项目的法律与风险管理

教学目标和要求

1. 掌握会展项目中涉及的知识产权问题，培养学生的历史使命感。
2. 掌握会展项目经济纠纷的解决方式，培养学生高尚的职业素养和道德情操。
3. 掌握会展合同的类型和主要条款，培养学生德法兼修的科学精神。
4. 理解会展项目风险管理的内容，培养学生的风险防范意识和社会责任感。

教学重点和难点

1. 重点是常用的会展合同的主要条款。
2. 难点是动态的会展项目风险管理过程。

【开篇案例】

参展合同纠纷

XM科技有限公司(原告)(以下简称"XM公司")诉SH展览策划有限公司(被告)(以下简称"SH公司")合同纠纷向法院提出如下诉讼请求：1.判令撤销原、被告签订的《参展合同表》；2.判令被告向原告返还展位费人民币(以下币种同)13 800元；3.本案诉讼费用由被告负担。

被告SH公司在展会招商过程中，向原告XM公司宣传本次展会是专业国际工业自动化及机器人展览会，给原告XM公司发送了展会平面图，声称参加本次展览会的有该行业的龙头企业，并不断宣传本次展会规模较大，约30 000平方米，人流量达30 000人次，原告XM公司因为被告SH公司的虚假宣传而与被告SH公司于2023年10月15日签署了涉案合同。原告XM公司在参展过程中发现本次展会仅有一个场馆，面积约几千平方米，人流量不到5 000人次，且并非专业国际工业自动化及机器人展，还有智能停车、充电桩、服装、食品等与原告XM公司行业无关的参展企业；此外，被告SH公司还擅自改变原告XM公司的展位。据此，原告XM公司起诉至法院，请求因被告SH公司欺诈的事实依法判决撤销涉案合同并退还展位费。

被告SH公司辩称：不同意原告XM公司的诉请，被告SH公司不存在欺诈，涉案合同上写明了本次展会的主题和原告XM公司参加的主题，且展位图上也已注明展商和布局会有变化，原、被告之间签订的涉案合同已经履行完毕，撤销没有事实和法律依据，按照双方合同约定，原告XM公司应支付相应的展位费。

经审理查明，2023年10月15日，被告SH公司通过微信向原告XM公司发送"2024第×届××进出口轴承及装备展览会"展位图，下部用加粗小字注明："展图上所列展商及布局可能会有变化，以最终现场为准"。其后，原、被告双方就展位位置和价格、发票开具、政府补助等事宜进行协商。

同日，原、被告双方签订涉案合同，该合同上记载了两个标题，分别为"2024××国际智能制造展览会"和"2024第×届××进出口轴承及装备展览会"，并载明"时间：2024年05月06日—08日""地点：××世博展览馆""租用展位标准展位3 m×3 m＝9 m^2，展位号A001，展费13 800元"。

签订涉案合同的当天，原告XM公司向被告SH公司支付部分展位费6 900元。2024年3月21日，原告XM公司向被告SH公司支付余款6 900元。

2024年5月6日至5月8日，2024年××国际智能制造展览会在××世博展览馆四号馆举办。原告XM公司参加了该展览会，但其展位虽标号为"A001-2"但实际位置系原展位图中"A001"展位对面的"B001"展位。

2024年5月7日，部分参展商与被告SH公司因展会问题产生纠纷，并拨打了110报警。

裁判结果为驳回原告XM公司的全部诉讼请求。

(资料来源：https://aiqicha.baidu.com/nwenshu? wenshuId = 6f94c09be2d7d4115-da37cced9ca4f89d5ca6a6c，有删改)

第八章　会展项目的法律与风险管理

> **案例解析：**
>
> 法院裁判观点：当事人应当依约履行义务。虽然涉案展会现场情况和实际展会与被告 SH 公司向原告 XM 公司在涉案合同订立前发出的展位图确实存在一定差别，但展位图上已明确载明"展图上所列展商及布局可能会有变化，以最终现场为准"，且双方签订的涉案合同上确有"2024××国际智能制造展览会"和"2024第×届××国际进出口轴承及装备展览会"两个标题，亦注明了展会时间和地点，合同中也未约定必须有其他特定单位参展。从原告 XM 公司提供的证据来看，被告 SH 公司从未承诺过展商实际参展情况，原告 XM 公司如对此有要求，应当在签订涉案合同时明确提出，但原告 XM 公司并未证明双方曾就此进行过磋商。被告 SH 公司根据涉案合同约定地点和时间提供了约定展位对面的展位，原告 XM 公司在开展前抵达涉案展会现场得知具体展会举办情况和展位变化情况后仍实际参加了涉案展会，故双方当事人已经实际履行涉案合同；虽然原告 XM 公司表示为本案纠纷参展商曾在展会第二天报警，但注意到警方并未认定被告 SH 公司存在欺诈行为，而原告 XM 公司在本案中也未能提供充分证据证明欺诈成立，故原告 XM 公司主张被告 SH 公司存在虚假宣传、欺诈，使原告 XM 公司违背真实意思而与被告 SH 公司订立涉案合同，依据不足，其要求撤销涉案合同并基于撤销合同要求被告 SH 公司退还展位费用的诉讼请求不予支持。

第一节　会展项目涉及的法律问题

1. 会展项目的知识产权保护问题

知识产权是基于创造成果和商业标记依法产生的权利的统称。会展是集中展示新产品、新技术的平台，展出的产品和技术很多都享有知识产权，进而受到法律保护。知名的会展项目本身也是重要的智力成果，主办单位享有对于其名称、会标等知识资源的专有使用权。近年来，我国现代化会展场馆逐年增多，专业的会展企业实力渐强，也逐步形成了一批水平高、影响力大的名牌展会，会展业的商业价值被广泛看好。但在会展经济蓬勃发展的同时，巨大商业利益引诱下，会展活动中已频繁出现各种知识产权侵权行为，会展项目的知识产权保护问题日益得到业界的重视。

1.1　会展项目本身的知识产权保护

会展项目的成功举办，需要组展者在市场调查与分析的基础上，进行精心地策划与组织。因此，已经成型甚至形成品牌的会展项目因拥有"展会创意"而享有知识产权，进而受到法律保护，但是当前会展业中克隆已有会展项目的情况屡见不鲜。一些小的会展企业设计和知名展会相似的会标，使用相同的展会名称；有的会展企业甚至完全拷贝其他展会的招展格式、展览内容，唯一不同的是主办单位。上述行为侵犯了被侵权会展项目组展者的知识产权，如名称权、商标专用权等。

(1) 展会会标的保护。

展会的会标是组展者为展会设计的区别于其他展会的标识,对于会标的保护,主要适用《中华人民共和国商标法》(以下简称《商标法》)的有关规定。组展者对其拥有并已经进行注册的会标享有排他使用权、收益权、处分权和禁止他人侵害的权利。在未经会标权利人同意的情况下,其他任何展会不得使用他人已经注册的会标。此外,根据《商标分类表》,展会会标属于商标的一种。根据《商标法》第十四条的规定,认定驰名商标应当考虑具备一定公众知晓度、持续使用时间等条件。作为驰名商标的会标权利人可以禁止他人将相同或近似的会标在非类似的商品或服务上申请注册,防止他人将相同或近似的会标使用在非类似的商品或服务上,这些均是对一般会标知识产权保护的扩展。

(2) 展会名称的保护。

在实践中,直接使用或仿冒其他展会会标的情况比较少见,使用现成的展会名称进行招展的事情却时有发生。不法行为人利用人们对知名展会的信任,将其他组展者已经成名的展会的名称拿来直接使用,造成参展商和目标观众的分流,严重损害了这些知名展会的利益。由于展会名称的文字部分(包括英文缩写)无法进行注册登记以排他使用,不少组展者对于展会名称被克隆的现象无可奈何。

具有特定符号和意义的展会名称可以通过商标注册和《商标法》予以确认保护,同时我们也可以在其他法规中找到展会名称受保护的依据。《中华人民共和国反不正当竞争法》第六条规定,经营者不得实施混淆行为,引人误认为是他人商品或者与他人存在特定联系,这些混淆行为包括"擅自使用与他人有一定影响的商品名称、包装、装潢等相同或者近似的标识;擅自使用他人有一定影响的企业名称(包括简称、字号等)、社会组织名称(包括简称等)、姓名(包括笔名、艺名、译名等);擅自使用他人有一定影响的域名主体部分、网站名称、网页等;其他足以引人误认为是他人商品或者与他人存在特定联系的混淆行为"。第十七条规定,"经营者违反本法第六条、第九条规定,权利人因被侵权所受到的实际损失、侵权人因侵权所获得的利益难以确定的,由人民法院根据侵权行为的情节判决给予权利人五百万元以下的赔偿"。

由上述规定可知,知名展会的名称是受保护的,若他人冒用知名展会的名称进行招商招展,使参展商和观众误认为是该知名展会,对该知名展会的名称的拥有者造成损害的,应当承担损害赔偿责任,受损害的一方可以以不正当竞争为由提起诉讼。冒用者还可能受到监督检查部门责令停止违法行为、没收违法所得、罚款甚至吊销营业执照的行政处罚。

1.2 展品的知识产权保护

展会期间,展品的商标、设计、外观、技术等方面很容易被仿冒,同行业、同类型的企业立于同一参展平台,剽窃抄袭他人技术成果,在己方产品上直接使用他人注册商标或驰名商标,或直接模仿参照他人产品的外观设计等现象时常发生,由此也引发了人们对于展品的商标权、专利权等知识产权保护问题的关注。

(1) 展品的商标权保护。

参展展品的商标侵权常常表现为以下几种:① 使用侵权,即参展商在展品上使用其他相同或类似展品已经注册的商标。② 销售侵权,即在展会上经销载有侵权标志或设计的展品而引发的侵权行为。若参展商的展品侵犯了他人的注册商标专有权,而参展商仍然在展会上经销此展品,即销售侵权。③辅助侵权。根据《中华人民共和国商标法实施条例》的规定,为侵犯他人商标专用权提供仓储、运输、邮寄、印制、隐匿经营场所、网络商品交易平台等属于故意为侵犯他人商标专用权行为提供便利,属于侵权注册商标专用权。可见,在明知展品侵权的情况下仍为其提供物流服务也构成商标侵权。

对于商标侵权行为,商标权人可以向县级以上工商行政管理部门要求处理,也可以直接向人民法院起诉,侵害商标权的当事人应当承担停止侵害、消除影响和赔偿损失的民事责任。若侵权行为情节严重,甚至还有可能面临行政处罚,构成犯罪的,还应承担刑事责任。

资料链接 8-1

涉"广交会"参展商商标侵权
及不正当竞争纠纷案

(2) 展品的专利权保护。

《中华人民共和国专利法》规定了三种专利:发明、实用新型和外观设计。专利权是指发明创造人或其权利受让人对特定的发明创造在一定期限内依法享有的独占实施权。专利权人享有独自占有和实施其专利,禁止他人未经许可实施其专利,许可他人实施专利,将自己所有或持有的专利转让给他人以及在专利产品或包装上标明专利标识的权利。

展会期间的专利侵权行为表现形式有很多:抄袭或窃取他人展品的专利技术,制造、销售或进口他人的专利产品,假冒他人专利用于展品等。根据《中华人民共和国专利法》的规定,侵犯他人专利权的行为人应当承担停止侵权、赔偿损失的民事责任;假冒他人专利,以非专利产品冒充专利产品,除依法承担民事责任外,管理专利工作的部门还应给予行政处罚;假冒他人专利构成犯罪的,还将承担刑事责任。

1.3 会展项目中的知识产权保护

前面介绍的两类展会项目的知识产权保护问题主要涉及商标权和专利权,而知识产权还有一个重要的内容就是著作权,在会展项目中也有很多著作权保护的问题需要注意。

(1) 展台设计的著作权。

展台设计是展览工作的重要组成部分,展台设计反映了展会和参展企业的形象,表达了参展企业的意图,为展会贸易创造良好的环境,往往也是侵权者的目标。北京朝阳区法院就曾受理了一起展台设计侵权案:某参展商与展览展示公司咨询展台设计事宜,展览展示公司按照参展商的要求设计展台并制作完成展台设计方案,但在参展商收到设计方案后却以设计方案报价过高等原因回绝了该设计方案,后来展览展示公司发现在北京某展会上,参展商的展台与之前的设计方案完全相同。借咨询磋商之名请他人设计方案,收到方案后找理由回绝,不支付任何费用却按照他人设计的方案进行展台搭建,这是一些不法参展商惯用的手法,还有一些参展商为了节省成本,则直接抄袭他人的展台设计方案,这些都是侵犯展台设计者权益的行为。

展台设计是一项创造性思维活动,设计者必须对市场形势、消费者态度、社会环境、竞争对手的情况进行周密的调查研究,运用展览、心理、传播、营销等多学科知识进行设计。一般认为,展台设计方案或设计效果图是一种作品,其具有独创性的部分,应当受《中华人民共和国著作权法》的保护。著作权的法定权利有发表权、署名权、复制权、发行权、展览权等。根据当前的司法实践,无论是单纯的复制他人展台设计效果图还是按照设计图进行展台搭建,都是侵害复制权行为,使用他人尚未公开的设计搭建展台参展还侵犯了权利人的发表权。根据《中华人民共和国著作权法》的有关规定,"使用他人作品,应当支付报酬而未支付的""未经著作权人许可,发表其作品的""剽窃他人作品的",应承担停止侵害、消除影响、赔礼道歉、赔偿损失等民事责任。

(2) 计算机软件的著作权。

在我国举办的展览会上,还存在着使用盗版软件的现象。有些参展商用于演示展品的电脑中使用盗版软件,还有展品本身使用盗版软件,甚至有些参展商直接在展会上展出销售盗版光盘。根据《中华人民共和国著作权法》和《计算机软件保护条例》,这些行为都侵犯了计算机软件权利人的著作权,应当承担相应的法律责任。

2. 会展合同

根据《中华人民共和国民法典》第四百四十六条的规定,合同是民事主体之间设立、变更、终止民事法律关系的协议。在会展项目的组织实施过程中,合同可谓无处不在,如主办单位与承办单位的委托代理合同、参展商与会展组织者的参展合同、会展组织者与场馆提供方的场馆租赁合同等。我们将在第二节详细介绍这几类合同管理的内容。

3. 会展项目的经济纠纷及其解决

由于组展方、参展商、观众等各方主体的利益不同,在这些复杂主体相互作用的会展活动中,难免会出现经济纠纷。会展项目发生经济纠纷时,可以由当事人自行解决,也可以借助第三方的力量解决。

3.1 会展项目经济纠纷的类型

在会展项目进行过程中可能出现的经济纠纷主要包括两类:违约纠纷和侵权纠纷。

(1) 违约纠纷。

违约纠纷是当事人违反合同约定义务行为而产生的争议。会展项目涉及的合同数量很多,类型各异,组展商组展、参展商参展的目的就是为了更多地签约和销售产品,违约纠纷也成为会展项目的主要纠纷。根据《中华人民共和国民法典》的规定,"当事人一方不履行合同义务或履行合同义务不符合约定的,应当承担继续履行、采取补救措施或者赔偿损失等违约责任。"也就是说,一方当事人不履行或者不适当履行合同义务,给另一方造成损害,就应当承担违约责任。

(2) 侵权行为。

侵权行为是行为人由于过错侵害他人的财产权或者人身权,违反法定义务,依法应当承担民事责任的行为。由于利益驱使以及法律意识欠缺,一些组展商、参展商甚至观众有可能实施侵权行为,如冒用其他展会名称进行招商招展、展出侵犯他人知识产权的展品、诋毁其他企业商誉、窃取商业秘密、假冒伪劣展品损害消费者利益等。这些侵权行为的实施方将承担停止侵害、消除危险、排除妨害、消除影响、恢复名誉、赔礼道歉、赔偿损失等民事责任。

3.2 会展项目纠纷的解决方式

经济纠纷的解决有赖于当事人就责任人、责任大小及责任承担方式达成一致。而实际上,发生纠纷的双方很难在第一时间就达成共识,需要进一步商议甚至第三方介入。具体而言,解决会展项目中经济纠纷的方式有以下几种。

(1) 协商。

协商是指争议发生后,纠纷的双方当事人在一起本着互惠互利、互谅互让的原则,就所争议事项进行商谈。这种方式的优点在于简便快捷,成本低,效率高,但实践中纠纷发生后难以协商一致的情况时有发生。

(2) 调解。

调解是指第三方依据一定的社会规范在纠纷主体之间沟通信息,促成纠纷主体相互谅解和妥协,达成解决纠纷的合意。这一机制在实践中应用很广,它也具有简便快捷的优点。但调解协议不具备法律约束力,当事人对调解协议反悔后,必须就调解协议的履行重新进行协商,甚至再次通过法律途径解决本协议的纠纷。

(3) 仲裁。

根据事先达成的仲裁协议,双方当事人将案件提交有关仲裁机构进行裁决的活动就是仲裁。是否提交仲裁取决于当事人的意思,当事人可以在仲裁协议里自主选择仲裁机构,在仲裁机构主持下达成的调解协议及仲裁机构做出的裁决均具有效力,当事人不履行的,另一方当事人可向人民法院提出申请强制执行。由此可见,仲裁具有自愿性、自主性和终局性的特点。

(4) 诉讼。

纠纷当事人通过向具有管辖权的法院起诉另一方当事人解决纠纷的形式即为诉讼。通过民事诉讼解决会展项目中的经济纠纷,有国家强制力的保证,能最大程度地维护平等,保护当事人的权利实现。但是民事诉讼的程序复杂烦琐,时间长,成本高。

第二节 会展项目合同管理

1. 会展项目合同的定义与种类

会展项目涉及组展者、参展商、场地提供者和观众等众多主体,他们之间的关系是非常复杂的。为了调整会展各方的利益关系,明确权利义务,有效防止纠纷的产生和解决会展活动中产生的争端,不同主体之间往往会订立合同。会展项目合同指会展项目中各参与主体之间设立、变更、终止民事权利义务关系的协议。依法订立的合同对当事人的行为具有约束力,当事人应当严格按照合同的约定履行自己的义务。与会展项目相关的经济合同种类包括:

(1) 承办代理合同——由为会展提供相关服务的经营者与会展拥有方签订,规定承办代理单位所服务的具体项目的合同。承办代理事项的范围包括展位销售、推广资料印刷、广告新闻推广、物流、展位搭建、餐饮、开幕礼仪、观众接待服务等。

（2）参展合同——参展商与会展组织者签订的就参展事宜达成一致的合同。

（3）展会场地租赁合同——会展企业与展馆、会场业者签订，规定双方在场馆租赁和展览活动中的权利义务事项的合同。

（4）会展入场合同——规定观众和会展组织方相关权利义务的协议，这种合同的体现形式往往是入场券或门票。

（5）其他——包括会展现场买卖合同（参展商与观众达成的有关展品买卖的协议）、会展项目赞助合同（赞助商与主办方达成的关于主办方给予赞助商宣传，赞助商支付主办方赞助费用的协议）、会展项目合作合同（规定各类合作单位与主办方权利义务的协议）等。

下面我们将详细介绍几类重要的会展项目合同的主要条款。

2. 会展承办代理合同

会展项目涉及的服务类型很多，既包括现场的租赁、广告、礼仪、保安、展品运输、展位搭建等专业服务，也包括餐饮、旅游、住宿、交通等配套服务。主办方往往会找一家专业展览公司代理这些事项，并通过签订承办代理合同的形式约定承办方的代理事项以及服务标准。

资料链接 8-2

展览承办代理合同

3. 参展合同

参展合同是指会展组织者与参展商在平等自愿的基础上，就参展问题相互作意思表示，并达成协议的法律行为。一般而言，一份完整的参展合同主要包括以下条款：

（1）当事人。

参展合同的当事应当一方为主办方，另一方为参展商。实践中往往由承办方代替主办方与参展商订立参展合同，此时参展商应了解主办方与承办方约定彼此权利义务的协议，因为超出此协议约定范围，承办方不承担责任，如果承办方在参展合同中的承诺超出其与主办方协议的范围，这种承诺是很难得到法律保护的。

（2）定义条款。

在参展合同的最前面对该合同中出现的关键词语给予明确的解释，以防止出现不必要的误解，尽可能避免争端的发生。

(3) 展位面积和展位价格。

展位面积和展位价格必须在参展合同中写明。

(4) 展品。

参展合同中应详细写明展品范围,一般要求展品属于展会的展示范围,如果超出所列范围的展品、危险品或其他可能导致不安全因素的展品进入展会,主办方应予以没收,清除出展览场地。

(5) 参展规则。

参展规则指会展主办方为使展会活动顺利进行而制定的相关管理办法,实践中多以参展合同附件的方式出现,也有的因为参展合同比较简单而直接在合同背面印制。

(6) 展台搭建手册。

展台搭建手册主要规定了展台设计、搭建过程中的各种细节问题,以确保会展安全、有序地进行,一般单独于参展合同,但作为参展合同的组成部分,同样具备法律效力。

(7) 参展商手册。

参展商手册是主办方对参展商在会展期间行为所作的基本规定,与展台搭建手册一起作为参展合同的组成部分,具有法律效力。参展商手册包括进馆、离馆时间,各参展商的宣传及销售活动范围。展会期间,参展商自行保管展品,主办方在现场予以协助;对主办方组织的采访、摄影、录像等活动,参展商应予以配合。

(8) 后勤保障。

除提供场地之外,负责展馆范围内照明用电、通信设施的正常运转,保持展馆通风和良好的卫生环境,维护会场秩序与展会安全,为各参展商提供必要的简单设施等,都属于主办方的后勤保障范围。

(9) 其他服务。

如为了方便参展商,有的主办方提供预订酒店、票务服务,有的主办方下设物流货运组,为参展商提供展品、展具运输收费服务,参展商可根据自身需要在此类条款中进行选择并明确相关费用。

(10) 变更条款。

变更条款是指原定的参展或展出发生变化而在双方当事人之间产生的权利义务关系,如转租、撤展以及因此而产生的费用结算。

(11) 违约责任。

违约责任是指合同一方或双方没有履行或不适当履行合同约定的义务后,依照法律规定或者按照当事人的约定应当承担的法律责任。双方在合同中确立的权利义务关系受法律保护,应当认真履行。但是,当事人一方或双方违反合同约定的情况经常发生,所以在双方签订合同时,应当在合同中明确约定发生违约后应承担的违约责任。违约责任的内容包括违约金、赔偿损失以及赔偿金额的计算方法等。

(12) 争议解决机制。

实践中处理争议一般有协商、调解、仲裁和诉讼四种方式,其中前面两种不具有法律强制约束力,后两者属于司法判决,具有法律效力。

(13) 附加条款。

实践中主办方大都以函件形式告知参展商相关的内容、应遵守的规定与措施,如不遵守这些函件中的规定,一切后果由参展商自负。

在目前的展会组织中,有些主办方和参展商都不很重视参展合同,即使订立参展合同,合同往往也比较简单,大多只约定了展位面积、价格及付款方式,有时也会以展位预订表格的形式代替正式的合同书。这样做虽然在操作时比较简便,但由于权利义务规定不清,极容易产生纠纷,不利于会展项目的顺利推进。

4. 会展场馆租赁合同

会展场馆租赁合同是指展览场馆所有者和会展项目组织者之间订立的,约定双方在场馆租赁和展览活动中的权利义务等事项的合同。它与常见的租赁合同相近,实践中也较为完善,其主要条款包括以下几个方面。

(1) 合同当事人。

(2) 标的名称、地址、面积。会展场馆租赁合同的主要标的是指会展中心名称、场馆所在位置及拟租用面积。

(3) 租金及租赁期限。

(4) 服务费用及付款方式。场馆租赁合同中,会展场馆主体方作为出租方,除了提供场地外,还为承租方提供照明、清洁、安保、监控、咨询等有偿服务,供会展主办方选择。

(5) 双方权利义务。会展主办方应在租赁前一定期限内取得举办会展项目所需要的新闻出版、工商、消防、公安等政府部门的批准文件并交场馆提供方备案;场馆提供方应保证会展主办方在租赁期限内正常使用该场地,并按约定内容和标准提供服务。

(6) 违约责任。

(7) 合同的变更、解除及争议解决方法。

(8) 生效、文本及地点、日期。

第三节 会展项目的风险管理

1. 会展项目风险管理规划

所谓风险是指某一行动的结果所具有的不确定性。在会议、展览、大型节事活动的举办过程中充满着各种不确定性,会展项目组织者需要事先预测并妥善应对这些不确定因素,这就涉及会展项目的风险管理。会展项目的风险管理就是会展项目组织者通过前期识别办展过程中的不确定因素,制定策略消除或降低风险发生的可能性,以实现会展活动目标的管理活动和过程。

规划是管理的基本职能之一,会展项目风险管理规划是指在会展项目正式启动前或启动初期制定系统完整的风险管理策略和方法的过程。会展项目风险管理规划的主要内容应包括以下几个方面。

(1) 风险管理参与者及其责任。

会展项目启动时应当成立专门的风险管理小组,其生命周期与会展项目的生命周期相同,会展项目结束时,项目风险管理小组的使命完成,方可解散。项目风险管理小组应当定期召开例会,进行会展项目风险的识别、评估、应对以及监控,动态持续跟踪会展项目的进展情况。

(2)风险管理方法。

在不同的风险管理活动中,管理方法不尽相同,如风险识别可采用德尔菲法、核对表法、头脑风暴法等,而对风险的估计可以选择概率估计、后果估计等。会展项目的风险管理小组成员应当从团队应对项目风险的能力及资源等实际情况出发,选择适合的方法。

(3)风险管理的时间周期。

规划在项目过程中多长时间进行一次项目风险的识别以及何时采取项目风险的应对措施。

(4)项目风险管理的类型级别及说明。

它有助于选择与风险程度对应的应对策略,防止决策滞后,保证过程连续,从而保证收到良好的会展项目风险管理效果。

(5)风险应对方法。

会展项目应当在风险管理规划中明确由谁以何种方式采取风险应对的行动。

(6)风险管理汇报。

会展项目风险管理情况不仅需要跟项目团队内部成员沟通,还需要和主办方、合作单位、赞助方等利益相关者沟通。为了实现高效的信息交流,预先规划好风险管理过程中的汇报内容、格式、范围、方式等是非常有必要的。

(7)风险管理的跟踪评估。

以文档的方式记录会展项目实施过程中风险管理的过程,用于对当前项目的监控以及对以后新项目的指导。

2. 会展项目风险识别

会展项目风险识别就是确定何种风险事件可能影响会展项目,并将这些风险的特性整理归类的过程。

(1)会展项目风险识别的内容。

在进行会展项目风险识别时,风险管理小组应当在明确目标的基础上,充分分析会展项目的相关材料、办展外部信息、历史上类似项目的风险资料等,估计项目的风险形势,从而找出项目的风险源。

① 会展项目分析主要分析以下四个方面:会展项目的来源是否存在不确定性,会展项目的目标(经济性和非经济性)是否合理,会展项目的主要机会是否客观存在,项目计划中的有关条件是否真的具备。

② 会展项目执行方案的外部环境分析,包括对项目执行方案的政治环境、经济环境、组织环境不确定因素的分析以及项目执行所需要的各种资源不确定性的分析。

③ 会展项目执行过程中可能风险源分析,包括分析妨碍会展项目成功以及使项目计划执行发生偏差的各种主要风险源和风险事件,类比历史上同类项目的风险发生情况,分析历史上曾发生的风险源和风险事件是否会在本项目中发生。

（2）会展项目风险源。

会展项目主要的风险来源包括四个方面。

① 系统风险。

系统风险又称为不可分散风险，这类风险涉及所有企业，是指那些对所有企业都产生影响的风险，如战争、自然灾害、瘟疫、经济衰退、通货膨胀、恐怖袭击等。对于这类风险，办展机构仅靠自身的力量很难克服，也很难抵挡它们给会展项目带来的不利影响。办展机构只能采取一些措施对它们进行预防和规避，或者将它们对会展项目的不利影响降到最低。

② 经营风险。

经营风险是指因展会定位不当、招展不力、招商不顺等办展机构经营方面的原因给举办展会带来的不确定性，经营风险一旦出现，很容易给相关会展项目和办展机构的市场声誉造成伤害，并严重影响它的形象。

③ 财务风险。

财务风险包括贷款筹措资金给办展机构财务方面带来的不确定性和办展机构资金投入后收益的不确定性。

④ 合作风险。

合作风险是指办展机构各单位之间、办展机构与展馆之间、办展机构与展会各代理服务商之间在合作过程中可能出现各种纠纷的不确定性。

  资料链接 8-3

举办展览会的风险因素

（3）风险识别的方法。

在分析资料、识别风险时，我们可以利用一些技术工具和方法，这里简要介绍以下几种。

① 头脑风暴法。

项目成员、外聘专家、客户等各方人员组成小组，根据经验列出所有可能的风险。应用头脑风暴法进行风险识别时应当不进行讨论，也不进行判断性评论。一名成员说出某一可能风险源时，紧接着下一名成员说，不讨论，不评判，这样才能更有效地获得最佳解决方案。

② 检查表法。

将项目的潜在风险列于一个表上，供识别人员检查核对，判断项目是否存在表中所列风险或类似风险。使用检查表法既可以识别项目的风险，又可以通过将新遇到的项目风险加进表单，帮助风险管理者和会展决策者积累经验。

③ 情境分析法。

通过有关数字、图表和曲线等,对会展项目未来的某个情境进行详细的描绘,提醒会展项目决策者注意某种措施或政策可能引起的风险或危机性的后果,建议需要进行监视的风险范围。

④ 因果分析法(故障树法)。

这种分析方法是从活动过程中可能会出现的风险后果出发,反推出在场馆的哪些地方和方面可能会出现不安全隐患,它采用的是倒推的方法。例如,假设在某酒店要举办一个高档珠宝展销会,在对其展览场馆进行风险评估时,就可从人员风险、珠宝风险、酒店设施风险等方面来考虑。具体来说,可以采用画鱼骨图或树状图的方式。

在会展项目识别过程中还可以应用工作结构分解法,可以参考本书第五章的有关介绍。

3. 会展项目风险分析

风险分析是确定风险事件发生的可能性以及风险影响的可能性,然后按照计算每一个风险的期望损失值,对被识别的风险进行排序,确定重要的风险,为进一步制定风险策略奠定基础。

确定风险事件发生的可能性及风险的影响是进行会展项目风险分析的难点。会展项目风险分析的方法有定性与定量两类。

(1) 定性分析法。

对于简单的、规模不大的展会,有经验的风险管理者可以根据展会相关资料和其他类似展会情况对于风险事件的影响进行主观估计,通过制作风险估计表格的形式来进行预测(如表 8.1 所示)。

表 8.1 主观风险估计表

可能发生的风险因素	权重 (W)	风险因素发生的可能性(C)					W×C	分析结果
		很大 (1.0)	较大 (0.8)	中等 (0.6)	较小 (0.4)	很小 (0.2)		
现场显示设备故障	0.05				0.4		0.02	5
参展商违约	0.3			0.6			0.18	2
出席领导行程改变	0.15		0.8				0.12	3
宣传效果不好	0.2					0.2	0.04	4
雾霾等天气因素,观众入场率低	0.3	1.0					0.3	1

运用表格进行主观风险分析时,操作步骤如下:列出可能的风险事件;根据风险事件的重要性为每个风险事件规定一个权重(W),所有的权重值相加之和应为 1;根据经验估计风险发生的可能性(C),将发生的可能性分为几种并确定系数;将每一项风险事件对应的权重值和可能性系数相乘($W×C$);比较每一项乘积,值越大,代表该项风险的影响越大,需要重点防范与应对。

(2) 定量分析法。

对于复杂的、规模较大的会展活动,风险管理者应在定性分析的基础上,采用定量分析方法来确定会展项目风险事件发生和风险影响的可能性,并尽量用数字的形式来体现风险对会展项目的影响,计算每一个风险的期望损失值,找出比较重要的风险。

4. 会展项目风险应对

会展项目风险应对是对项目风险提出处理意见和办法。在对项目进行风险识别、定性和定量评估之后,得到项目风险发生的概率和影响程度,再根据会展项目目标的要求,确定采取何种措施,以达到降低风险发生概率和损失的目的。

为了制定会展项目的风险应对策略,我们需要列出:① 风险识别清单——包括对风险的性质和特色的描述,原因分析和后果判断,以便有针对性地选择应对方案;② 备选应对方案——方便进行比对识别,选择最佳应对方案;③ 相关干系人承受风险的心理底线——相关干系人包括会展项目的主办方、赞助方、承办方等,他们需要承受风险的后果与损失,心理准备不同,其对风险的承受能力也不同。

(1) 会展项目风险应对策略。

常用的项目风险应对策略有很多,针对会展项目的不同风险,有以下应对策略可供会展项目风险管理者及决策者选择。

① 容忍策略。

当决策者觉得自己可以承担损失时,就可以采用会展项目风险容忍策略。当风险损失发生时,将其摊入成本或费用,或冲减利润,这是会展项目风险自担的方式。会展企业也可以预留一笔风险金来弥补风险损失。

② 减轻策略。

减轻会展项目风险需要控制会展项目风险因素,降低会展项目风险的发生概率或降低风险的损害程度。采取这一策略需要项目决策者和风险管理者进行准确的风险预测,制订多种方案以供选择,同时及时进行有关信息的更新与交流。

③ 转移策略。

转移策略不是减少风险的发生,而是借用合同等手段,在风险发生时将损失的一部分转移到第三方身上。在会展项目中,向保险公司投保以及将展台搭建、旅游、开幕式策划等具体业务外包都是进行风险转移的方式。

④ 回避策略。

当会展项目的可能收益难以抵消风险所造成的损失时,项目决策者往往就会放弃项目,以规避风险。

(2) 会展项目突发事件的应对。

突发事件是指现实的或者肯定要发生的威胁人民生命财产安全、阻碍国家政权机关正常行使权力、影响人们的依法活动,必须采取特殊的对抗措施才能恢复秩序的重大事件。在会展项目的布展、施工、展览展示现场发生突发事件的情形并不少见,这类事件一旦发生,轻则造成参展商、公众的虚惊,影响展会的品牌和主办方信誉,重则发生人员伤亡酿成惨剧。在会展项目风险应对中尤其要重视对突发事件的应对。

① 会展项目突发事件的应对原则。

a. 预防为主的原则。展会主办方应建立应急预案体系,做到有备无患,防患于未然。预防为主的重点应放在展会的安全保卫工作上,做到会前有安全保卫工作策划,制订完善的安全保卫工作实施方案,并举行消防工作演练;会中(布展、开幕、参展、撤展)具体实施安全保卫工作方案;会后及时总结经验。

b. 快速反应的原则。展会突发事件发生后,要及时准确地了解、把握事件的情况信息,分析发展动向,迅速启动应急措施方案,快速反应,及时有效地控制事态发展。

c. 统一指挥,协调联动的原则。会展项目主办方应建立由展会展览组、安全保卫组、会务组、接待组、项目组、新闻组等有关小组领导、专家组成的会展项目应急管理指挥、协调联动小组。突发事件发生后,各小组要充分发挥各自的专业性,加强沟通协调,理顺关系,明确职责,搞好部门之间、条块之间的衔接和配合,服从统一指挥,协同作战,相互支持,积极应对,保证应急工作有序、高效运行。

d. 政府主导,社会参与的原则。政府的权威性不可动摇,社会的力量不可忽视。展会突发事件的处理,必须发挥政府和政府部门的主导作用,综合运用各种手段,调动社会各方面的资源投入,形成政府主导、部门协调、军地结合、社会参与的应急管理工作格局。

② 会展项目应急预案。

要做到防患于未然,遇到突发事件能够进行有效处置,编制一个科学的展会应急预案非常重要。会展项目应急预案主要包括以下内容:

- 总则:重点说明编制目的、编制依据、概念与分级、适用范围、工作原则。
- 指挥体系:处理会展项目应急事件应成立应急管理领导小组,应急管理领导小组应按照有关规定,统一领导、指挥和协调在展会上发生的应急事件。

  会展项目应急管理领导小组下单设办公室或设在展会秘书处,主要职责包括承担会展项目的应急管理工作、组织协调会展项目突发事件的应急救援工作、组织编制会展项目应急预案、组织会展项目安全应急救援演习、负责与会展项目属地政府及政府有关部门和应急管理机构的联系、负责会展项目应急事故处理的新闻宣传报道与新闻发布工作、承担会展项目应急管理小组交办的其他工作。
- 预防机制:会展项目各工作组应当及时将特大安全事故的灾难风险信息及时报告会展项目应急管理小组办公室,会展项目应急管理办公室在接到可能导致安全事故的灾难的信息后,要按照应急预案及时确定应对方案,并通知展览组、会务组、秘书处、保卫组、后勤组、展览馆等采取积极行动,预防事故的发生。办公室根据危险源监控信息,对可能引发的重大紧急情况险情及时报告会展项目属地应急管理部门和政府。在十分紧急的情况下,要简化程序,立即用电话直接向更高一级政府报告简要情况。
- 应急响应:会展项目应急事件发生后,应根据灾难可能造成后果的不同程度,实行不同级别的应急响应制度。展会事故的分级,应参照国家事故灾难的分级标准。

  对不同级别事故的响应,应按照《国家安全生产事故灾难应急预案》、有关部门预案和省级及以下政府应急预案进行分级响应。
- 后期处置:会展项目应急预案终止实施后,会展项目主办方应积极采取措施,在尽可能短的时间内,努力消除事故带来的不良影响,妥善安置和慰问受害及受影响的人员和单位;要积极和保险机构沟通,开展受灾人员和单位的保险受理、赔付工作;还要认真总结经验教训,写出事故应急总结报告,举一反三,完善展会应急救援工作方案。
- 保障措施:会展项目应急管理办公室应建立完善的信息通信网络,小组成员的手机保持 24 小时畅通,做到重大紧急事件在第一时间内由会展项目应急办公室向会展项目举办地政府有关部门报告；还要建立有关数据信息库，包括本系统以及道路交通、公安、工商、保险、铁路、航空、供水、供电、供气、消防、医院、急救、防疫、媒体、各专业应急机构等的值班电话、网络信息库，以防事故发生后不能在最短的时间内请求援助。会展项目各工作组要及时收集本责任区域内的安全信息、变更信息并及时报送会展项目应急管理办公室，各小组之间要确保信息共享，避免条块分割，以便为应急管理工作提供较为完整的文字和音像等基础资料。

会展项目应急管理办公室还要配备必要的应急救援装备，比如灭火器、消防栓、防毒罩、安全帽、医药用品等基本设备。

- 宣传培训：会展项目开始前，会展项目应急管理办公室应通过发放宣传明白卡、办培训班、进行模拟演习等途径，组织各有关人员和单位开展应急法律法规和事故预防、避险、避灾、自救、互救常识的宣传、教育工作，提高参展参会人员的危机意识和防范意识。

资料链接 8-4

××乡镇大型活动突发事件应急预案

5. 会展项目风险监控

会展项目从策划、实施到完成，需要一个较长的过程，在这个过程中存在着很大的不确定性，可能会给会展项目带来各种各样的风险。风险一般都有一个发生和发展的过程，对这个过程实施监控可以动态地掌握会展项目的风险及其变化，保证风险管理活动的效率。

（1）会展项目风险监控的内涵。

会展项目风险监控是通过对项目风险规划、识别、评估、应对全过程的监视和控制，从而保证项目风险管理达到预期目标的过程。它的主要内容是对会展项目风险的跟踪和控制。风险管理者通过各种方法对不同类型的风险进行跟踪、控制，当风险事件发生后，启动事先规划好的应急预案，将会展项目的风险控制在可接受的范围内，以确保会展项目的成功。

（2）会展项目风险监视。

会展项目风险监视即跟踪观察风险的进程、发展变化和征兆，以便在发现有用信息的时候去指导人们开展必要的项目风险应对工作。

进行会展项目风险监视有两种方法，一种是间断性的，另一种是连续性的。

① 间断性的风险监视又称周期性监视，这种风险监视方法要求会展项目风险管理者每隔一定的时间就对会展项目、项目风险、项目环境的变化进行一次必要的核查，从而发现其

发展变化信息,然后根据信息开展项目风险的控制。在会展项目的策划以及准备阶段,间断性风险监视的周期相对较短,因为在会展项目的策划筹备阶段风险发展变化相对比较快且比较大。随着时间的推移,会展项目计划设计完成、招商活动顺利进行、合作单位确立,项目完成的部分在增加,而风险在逐渐减少,此时风险监视工作的周期就可以长一些。而在会展正式举办期间,由于现场管理与社会公共安全等方面的不确定因素增加,此时风险监视工作的间隔期就需要缩短,还需要与不间断(实时)风险监视同时进行和相互检验。

② 连续性的风险监视又称实时风险监控。通常,进行实时风险监视时必须使用电子或机械装置设备方能实现。在会展正式举办期间,需要安装闭路电视监控系统,这就是一种项目风险实时监视系统;能最有效预防和提示火警的烟雾报警设备,也是会展现场管理必需的实时风险监视设备。

(3) 会展项目风险控制。

在会展项目风险监视过程中,如果发现项目风险的发展变化或风险出现征兆,风险管理者就需要采取风险应对措施,但项目风险本身的不确定性使得事先制定的任何应对措施都很难完全符合项目风险应对的要求。因此,会展项目风险管理者需要继续监视风险应对工作的开展及其效果,关注项目风险应对工作的偏差并进行进一步的项目风险控制。

会展项目风险应对偏差的产生可能基于两方面的原因:一是人们在进行风险应对工作时努力不够,即人为原因造成会展项目风险应对不力;二是由于风险应对计划本身未能全面估计客观情况而导致风险应对结果偏离计划。针对这两类不同的风险应对问题,需采取不同的风险控制措施。针对第一种情况,立该找到相关责任人,通过沟通来改善他们的工作态度或改进工作方法,提高会展项目风险应对绩效,纠正出现的偏差。在发生第二种情况时,则需要及时修改风险应对计划,使之更适应项目风险监控的需要。

总结与实践

1. 小结

会展经济蓬勃发展的同时,在巨大商业利益的诱惑下,会展活动中频繁出现各种知识产权侵权行为,会展项目的知识产权保护问题日益得到业界的重视。

合同是指设立、变更、终止民事权利义务关系的协议。在会展项目的组织实施过程中,合同可谓无处不在,如主办单位与承办单位的委托代理合同、参展商与会展组织者的参展合同、会展组织者与场馆提供方的场馆租赁合同等。

在会展项目进行过程中可能出现的经济纠纷主要包括两类:违约纠纷和侵权纠纷。

规划是管理的基本职能之一,会展项目风险管理规划是指在会展项目正式启动前或启动初期制定系统的、完整的风险管理策略和方法的过程。

会展项目风险识别就是确定何种风险事件可能影响会展项目并将这些风险的特性整理归类的过程。

会展项目风险监控是通过对项目风险规划、识别、评估、应对全过程的监视和控制,从而保证项目风险管理达到预期目标的过程。它的主要内容包括对会展项目风险的跟踪和控制。

2. 复习与思考

(1) 当前我国的会展项目有哪些知识产权保护问题需要注意?

(2) 会展项目经济纠纷主要有哪两类,其解决方式有哪些?

(3) 参展合同应当包括哪些主要条款?

(4) 会展风险的来源有哪些?

(5) 会展项目突发事件的应对原则是什么?

3. 案例分析

某知名办公家具企业海外参展成功维权

德国科隆国际家具博览会是全球家具行业的顶尖产品技术交流及贸易盛会,参展商包括各大国际知名品牌及行业龙头企业。2022年10月25日开幕的新一届博览会,聚焦"专业和混合办公环境与家具"领域,汇集全球约750家家具头部品牌,搭建了以产品设计、系统应用、场景模式为核心的行业展示与交流平台。

(一) 展会侵权案件情况

我国某知名办公家具企业携其自主研发的高端可调节办公座椅产品参加了该国际家具博览会,并在美国、欧盟等地区拥有该产品的多项专利权,在展会上,该企业发现韩国某办公家具企业参展的座椅产品设计方案与涉案专利技术具有相似性,经企业知识产权团队分析,认为该韩国企业涉嫌侵权,于是以该韩国企业为侵权被告向科隆国际展会主办方申请维权。

(二)案件处理结果

展会主办方收到该侵权处理诉求后,迅速安排专人协助处理该侵权案件,并协同原被告进行沟通交涉,后经主办方专业知识产权分析团队认定,该韩国企业参展的办公座椅产品为侵权产品,并要求被告将涉案产品迅速撤离。案件处理专业、高效,从案件反馈到妥善处理仅用2个小时。

该案件被认为是我国办公家具企业参加国际展会首次主动维权成功案例,对于出口企业参加海外国际展会具有一定参考价值。

综上所述,企业参加海外国际展会不仅要熟悉地方法律环境,同时要结合参展产品的行业特性及竞争情况,明确竞争对手知识产权布局,做好长期战略性维权策略。建议如下:

(1) 建立海外知识产权监控机制,对行业相关技术进行监控预警,了解主要竞争对手的知识产权布局更新,对于新开发的海外市场,做好FTO自由实施排查,避免在国际展会中遭遇突然袭击。

(2) 产品市场未动,知识产权先行。积极进行目标市场的知识产权布局,掌握主动权,在展会中通过主动维权保护自身利益。

(3) 对于海外市场已有在先权利的情形,可以寻求通过技术合作、技术许可的形式获得技术实施许可或交叉许可,从而为海外市场开拓提供合法条件。在参展过程中也可以通过联合参展的方式避免侵权事件发生。

(资料来源:http://www.fs12330.cn/zsbhzx/xxgg/tzgg/content/post_833687.html,有删改)

(1) 为了防止在海外参展时引起与国外竞争对手的一系列知识产权纠纷,企业出海参展前在知识产权方面的工作该如何筹备?

(2) 在海外参展过程中如何应对侵权及被侵权的风险?

4. 技能实训——××大学校园招聘会参展合同制定

(1) 实训要求:

运用本章关于参展合同内容的介绍,并参考有关范例,制定一份校园招聘会参展合同。

(2) 实训目的:

强化学生对参展合同的认识,熟悉参展合同的内容。

(3) 实训组织:

学生以2人为一组,拟定××大学校园招聘会参展合同。

(4) 背景资料:

为做好202×年××大学应届毕业生就业服务工作,同时满足用人单位对本校毕业生的需求,帮助本校毕业生找到适合的就业发展机会,校学生就业与指导中心将于202×年××月××日举办"××大学202×年校园招聘会"。招聘会计划征集200家企事业单位参会,并在现场设立服务窗口,为本校应届毕业生提供更好的就业服务。

招聘会相关事宜如下:

1. 主办方为每家用人单位提供1.5 m宽的展台和0.8 m×1 m的空白展板,用人单位需自带宣传资料或宣传展板、展架(不提供电源)。

2. 招聘会当天,主办方发放学校相关资料并提供午餐。

3. 本次招聘会不收摊位费。招聘会期间,外地参会单位住宿费自理。

时间:202×年××月××日(周×)9:00～14:00

地点:校体育馆

(5) 实训内容:

参展合同是会展活动中最重要的合同之一,请说明参展合同的主要内容并根据以上已知信息拟定一份校园招聘会的参展合同。

第九章
会展项目评估与影响研究

> **教学目标和要求**

1. 掌握会展项目评估概念与内容，培养学生的大局观和科学精神。
2. 了解会展项目评估的过程，培养学生的严谨理性和职业素养。
3. 掌握会展项目评估的报告撰写要求及应用，培养学生的社会责任和规范意识。

> **教学重点和难点**

1. 重点是会展项目评估的概念、目的与意义；会展项目评估的方法、内容。
2. 难点是结合会展项目评估的方法和内容，剖析具体会展项目的综合效益，并撰写评估报告。

【开篇案例】

整改超 22 亿元,节庆展会论坛"减负"见实效

节庆展会论坛加重基层负担问题整改取得实效:截至 2024 年 9 月底,21 个部门和 17 省市已通过规范活动审批办法、从严控制活动规模、退回赞助费等方式整改问题,涉及资金 22.7 亿元。受国务院委托,审计署审计长侯凯 22 日向十四届全国人大常委会第十三次会议作《国务院关于 2023 年度中央预算执行和其他财政收支审计查出问题整改情况的报告》。侯凯表示,审计署将今年 6 月发布的 2023 年度审计工作报告反映的所有问题及建议全部纳入此次整改范围,向 122 个地方、部门和单位印发整改通知和问题清单,由其全面落实审计整改责任。总的来说,重大问题整改进展顺利,解决了一些不利于高质量发展和经济社会稳定的体制机制问题。

(资料来源:https://www.gov.cn/lianbo/bumen/202412/content_6994021.htm,有删改)

案例解析:

随着市场经济不断开放,各类展会层出不穷,也暴露出了很多问题,不少整体质量较低的展会项目,不但影响会展行业的整体发展,也影响会展项目举办地的城市形象,各地政府正在聚焦此类会展项目,进一步约束规范,使之可持续发展。

第一节 会展项目评估

1. 评估的概念

评估是指依据某种目标、标准、技术或手段,按照一定的程序,对收到的信息进行分析、研究,判断其效果和价值的一种活动,或者是对某一事物的价值或状态进行定性定量分析说明和评价的过程。

2. 会展项目评估的概念

会展项目评估或称展后评估,是指对一个会展项目的运营状态、实际效果和各方反应等情况进行调查、取证、分析和评价,从而使会展项目之间或者同一主题的各届会展活动之间能够进行客观的比较,以做出科学的评论。会展项目评估可由主办方进行,目的是主动了解情况;也可以由上级主管部门进行,目的是进行考核。

会展项目评估是对会展项目的内外部环境、工作效果等方面进行系统、客观、真实、深入的考核和评价,并做出权威的反馈。它是会展整体运作管理中的一个重要环节,是对主办方、参展商、观众(买家)以及举办地主管部门多方负责的执行性活动。

3. 会展项目评估的特点

（1）现实性。

会展项目评估是以所开展的会展实际活动为评估主体，以所发生的基本情况和产生的实际数据为基础进行的科学评价，具有现实性。

（2）客观性。

实施会展项目评估时，所有数据的采集来自项目一线，在样本符合统计方法要求的基础上，采用数量分析统计得出的结果是客观的。

（3）公正性。

会展项目评估的过程和结果必须客观公正，评估的实施者是由第三方本着实事求是、认真负责、遵循职业道德规范的原则，客观公正地对项目进行分析、评价。

（4）全面性。

会展项目评估是对项目活动的全方位评价与考查，包括会展项目主题的设立，各项活动的策划，参展商的邀请和组织，项目现场管理水平，专业观众的组织，项目服务质量，客户对项目的忠诚度、满意度，项目的社会效益和经济效益，项目可持续发展的条件等。会展项目评估是一个系统、全面、科学的过程。

（5）针对性。

除了常规性的评估，有时还要针对需求方作针对性评估，如展会中某项目活动的效果评估。

4. 会展项目评估的内容

4.1 会展项目整体评估的内容

（1）会展项目的目标评估。

会展项目的目标评估是评估项目实施后是否与原定目标相吻合，评判完成指标的实际情况和差距，分析和寻找原因，同时对原定目标的正确性、合理性和科学性进行分析。

（2）会展项目实施中组织与管理评估。

会展项目实施中组织与管理评估是对项目执行过程中各方落实的组织与管理工作的质量和水平进行评估。

（3）会展项目的实施效益评估。

会展项目的实施效益评估是以会展项目实施后实际取得的经济效益、社会效益等为基础，测算会展项目所发生的各项经济数据，并与前期预测指标相对比，分析并评估存在的偏差及产生偏差的原因。

（4）会展项目的影响评估。

会展项目的影响主要包括经济影响、社会影响和环境影响三个方面。经济影响评估主要分析评估会展项目对所在国家、区域、相关行业以及本行业所产生的经济影响。社会影响评估主要对会展项目在经济、社会和环境方面产生的有形、无形的效益和结果做出评估，通过评估项目的影响力、可持续性等要素，分析会展项目对地方经济发展和行业发展的贡献度。环境影响评估主要是对项目的环境保护、生态平衡以及能源再生的影响和促进的评估分析。

(5) 会展项目的商誉评估。

会展商誉是指某个会展由于各种有利条件,或历史悠久积累了良好的市场声誉和公众声誉,或组织得当、服务周到等原因而形成的无形价值。会展商誉具有非实体性、效益性、排他性、动态性等特点。

(6) 会展项目可持续发展评估。

优质的会展项目必须具备可持续发展能力,这体现在两个维度:一是通过科学的资金运作实现长期经济效益,二是建立参展商、观众及社会公众的多方价值认同体系。核心评估指标包括项目复购率、品牌美誉度及客户留存率等市场化数据。

4.2 会展项目分类评估的内容

(1) 展览项目。
- 展览主题(主题是否明确、是否服务并展示地方经济)。
- 展台设计与装饰(突出展示、宣传,介绍产品、宣传品牌)。
- 招商组展(展会规模、展品质量、品牌、科技含量)。
- 广告宣传力度(在展会前、展会中、展会后均应有强大的宣传阵容,有利于接触、交流、洽谈、签约、交易)。
- 展会后勤服务(硬件设施、清洁优美的环境、展场指南、食宿安排、交通服务、展会会刊等)。
- 经济与社会效益(交易额与协议,贸易商的反馈)。
- 后续工作:展会总结与统计。

(2) 会议项目。
- 承办者。
- 策划委员会。
- 指导委员会。
- 秘书处。
- 主题相关性。
- 目标明确性。
- 整体策划。
- 相关活动。
- 会议地点。
- 市场宣传。
- 公共关系。
- 预算。
- 发言人。
- 交通。
- 展览。
- 注册。
- 与会者手册。
- 娱乐活动。

- 休息。
- 招待会。
- 陪同人员。

(3) 大型活动项目。
- 前期工作阶段。
- 实施阶段。
- 后期工作阶段。
- 项目评估报告。

5. 会展项目评估的意义与目的

5.1 会展项目评估的意义

会展项目主办方可通过每次评估的结论和建议,改善会展项目的市场开发和运营管理,及时调整会展项目方向和运作方式,扬长避短,不断完善自己的会展项目品牌。

参展商通过参展成本、展会效果、成交金额、观众和买家反映等多个层面进行综合、详细的评估,不仅可以比较和评价不同会展项目的性价比,从中选择成本低且效果好的优质会展项目,还可以把参展与其他营销方式如广告、人员推广等在成本效益上作比较,为以后选择何种方式进行市场拓展提供依据。同样,对会展项目评估工作加强监督,扶优汰劣,也是会展行业管理机构的一项重要任务。

所以,会展项目评估是会展整体运作管理中的一个重要环节。会展项目评估对会展行业管理机构也有着重要的意义。

5.2 会展项目评估的目的

(1) 对会展项目的整体运作及其相关成果做出客观真实的评价,展示会展项目的优势,为项目招商提供基础数据的支撑。

(2) 对会展项目历年的相关会展数据进行纵向比较,分析其存在的问题、市场发展趋势及未来的发展对策。

(3) 与国内类似的大型相关会展项目进行横向比较,分析并借鉴其优势。

(4) 为将来会展项目的品牌建设提供支持。

(5) 为参展商提供数据依据。

(6) 为贸易促进会和展览馆协会提供协会管理的基础数据。

(7) 为会展场馆的出租方提供背景资料。

6. 会展项目评估的主体及基本流程

会展项目评估的主体分为主办方、参展商和会展主管部门。由于主体的不同,评估的依据和角度也不同。从主办方的角度进行评估,侧重在会展项目的可持续性上;从参展商的角度进行评估,侧重在企业自身市场开发需求与会展项目本身的契合度上;从会展主管部门的角度进行评估,侧重在城市整体形象以及对城市经济的拉动效应上。本章节主要从主办方的角度阐述如何进行会展项目评估。

会展项目评估是一个有计划、有步骤的动态过程,必须循序渐进。通常,进行会展项目评估需要确定评估目标、选择规范的评估标准以及制订评估方案。

第二节 会展项目评估的方法、内容与过程

1. 评估的方法

会展项目评估应采取宏观分析和微观分析相结合、定量与定性相结合的方法,通过综合分析,总结经验教训,提出问题和建议。定性评估主要包括展台设计、展期宣传、展品、行政管理、工作态度、工作效率、服务意识和对展示与其他营销方式的评估以及对市场潜力、趋势的评估等。定量评估包括接待客户评估、观众评估、展台效率评估、成本效益评估、成交评估等。

通常来说,会展项目评估方法主要有以下三种。

(1) 调查法。

调查法是会展项目评估最常用的方法,它既可以用来获得定量分析的数据,也可以用来获得定性分析的描述。由于展会期间参展商、专业观众、一般观众的流动性大,逗留时间短,一般情况下很难深入了解他们。调查法就是对那些不可能深入了解的问题通过调查、访问、谈话、问卷等方法收集相关资料,了解利益相关者的心理和行为的一种方法。调查法主要有是非选择、单项选择、多项选择、顺序排列、尺度选择("很好""好""一般""不满意""差"等不同程度的量度等级作为选项)。

(2) 分析法。

对比分析法是会展项目评估的基本方法之一。调查完成以后,在分析调查结果的基础上,将会展项目实施前的目标与结束后的实际情况加以对比,测定该项目的效益和影响,通过对比分析,评价会展项目并找出存在的问题及其原因。

(3) 总结述职会。

在会展项目结束后,项目组成员应针对自己在项目实施过程中的工作做出述职报告,总结工作情况。

2. 评估内容

会展项目评估是一个内容庞大且复杂的体系。性质不同的展览、会议、活动,其评估内容也有所不同。此外,一项评估究竟要涵盖哪些内容,应该根据评估的目的和实际情况确定。下面所列的评估内容,是在实施会展项目评估时可测评的项目,并不等于会展项目评估的必备指标,供评估者根据评估的目的和实际需要加以选择。

2.1 会议评估的内容

(1) 对会议主题和议题的评估。

会议的议题是根据会议目标确定并付诸会议讨论或思考的具体问题。贯穿各项议题的主线叫会议主题。会议主题和议题策划关系到会议的成败,对于商业性会议而言更是如此。

会议主题和议题评估的具体内容包括以下几个方面:

① 会议主题是否具有现实意义直接关系会议的影响力和参会率,是会议评估的重要指标,具体评估内容包括:

- 会议主题是否有效实现会议的目标?

- 与会者对会议主题的认同度和满意度如何？
- 与会者对会议主题有何意见和建议？

② 会议主题和议题的关系是否密切，具体评估内容包括：
- 会议主题和议题的联系是否紧密？是否有议题脱离主题的情况？
- 会议议题是否充分体现了主题？

③ 与会者对议题的关心程度是否强烈，具体评估内容包括：
- 与会者对每项议题的兴趣程度如何？
- 哪些议题最受或最不受与会者的欢迎？
- 造成与会者对议题兴趣差异的原因是什么？

④ 议题的适量性是否考虑到了参会者的实际情况，相关议题是否充分围绕主题做延展，具体评估内容包括：
- 议题的数量是否太多，以致与会者难以兼顾？
- 议题的数量是否太少？是否还可以作适当的补充？

(2) 对会议的议程和程序的评估。

会议议程是会议议题的既定顺序。以报告、讲演、交流、审议为主的会议活动要制定会议议程。

会议程序是指在一次相对独立的会议活动中将所有的工作环节和活动细节按照时间先后加以排列的顺序。需要制定程序的会议有两类：一类是大会中的单元活动，如大会的开幕式、闭幕式、选举、表决等；另一类是单独举行的仪式，如签字仪式、颁奖仪式、开工仪式等。

会议的议程和程序评估的具体内容包括以下几个方面：

① 每项议程（如报告、演讲、讨论）和每项程序（如致辞、颁奖、剪彩、签字）的顺序是否恰当？是否可以进一步调整，以使其更加具有连贯性和鼓动性？

② 议程和程序的安排顺序是否符合礼仪？

③ 预定的每项议程或程序所用的时间是否合理？能不能满足会议的需要？

(3) 对与会者要素的评估。

与会者专指参加会议的成员，是会议活动的主体要素。与会者的身份体现了会议的规格。与会者的数量是决定会议规模的三要指标。在商业性会议中，与会者的数量还直接影响会议的经济效益。与会者一般可分为特邀、正式、列席、旁听四种资格，资格不同，其在会议中的权利和义务也不一样。与会者要素评估的具体内容包括以下几个方面：

① 会议邀请范围是否与会议的规格相适应？是否有助于提升会议的品牌？参会资格有无过滥或过严的倾向？

② 与往届会议相比，与会者的人数上升还是下降了？

③ 会议的规模是否合理？

④ 与会者的身份有何变化？权威性和专业性提高还是降低了？

⑤ 国际代表出席会议的情况有无变化？增加还是减少了？原因是什么？

⑥ 特邀代表的范围是否适合会议公关的需要？重要嘉宾是否有遗漏？

(4) 会议发言评估。

发言是会议活动交流信息的主要方式，也是会议活动区别于其他活动的特有方式，凡在会议上所作的报告、讲话、演说、辩论、质询、答辩、交谈、表态等，都属于发言的具体形式。会议发言评估的具体内容包括以下几个方面：

① 发言人的身份是否适当？是否具有一定的权威性和代表性？
② 发言的内容是否契合主题？
③ 与会者对发言的内容是否感兴趣？
④ 发言人的发言是否具有艺术感染力？
⑤ 发言的顺序安排是否恰当？
⑥ 发言的人数以及发言时间的限定是否适当？与会者是否有充分的互动交流机会？
⑦ 与会者对发言的总体评价如何？

（5）会议时间评估。

会议时间评估包括两大内容：一是会议举办时机的恰当与否；二是会期，即会议时间的长短。会议时间评估的具体内容包括以下几个方面：

① 举行会议的时机是否同会议主题的背景相适宜？
② 会期安排是否符合完成会议各项议程的需要？
③ 实际会期与预定会期是否一致？如果不一致，原因是什么？
④ 从发出会议通知或邀请到会议正式举行，时间长短是否合适？能否保证与会者有足够的时间准备提交相关文件或发言材料？
⑤ 会议的具体日期是否具有政治上、宗教上、民族风俗方面的敏感性？
⑥ 会议的周期是否合适？一年一届好，还是两年一届好？
⑦ 与会者对会议的日程和作息时间安排是否满意？

（6）会议地点评估。

会议地点评估分为两个方面的内容：一是举办地评估；二是具体场所（包括会场、住宿的宾馆饭店等）评估。会议地点评估的具体内容包括以下几个方面：

① 会议举办城市的选择是否有利于推动当地的政治、经济和社会发展？
② 会议举办城市的选择是否有利于扩大会议的品牌效应，并获得最佳的政治、经济和社会效益？
③ 会议举办城市以及具体场所的选择是否有助于突出会议的主题？
④ 会议举办城市以及具体场所的选择是否有助于吸引与会者？会议举办城市有无具有吸引力的自然旅游景观和人文旅游景观？
⑤ 会议举办城市以及具体场所的选择是否有助于营造良好的会议气氛？
⑥ 举办城市的居民对举办会议是否持欢迎态度？原因是什么？
⑦ 举办城市的媒体对会议的关注程度如何？
⑧ 举办城市的媒体对会议的报道是正面的多还是负面的多？
⑨ 会议举办城市的接待能力（场馆、餐饮条件、机场、道路、交通设施等）是否满足会议的需要？
⑩ 与会者对会议举办城市的商业设施、购物环境、绿化以及城市整体满意度如何？
⑪ 会议场所的电梯、音响、空调、通风、照明、通信、同声翻译等设备是否完好并使用正常？

⑫ 会议场所的光线、温度、湿度等是否舒适？
⑬ 会议场所的规格是否适当？
⑭ 会议指定的宾馆与会场的距离是否合适？与会者是否感到方便？
⑮ 与会者对会议指定宾馆的硬件设施及服务水平是否满意？

(7) 对会议接待服务的评估。

会议接待服务是指围绕参会者的吃、住、行等方面所作的安排，是会务工作的有机组成部分。以往对于会议项目所关注的游、乐等方面，近年来大幅减少，不再作为主办方管理内容。会议接待服务评估的具体内容包括以下几个方面：

① 接送注册工作方面：
- 接站工作安排是否合理？与会者对接站服务是否满意？
- 与会者报到注册是否方便、快捷？
- 报到注册表的项目设计是否有助于收集与会者的信息？版面设计和语言表达是否体现了人性化要求？
- 会议有无安排送行服务？与会者对送行服务是否满意？

② 餐饮服务方面：
- 宴会安排的酒菜是否充分考虑了客人禁忌？
- 酒菜的质量如何？
- 菜道数和分量是否适当？
- 餐饮的形式（围餐、分餐、自助）是否有利于与会者之间进行交流？
- 与会者对餐饮环境和餐饮整体服务是否满意？

③ 考察、游览、娱乐、交通服务方面：
- 会议期间安排的考察、游览、娱乐项目是否配合会议的主题？是否得到与会者的肯定？
- 会议期间安排的考察、游览、娱乐在时间上与会议的主要活动是否有冲突？
- 会议期间安排的考察、游览、娱乐的陪同规格是否适合？讲解和导游的质量如何？
- 会场与住地之间是否有专门的车辆接送？
- 会议是否为与会者出行提供了咨询服务？
- 会议为与会者提供的车辆质量如何？有无安全隐患？
- 驾驶员的驾驶技术和服务态度如何？与会者是否满意？

④ 会场引导、咨询和指示系统方面：
- 会场内是否有专门的引导人员？
- 引导人员是否都佩戴证件或统一着装？引导人员的服务是否符合礼仪要求？
- 会场指示标志是否清楚？国际性会议的现场指示牌是否用中英文书写？
- 电梯、安全门、洗手间等重要设施是否有指示牌？
- 会场工作人员的咨询服务是否令与会者满意？

⑤ 同声传译服务方面：
- 同声传译设备的操作是否方便？
- 同声传译设备是否有噪声？声音有无失真？

● 同声传译的质量(准确性、及时性)如何？与会者是否满意？
● 同声传译的语种是否满足与会者的需要？
⑥ 会场饮水和茶歇服务方面：
● 茶水服务的次数是否适当？
● 茶水服务的时间是否及时、合适？
● 茶歇的位置是否合适？
● 茶点质量如何？

(8) 配套活动评估。

现代大型会议常常举行各种配套活动，如开幕式、欢迎宴会、展览、贸易洽谈、午餐会、欢送宴会等。配套活动评估的具体内容包括以下几个方面：

① 各项配套活动是否与大会的主题相适应？
② 各项配套活动的气氛如何？是否达到预定的目标？
③ 各项配套活动的内容是否引起与会者的广泛注意和兴趣？
④ 配套活动的时间与大会主体活动是否相适应？
⑤ 各项配套活动的参加人数和以往相比增减情况如何？原因是什么？
⑥ 配套活动的策划与安排是否有助于提升会议的吸引力和影响力？

(9) 会议宣传评估。

会议的宣传是会议组织工作的有机组成部分，也是会议取得成功的重要保证。做好会议宣传工作的意义在于：一是及时传递会议信息，使会议的目的和意义深入人心，为贯彻落实会议精神及各项决策创造良好的舆论环境；二是使举办地的群众充分理解和支持会议的举行；三是树立主办方良好的社会形象，提高会议的知名度，对于商业性会议来说，还能尽可能多地吸引与会者；四是争取社会在经费、物资、智力和人力等方面的支持和赞助。会议宣传评估的具体内容包括以下几个方面：

① 与会者是通过哪些渠道获得会议举办信息的？
② 在报刊广告、邀请函、朋友介绍、电话促销等方式中，哪一种方式的效果最好？
③ 广告选择的媒体和投放的时机是否最佳？
④ 会前、会中、会后举行新闻发布会的次数是多少？
⑤ 媒体对会议的报道情况如何？
⑥ 是否通过开设网站进行宣传？
⑦ 会议主办方的广告宣传经费投入占总收入的比例是多少？

(10) 会议总体评估。

会议总体评估是在对上述各个项目评估的基础上进行的一项综合性评估，旨在总体上评估会议的成败。会议总体评估的具体内容包括以下几个方面：

① 与会者对会议成功与否作何评价？
② 与会者在参会期望值方面的满意度如何？
③ 有多少与会者表示愿意参加下一届会议？

以上所列的各项会议评估内容是就一般性会议评估而言的，不同的评估主体可以根据实际需要选择其中的相关项目进行评估。

2.2 展览评估的内容

展览项目的评估标准可依照展览项目的实际情况形成评价体系,这其中包括整体成效、宣传效果、接待成果、成交结果等。评估时应该根据展览项目的总目标确定展览项目评估标准的主次。

(1) 对办展目的和效果的评估。

对办展目的和效果进行评估,其作用之一是检验最初确定的办展目的恰当与否,作用之二是确认办展目的实现与否。展览是一种有目的的信息交流与物质交换活动。从主办方的角度来说,举办一次具体的展览活动的目的主要有两个方面:一是基本目的,即通过举办展览为参展商和观众(客商)提供良好的信息交流的平台和安全的贸易环境,同时通过出租展位、提供配套服务和收取门票获得一定的经济效益;二是战略目的,即通过举办展览显示本国、本地区或本单位的经济实力、科技成果、投资环境和发展前景,以招商引资,同时通过不断提高展览品位打造展会品牌。

办展效果是对办展目的的检验,也就是说,对办展目的的评估主要是看办展的效果。对办展目的和效果评估的内容主要包括:

① 展览的基本目的包括参展商对参展的效果满意度、参展企业数量、成交或意向数量、展会收入等。

② 战略目的方面包括展会在举办地的影响力、对国际参展商或买家的吸引力、国内外媒体的关注度、展后举办地在国际上的知名度等。

③ 展览主题是贯穿所有展品和展览中各项活动的红线,是对展览目的的阐释和体现。主题鲜明、突出,展览才会具有特色、效果明显。展览主题方面包括参展商与观众(买家)认知程度、参展商所属行业是否符合展览主题、规模效应是否显现、展品是否符合展览主题等。

(2) 对展览规模和办展连续性的评估。

展览规模包括展览面积和展位数,在很大程度上体现了展览会的实力,而办展连续性则在一定程度上显示了展览项目的生命力。

(3) 对参展商要素的评估。

在商业性展览中,参展商是展览活动最关键的要素之一,这主要基于以下两点理由:第一,参展商的投入是举办展览活动的前提,也是展览项目得以生存和发展的原始动力。没有参展商的参展行为,就不会产生展览组织者和观众的行为。参展商数量的多少、范围大小、规格高低以及参展商行为是否活跃,直接关系到展览项目的影响力和生命力。实践证明,参展商数量越多、规格越高、品牌越强、展品的范围越广、投入的程度越高,展览项目的影响力就越大,吸引的观众就越多,生命力就越强。第二,主办方的收入主要来自参展商,因此足够多的参展商介入是展览得以运转的关键。对参展商要素评估的具体内容包括参展商的数量、质量等,其中对参展商的参展连续性需要重点评估,这一点能反映出展览项目本身的质量。

(4) 对观众要素的评估。

任何展览活动的举办,其最终目的都是提供交流交易的平台,满足观众欣赏、购买的需要,因此观众既是展览行为的起点,又是展览活动的终点,没有观众的展览是失败的展览。展览的观众分为专业观众和消费观众,其中专业观众是评估的重点。对观众要素评估的具体内容包括境内外观众数量、来源地分布、所在企业性质和规模情况以及对后续展览的参加意愿等。

我们需要特别关注观众数据,因为观众的数量和质量数据是参展商决定未来是否参展的重要衡量标准,如目标市场观众的比例、过去几届观众的数量、观众的反馈、观众参观的目的、观众的主要工作职责、观众的职位、观众满意度等。对于满意度的调查,主办方可以委托第三方或现场志愿者通过问卷方式进行(如图 9.1 所示)。

图 9.1　志愿者现场收集观众(买家)意见

通过对参展商和观众(买家)进行信息收集、统计和分析,可以得出不同产品和行业的创新热点和未来发展趋势,从而提供给参展商更多的创新发展思路。同时,需要认真收集和分析观众(买家)的反馈和意见,观众(买家)数量和质量决定了参展商参展意愿的可持续性。主办方也需要根据这些信息对未来会展项目的策划进一步调整和改进。

(5) 对展览时间的评估。

展览会是一种短时间的集中展示活动,其时间要素包含三个方面的含义:一是展览的举办时机;二是展期,即展览活动从开始到结束所需的时间;三是展览周期,即同一类型和同一系列的两次展览之间的时间跨度。

(6) 对展览地点的评估。

展览地点是主办方或参展者陈列展品、发布信息以及观众感知展览信息的空间,是参展者、展品、观众三要素的交汇点,包括展览的举办地(国家、地区、城市)和布置展品的具体场馆两个方面。对展览地点评估的具体内容包括举办地的市场开放程度、产业结构、经济特色以及经济的辐射能力、会展软硬件条件、政府及相关行业组织对会展的重视程度等。

(7) 对展览现场管理的评估。

展览现场管理是展览项目管理的重要内容,包括登记注册、安全保卫、交通疏导、布展撤展等方面。对展览现场管理评估的具体内容包括注册报到手续的便捷程度、现场安保人员的工作情况、进出馆手续的完备及便捷程度、布展和撤展时的场馆配合程度等。

(8) 对展览接待服务的评估。

展览接待服务是指围绕参展商、观众的吃、住、行等方面所作的安排,是展务工作的有机组成部分,具体内容包括口岸或驻地接送、注册报到工作、餐饮、交通、引导、咨询指示系统、翻译等方面的服务。对展览接待服务的评估可参照会议评估的相关内容。

(9) 对展览宣传的评估。

展览宣传包括媒体的新闻报道、举行新闻发布会、开设网站、投放展览广告等。对展览宣传的评估可参照会议评估的相关内容。

(10) 对展览配套活动的评估。

展览一般都有相应的配套活动,如开幕式、欢迎宴会、欢送宴会、午餐会、研讨会(论坛)等,尤其是研讨活动是否举行、规格如何,已经成为当前展览会评估的一项重要内容。对展览配套活动的评估可参照会议评估的相关内容。

(11) 对展览活动中成交情况的评估。

这里的成交情况是指整个展览会(包括交易会、洽谈会)的成交情况,包括消费性展览会直接销售情况和贸易性展览会的成交情况。

(12) 对展览会经济效益的评估。

获得一定的经济效益是举办商业性展览会的基本目的,因此经济效益评估对于主办方来说不可缺少。

3. 会展项目评估过程

(1) 会展项目评估——主办方自行评估。

① 展前:制定展出目标,向参展商提出要求。

② 展期内:召开碰头会,与政府部门、商会、协会、展览会等方面的专业人员交谈,对观众和参展商进行调研,收集新闻及相关行业内部刊物的评价,这些数据和信息主要用于分析、比较,以便做出展览工作和效果的近期评估。

③ 后续评估工作可以由专业人员(信息人员、顾问人员)承担。近期评估只能反映会展工作的一部分价值,只有再进行中长期评估,才能全面反映会展工作的全部价值。因此,应重视后续评估工作,安排相应的人力、财力开展这项工作。

(2) 会展项目评估——第三方评估。

第三方评估是指委托专业公司做评估工作。专业评估的优势是无成见或偏见,专业化程度高,评估结果准确度高,但是费用也高。主办单位委托独立的专业会展咨询企业或行业协会来进行评估,可保证评估过程和结论的真实性、公正性,而他们提出的会展未来发展对策对主办单位来说大多具有实践指导意义。会展主办单位可根据每次评估的结论和建议,及时调整会展发展方向、运作管理方式等,扬长避短,不断完善自己的会展品牌。此外,第三方评估的内容还可以由委托人指定,如展览会的观众信息(观众的质量、兴趣范围、订货决策权、订货影响力以及有多少观众对此次的展品有兴趣等情况)等。

在开展会展项目评估时,要遵循一定的程序(如图9.2所示)。一般分为三个步骤:会展项目评估前期工作阶段,会展项目评估实施阶段,会展项目评估后期工作阶段。

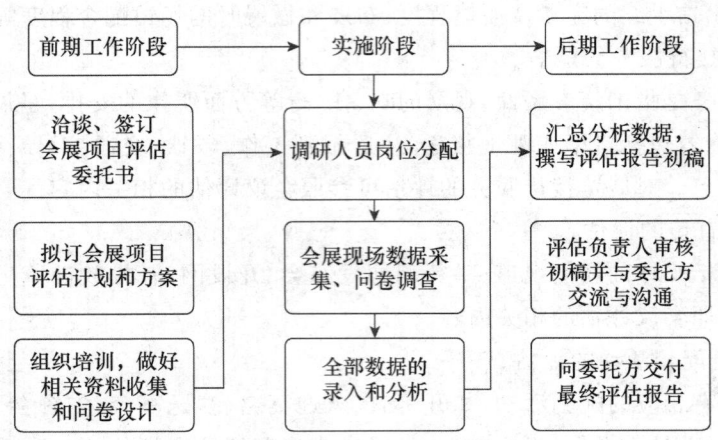

图 9.2 会展项目评估程序

随着信息技术的不断进步,会展项目评估已不再需要通过大量人工来完成,通过会展信息管理系统的数据收集,包括参展商和观众(买家)信息收集,从注册登记到商务互动,形成了观众数据、行为数据、业务数据、展商数据、商机数据、展品数据等大数据体系,在展览项目全过程中可实时进行销售分析、观众分析、营销传播分析、投资回报率分析等,助力主办单位全过程的分析决策(如图 9.3 所示)。

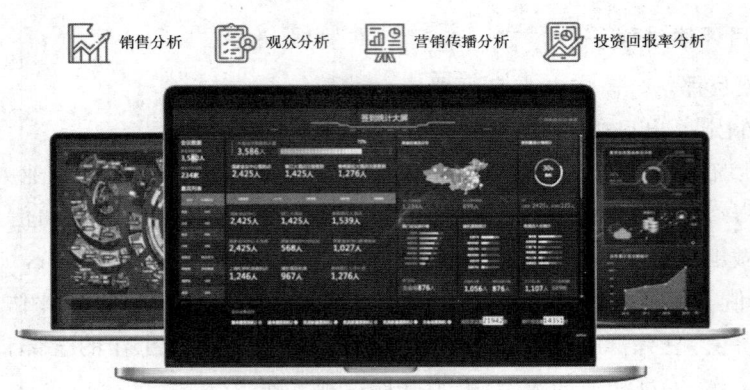

图 9.3 会展信息系统可视化大屏

第三节 会展项目评估报告及应用

会展项目的评估,特别是自办项目的评估是一个较为复杂的体系,由于数据来源的口径不同,其中有些内容还具有一定的争议性,所以评估时应该根据实际情况合理使用相关数据。会展项目评估报告,又称为展后报告,是真正以数据说话的文案,从客观上可以有效促进下一届会展项目的主(承)办方招展、招商工作。会展项目评估报告以图文的形式汇总了会展项目举办期间从参展商到观众,各类活动的主要亮点,也包括媒体报道,尤其是各方对会展项目的综合评价。会展项目评估报告也可以成为展现项目品牌实力、扩大后续宣传的一种方式。

1. 会展项目评估报告的内容

(1) 概要。概要主要描述会展项目的背景,包括会展项目评估的主要目标、委托方和受托方、评估计划的实施过程、调研和调查问卷的发放与回收情况等。

(2) 效果评价。通过充分的数据分析,对会展项目的实施效果进行评价。评价的对象如果涵盖内容比较多,则应显示分项评价的结果。项目的效果评价是报告的核心部分。

(3) 项目的结论、建议与对策。会展项目评估报告一般由主办单位独立完成,或委托专业评估公司进行。会展活动涉及范围广泛、牵涉课题众多,因此评估内容也相对丰富,主要包括会展工作评估、会展质量评估以及会展效果评估三大方面。

2. 会展项目评估报告的撰写要求

(1) 报告结构清晰、完整。
(2) 报告使用的数据要清晰、准确。
(3) 报告要充分显示调查的客观结果。
(4) 报告对存在问题的分析要客观。
(5) 报告的结论及对项目的建议针对性要强。

3. 撰写会展项目评估报告

会展项目评估报告是会展项目评估的最终成果。在撰写评估报告时,必须遵循客观、公正和实事求是的原则,以便为委托方提供真实和有价值的报告。优质的会展项目必须要有可持续发展的能力,一方面体现为资金投入所带来的持续效益,另一方面体现为会展项目的社会、参展商和公众的认可度,以及会展项目的客户忠诚度。

(1) 评估背景及目标。

会展项目评估的背景一般需要从宏观和微观两个方面考虑,分析与评估会展项目建设的依据、理由和项目的预期目标。

(2) 评估内容和方法。

评估内容和方法即评估对象、样本容量、样本结构、资料收集处理方法、实施过程及问题处理、调查完成情况。

(3) 评估结果。

评估结果包括展台效果、成本效益比、成交笔数、成交额、接待客户数、观众质量等。

(4) 结论和建议。

从专业会展机构的角度出发,结合多年的会展服务经验,对会展收集到的信息进行价值评估,并给出合理的结论和建议。

4. 会展项目评估报告应用

在撰写会展项目评估报告前,应清晰地知晓这份报告是给谁看的,这份报告能够给主办方带来何种利益。第一,这份报告需要给主办方、承办方、协办方等各一份,为本届会展做一个总结,为下一届会展的举办提供借鉴。第二,给所有参展商一份,如有条件,可以给一些潜在参展商一份,在此过程中,还可再收集反馈,增加与参展商的黏性,提高他们的参与度。第三,给当地主管部门或是行业协会一份,对于一些行业拉动效应明显的会展项目,当地相关部门也会更加重视。第四,给所有供应商(包括场地提供方)一份,让他们了解会展项目的实际成果,可以为后续的合作提供参考。

除了要想好给谁看,还要想好会展项目评估报告的发布渠道。主办方可以通过各种方式分享给参展商、观众(买家)、参会人员、媒体和一切与该会展项目有关的利益方,也可通过社交媒体向外广泛传播,扩大受众的同时,也可以吸引潜在人群关注会展项目,为下一届会展项目的举办造势。

总结与实践

1. 本章小结

会展项目评估是会展企业可持续发展的必然要求,开展会展项目评估将促进会展业上水平、建品牌,具有重要的意义和作用。

会展项目评估具有现实性、客观性、公正性、全面性和针对性。在对会展项目进行评估时要注意到,不同的被评估主体,评估的要素不同,应有针对性地对展览项目、会议项目和大型活动开展评估。

会展项目评估报告是会展项目评估的最终成果,在撰写评估报告时,必须遵循客观、公正和实事求是的原则,以便提供真实和有价值的报告。

2. 复习与思考

(1) 什么是会展项目评估?

(2) 会展项目评估有什么特点?

(3) 进行会展项目评估具有什么重要意义和目的?

(4) 会展项目评估的方法有哪些?

(5) 简述会展项目评估的过程。

(6) 会展项目评估报告的主要内容是什么?

3. 案例分析

请搜索并阅读第23届亚洲宠物展展后报告并回答以下问题。

(1) 对参展商而言,该份展后报告有何亮点?

(2) 结合本章的学习,请对该份展后报告提出一些优化建议。

4. 技能实训——评估××大学校园文化用品展销活动

(1) 实训要求:

运用本章中会展项目评估的知识点,在××大学首届校园文化节的基础上策划××大学校园文化用品展并对其进行评估。

(2) 实训目的:

强化学生对会展项目评估工作方法的运用,加深学生对理论知识的理解,明确评估工作在会展操作实务中的重要性。

(3) 实训组织:

学生以5~8人为一个小组,策划××大学校园文化用品展并对其进行评估。

(4) 背景资料:

为丰富校园文化生活,加强师生之间的交流,并配合我校精神文明建设的深入开展,全面提高我校学生的综合素质,在校学生处、团委举办××大学首届校园文化节的基础上开展××大学校园文化用品展,为期三天。

(5) 实训内容：
① 会展项目评估的方法有多种，请使用其中的问卷调查法对本会展活动进行评估。
② 设计调查问卷，在活动现场进行问卷调查。
③ 回收问卷，分析统计，对本次活动进行评估。

参考文献

[1] 杨顺勇,施谊.会展项目管理[M].上海:复旦大学出版社,2009.
[2] 施谊,张义,王真.展览管理实务[M].北京:化学工业出版社,2008.
[3] 王起静.会展项目管理[M].北京:中国商务出版社.2011.
[4] 龚维刚.会展实务[M].上海:华东师范大学出版社,2007.
[5] 武邦涛,柯树人.会展项目管理[M].北京:北京大学出版社,2010.
[6] 魏仁兴.会展项目管理[M].大连:大连理工大学出版社,2011.
[7] 江金波.会展项目管理:理论、方法与实践[M].2版.北京:清华大学出版社,2020.
[8] 胡芬.会展项目管理[M].武汉:武汉大学出版社,2014.
[9] 华谦生.会展管理[M].广州:广东经济出版社,2008.
[10] 莫志明.会展项目策划与管理[M].北京:机械工业出版社.2011.
[11] 任国岩,骆小欢.会展组织与管理[M].北京:高等教育出版社.2004.
[12] 骆珣.项目管理教程[M].北京:机械工业出版社,2006.
[13] 杰克·吉多,等.成功的项目管理[M].张金成,译.2版.北京:机械工业出版社,2004.
[14] 邱菀华,等.现代文化产业项目管理:如何成功运作大型活动[M].北京:机械工业出版社,2004.
[15] 乔·戈德布拉特.国际性大型活动管理[M].陈加丰,王新译.3版.北京:机械工业出版社,2003.
[16] 马斯特曼.G.体育赛事的组织管理与营销[M].孙小珂,等,译.沈阳:辽宁科学技术出版社,2006.
[17] 王云玺.会展管理[M].上海:上海交通大学出版社,2004.
[18] 皇甫晓涛.明明白白会展预算[J].中国会展,2005(17).
[19] 郝逢清.如何做好展览现场设施管理.现代物业·新建设[J].2012(10).
[20] 叶明海,魏奇.大型会展活动人流聚集和分散复杂系统的分析性框架[J].大连海事大学学报(社会科学版),2006(5).
[21] 樊英,刘冰.会展法规与实务[M].天津:南开大学出版社,2010.
[22] 张国印.项目经理法律实务:风险管理与纠纷规避[M].北京:法律出版社,2011.
[23] 刘龙飞.会展法律实务[M].北京:中国法制出版社,2010.
[24] 杨顺勇,王晶.会展风险管理[M].2版.北京:化学工业出版社,2013.
[25] 杜娟,刘丹丹.会展法规[M].北京:化学工业出版社,2012.
[26] 李剑泉,季永青.会展政策与法规[M].2版.大连:东北财经大学出版社,2012.
[27] 卢晓.节事活动策划与管理[M].5版.上海:上海人民出版社,2023.

[28] 陈文晖.工程项目后评价[M].北京：中国经济出版社,2009.
[29] 胡平.会展案例[M].上海：华东师范大学出版社,2010.
[30] 许传宏.会展策划[M].上海：复旦大学出版社,2005.
[31] 王春雷,陈震.展览会策划与管理[M].北京：中国旅游出版社,2006.
[32] 王广宇.客户关系管理：网络经济中的企业管理理论和应用解决方案[M].北京：经济管理出版社,2001.
[33] 华谦生.会展策划与营销[M].广州：广东经济出版社,2004.
[34] 黛博拉·偌贝.如何进行成功的会展管理[M].张黎,译.北京：高等教育出版社,2004.
[35] 杰弗里·K.宾图.项目管理[M].4版.北京：机械工业出版社,2018.
[36] 储祥银."十四五"会展对产业发展起到重要作用[J].中国会展,2023(3).
[37] Project Management Institute.项目管理知识体系指南（PMBOK© 指南）[M]. 6版.北京：电子工业出版社. 2018.
[38] 蒋婷婷.会展信息管理[M].上海：复旦大学出版社,2022.